住房和城乡建设部"十四五"规划教材
高等学校物业管理专业系列教材

物业管理制度与政策

刘 慧 主 编
张新爱 梁国军 刘金燕 卢志伟 副主编
尹立卓 主 审

中国建筑工业出版社

图书在版编目（CIP）数据

物业管理制度与政策/刘慧主编；张新爱等副主编
.—北京：中国建筑工业出版社，2023.10
住房和城乡建设部"十四五"规划教材　高等学校物业管理专业系列教材
ISBN 978-7-112-28926-4

Ⅰ.①物… Ⅱ.①刘…②张… Ⅲ.①物业管理－高等学校－教材　Ⅳ.①F293.347

中国国家版本馆 CIP 数据核字（2023）第 128813 号

本书从应用型专门人才培养角度出发，基于理论与实践有机结合的指导思想，确保教材内容既符合《高等学校物业管理本科指导性专业规范》，又与行业对专业人才职业能力要求相匹配。全书共分为4篇。第1篇物业管理制度与政策概述，介绍物业管理基本概念、物业管理法律关系和法律责任以及中国内地物业管理制度建设。第2篇《民法典》与物业管理，介绍了《民法典》中与物业管理有关的各项规定，包括业主的建筑物区分所有权、物业服务合同以及物业服务企业的侵权责任。第3篇物业管理基本制度，介绍了业主大会、管理规约、物业管理招标投标、物业承接查验和住宅专项维修资金五项基本制度，以及关于物业项目财务管理、物业的使用与维护的基本政策。第4篇房地产相关制度与政策，介绍了对物业管理和服务有直接影响的房地产相关制度，包括房地产开发管理制度与政策和房地产交易管理制度与政策。

本书可作为高等院校物业管理、房地产开发与管理、工程管理、工程造价等专业的本专科教材或教学参考书，也可作为全国物业管理员（师）职业能力等级评价考试的自学或辅导用书。

为了更好地支持相应课程的教学，我们向采用本书作为教材的教师提供教学课件，有需要者可与出版社联系，邮箱：jckj@cabp.com.cn，电话：（010）58337285，建工书院 https://edu.cabplink.com（PC 端）。

责任编辑：张　晶　冯之倩
责任校对：姜小莲
校对整理：李辰馨

住房和城乡建设部"十四五"规划教材
高等学校物业管理专业系列教材
物业管理制度与政策
刘　慧　主编
张新爱　梁国军　刘金燕　卢志伟　副主编
尹立卓　主审

*

中国建筑工业出版社出版、发行（北京海淀三里河路9号）
各地新华书店、建筑书店经销
唐山龙达图文制作有限公司制版
北京云浩印刷有限责任公司印刷

*

开本：787 毫米×1092 毫米　1/16　印张：15¼　字数：307 千字
2023 年 9 月第一版　　2023 年 9 月第一次印刷
定价：39.00 元（赠教师课件）
ISBN 978-7-112-28926-4
（41639）

版权所有　翻印必究
如有内容及印装质量问题，请联系本社读者服务中心退换
电话：（010）58337283　　QQ：2885381756
（地址：北京海淀三里河路9号中国建筑工业出版社604室　邮政编码：100037）

出版说明

党和国家高度重视教材建设。2016年，中办国办印发了《关于加强和改进新形势下大中小学教材建设的意见》，提出要健全国家教材制度。2019年12月，教育部牵头制定了《普通高等学校教材管理办法》和《职业院校教材管理办法》，旨在全面加强党的领导，切实提高教材建设的科学化水平，打造精品教材。住房和城乡建设部历来重视土建类学科专业教材建设，从"九五"开始组织部级规划教材立项工作，经过近30年的不断建设，规划教材提升了住房和城乡建设行业教材质量和认可度，出版了一系列精品教材，有效促进了行业部门引导专业教育，推动了行业高质量发展。

为进一步加强高等教育、职业教育住房和城乡建设领域学科专业教材建设工作，提高住房和城乡建设行业人才培养质量，2020年12月，住房和城乡建设部办公厅印发《关于申报高等教育职业教育住房和城乡建设领域学科专业"十四五"规划教材的通知》（建办人函〔2020〕656号），开展了住房和城乡建设部"十四五"规划教材选题的申报工作。经过专家评审和部人事司审核，512项选题列入住房和城乡建设领域学科专业"十四五"规划教材（简称规划教材）。2021年9月，住房和城乡建设部印发了《高等教育职业教育住房和城乡建设领域学科专业"十四五"规划教材选题的通知》（建人函〔2021〕36号）。为做好"十四五"规划教材的编写、审核、出版等工作，《通知》要求：（1）规划教材的编著者应依据《住房和城乡建设领域学科专业"十四五"规划教材申请书》（简称《申请书》）中的立项目标、申报依据、工作安排及进度，按时编写出高质量的教材；（2）规划教材编著者所在单位应履行《申请书》中的学校保证计划实施的主要条件，支持编著者按计划完成书稿编写工作；（3）高等学校土建类专业课程教材与教学资源专家委员会、全国住房和城乡建设职业教育教学指导委员会、住房和城乡建设部中等职业教育专业指导委员会应做好规划教材的指导、协调和审稿等工作，保证编写质量；（4）规划教材出版单位应积极配合，做好编辑、出版、发行等工作；（5）规划教材封面和书脊应标注"住房和城乡建设部'十四五'规划教材"字样和统一标识；（6）规划教材应在"十四五"期间完成出版，逾期不能完成的，不再作为《住房和城乡建设领域学科专业"十四五"规划教材》。

住房和城乡建设领域学科专业"十四五"规划教材的特点，一是重点以修订教育部、住房和城乡建设部"十二五""十三五"规划教材为主；二是严格按照专业标准规范要求编写，体现新发展理念；三是系列教材具有明显特点，满足不同层次和类型的学校专业教学要求；四是配备了数字资源，适应现代化教学的要求。规划教材的出版凝聚了作者、主审及编辑的心血，得到了有关院校、出版单位的大力支持，教材建设管理过程有严格保障。希望广大院校及各专业师生在选用、使用过程中，对规划教材的编写、出版质量进行反馈，以促进规划教材建设质量不断提高。

住房和城乡建设部"十四五"规划教材办公室

2021年11月

前 言

物业管理制度与政策是物业管理专业学生和物业管理从业人员需要掌握的基本知识。物业管理行业作为一个快速发展的行业，很多新的问题在工作中不断涌现出来，客观上需要相关制度和政策的不断发展和完善。近年来，新出台或重新修订了一些对物业管理工作有重要指导作用的制度与政策。2020年5月28日，十三届全国人民代表大会第三次会议表决通过了《中华人民共和国民法典》（以下简称《民法典》）。《民法典》从不同角度对物业管理活动进行了一系列的规范和调整，奠定了物业管理的民事法律基础。《民法典》对业主的权利、业主的建筑物区分所有权、物业服务计费方式、物业管理服务合同、侵权责任等的规定，与之前的相关法律法规相比有一定变化。物业管理行业的转型发展以及相关法律、规范的出台，均对物业管理专业教材提出了更新要求。对于广大物业管理行业的从业人员和物业管理专业的学生来说，需要一本教材来了解和学习最新的物业管理基本制度与政策。本教材从应用型专门人才培养角度出发，基于理论与实践有机结合的指导思想，确保教材内容既符合高等教育学科专业建设规范，又与行业对专业人才职业能力要求相匹配。

全书由石家庄学院刘慧、张新爱、梁国军、刘金燕、卢志伟共同编写。第1篇物业管理制度与政策概述由刘慧编写；第2篇《民法典》与物业管理由刘慧和卢志伟共同编写；第3篇物业管理基本制度由梁国军和张新爱共同编写；第4篇房地产相关制度与政策由刘金燕编写，全书由刘慧统稿。本书由物业管理行业资深专家、河北省财政厅政府采购评审专家、河北省统一评标专家库评标专家、润嘉物业管理（北京）有限公司高级经济师尹立卓主审，提出了很多宝贵的修改意见。

为方便教学，本教材在章节体例上除正文之外，设计了学习目标、知识要点、复习思考题等环节。其中，考虑案例教学需要，正文部分根据内容穿插了真实案例，为探究式教学提供便利。

本书获评住房和城乡建设部"十四五"规划教材，教材的编写得到河北省一流本科专业建设项目、石家庄学院校级规划教材项目的支持。本书编写过程中，得到了多位专家的指导，同时也参考了众多物业管理专家学者的研究成果，在此一并表示感谢。

本书可作为高等院校物业管理、房地产开发与管理、工程管理、工程造价等专业本科、专科教材或教学参考书，也可作为全国物业管理员（师）职业能力等级评价考试的自学或辅导用书。

限于编者学术水平，书中有许多不足之处，恳请读者朋友批评指正。

2023年4月

目录

第1篇 物业管理制度与政策概述

1 物业管理基本概念 /002
- 1.1 物业的基本概念 ……………………… 002
- 1.2 物业管理的概念 ……………………… 003
- 1.3 业主和物业使用人 …………………… 005
- 1.4 物业服务人 …………………………… 005

2 物业管理法律关系和法律责任 /007
- 2.1 法律的基本概念 ……………………… 007
- 2.2 物业管理法律关系 …………………… 010
- 2.3 物业管理法律责任 …………………… 016
- 2.4 物业服务企业的义务和责任 ………… 019

3 中国内地物业管理制度建设 /028
- 3.1 中国内地物业管理制度建设的沿革 … 028
- 3.2 《物业管理条例》 …………………… 034

第2篇 《民法典》与物业管理

4 业主的建筑物区分所有权 /045
- 4.1 业主的建筑物区分所有权的概念 …… 045
- 4.2 专有部分的所有权 …………………… 046
- 4.3 共有部分的共有权 …………………… 048
- 4.4 共有部分的共同管理权 ……………… 050
- 4.5 业主的诉讼权利 ……………………… 053

5 物业服务合同 /055
- 5.1 物业服务合同的一般规定 …………… 055
- 5.2 前期物业服务合同 …………………… 056
- 5.3 物业服务合同的主要内容 …………… 061
- 5.4 两种物业服务合同的区别 …………… 066

6 物业服务企业的侵权责任 /068

6.1 侵权行为的归责原则 …… 068
6.2 物业服务企业的侵权行为 …… 070

第3篇 物业管理基本制度

7 业主大会制度 /079

7.1 业主大会制度的作用和特征 …… 079
7.2 业主的权利与义务 …… 081
7.3 业主大会 …… 085
7.4 业主委员会 …… 090
7.5 对业主大会和业主委员会的指导与监督 …… 092
7.6 业主大会、业主委员会与居委会 …… 094

8 管理规约制度 /098

8.1 管理规约 …… 098
8.2 临时管理规约 …… 100

9 物业管理招标投标制度 /106

9.1 前期物业管理招标投标 …… 106
9.2 物业管理招标规则 …… 108
9.3 物业管理投标规则 …… 118
9.4 开标、评标和中标规则 …… 120

10 物业承接查验制度 /124

10.1 物业承接查验概述 …… 124
10.2 物业承接查验的主要内容 …… 127
10.3 建设单位、物业服务人的义务和责任 …… 128
10.4 物业承接查验记录、协议与备案 …… 130
10.5 保护业主权益的相关规定 …… 131

11 住宅专项维修资金制度 /134

11.1 住宅专项维修资金概述 …… 134
11.2 住宅专项维修资金的缴存 …… 135
11.3 住宅专项维修资金的管理 …… 136
11.4 住宅专项维修资金的使用 …… 137
11.5 住宅专项维修资金的监督管理 …… 140
11.6 住宅专项维修资金违法行为的法律责任 … 142

12	物业项目财务管理 /145	12.1 物业服务收费的原则 …………… 146
		12.2 物业服务收费的标准 …………… 147
		12.3 物业服务收费的管理 …………… 151
		12.4 物业服务定价成本的构成 ……… 156
		12.5 物业服务定价成本的测算 ……… 157

13	物业的使用与维护 /161	13.1 物业管理服务标准 ……………… 161
		13.2 共用部位、公共建筑、共用设施和场地的使用与维护 ……………………… 170
		13.3 装饰装修房屋的规范 …………… 174
		13.4 违规的装饰装修行为应承担的法律责任 … 178

第4篇 房地产相关制度与政策

14	房地产开发管理制度与政策 /182	14.1 房地产与房地产业管理制度简介 ……… 182
		14.2 建设用地制度与政策 …………… 183
		14.3 规划设计及工程建设管理制度与政策 … 187
		14.4 房地产开发企业的管理制度与政策 …… 201

15	房地产交易管理制度与政策 /209	15.1 房地产交易的基本制度与管理 ……… 209
		15.2 房地产权属登记制度与政策 …… 225
		15.3 房地产中介服务 ………………… 231

参考文献 /236

第1篇

物业管理制度与政策概述

　　准确掌握物业管理涉及的基本概念，理清其内涵和外延，并全面了解与其相关的法律、法规和政策，是做好物业管理工作的基础。本篇对物业、物业管理、业主和物业使用人、物业服务人等基本概念进行了深入、详细的解析；对物业管理的基本法律关系和主要涉及的法律责任进行了分析；对中国内地物业管理制度建设进行了介绍。

1 物业管理基本概念

> **学习目标**
>
> 学习和掌握物业管理相关的基本概念,包括物业、物业管理、业主和物业使用人及物业服务人;能够辨析容易混淆的概念;了解物业管理的起源。

> **知识要点**
>
> 1. 物业的概念,物业包括的内容。
> 2. 物业管理的概念,广义的物业管理定义和狭义的物业管理定义。
> 3. 业主和物业使用人的概念。
> 4. 物业服务人的概念。

1.1 物业的基本概念

1.1.1 物业的概念

现实生活中,人们常常将物业管理行业及从事物业管理的企业和服务人员也都简称为"物业",这是一种概念的混淆。

根据中华人民共和国住房和城乡建设部公告第 941 号,《房地产业基本术语标准》JGJ/T 30—2015 于 2016 年 5 月 1 日正式实施。其中将物业定义为:已经竣工和正在使用中的各类建筑物、构筑物及附属设备、配套设施、相关场地等组成的房地产实体以及依托于该实体上的权益。

从定义中可以看出,物业包括以下几个部分:

(1)建筑物。根据《民用建筑设计术语标准》GB/T 50504—2009 中对建筑物的定义,建筑物是指用建筑材料构筑的空间和实体,是供人们居住和进行各种活动的场所。

(2)构筑物。其是指对主体建筑有辅助作用的,有一定功能性的结构建筑的统称。构筑物一般不适合人员直接居住,如围墙、道路、水坝、水井、隧道、水塔、桥梁、烟囱等。

(3)附属设备和配套设施。其是指为了维持和增加房屋的使用功能或使房屋满足设计要求,建筑物附属的功能设备和设施,如采暖、卫生、通风、照明、通信、中央空调、电梯、智能化楼宇设备,给水排水设施、消防设施、配电设施等。

(4)相关场地。其是指建筑物周围的庭院、绿地、道路、停车场等。

(5) 权益。其是指附着在上述实体上的各项权益。

1.1.2 物业的类型

通常根据使用功能，将物业分为以下几类：

(1) 居住物业

顾名思义，居住物业是指具备居住功能、供人们生活居住的建筑，包括住宅小区、单体住宅楼、公寓、别墅、度假村等，也包括与之相配套的共用设施、设备和公共场地。

(2) 商业物业

商业物业有时也称投资性物业，是指那些通过经营可以获取持续增长回报或者可以持续升值的物业，主要包括写字楼、商场、店铺等。

(3) 工业物业

工业物业是指为人类的生产活动提供使用空间的房屋，包括轻、重工业厂房和近年来发展起来的高新技术产业用房以及相关的研究与发展用房及仓库等。

(4) 其他用途物业

除了上述物业种类以外的物业，称为其他物业。这类物业包括医院、学校、政府机关大楼、公共场馆、公园、交通基础设施等。

1.2 物业管理的概念

1.2.1 物业管理的起源

物业管理起源于 19 世纪 60 年代的英国，当时正值资本主义上升时期，在城市化迅猛发展的形势下，大量农村人口涌入城市，一位名叫奥克维娅·希尔的女士为出租的房屋制定了一套行之有效的管理办法，引导并要求租户严格遵守，住房秩序和居住环境有了明显改善，形成了物业管理最早的雏形。后来社会其他人士纷纷效仿，并得到英国政府的肯定和支持，成立了世界上第一个非营利性的物业管理行业组织——皇家特许屋宇经理学会。以英国为起源地，在一个多世纪时间里，物业管理在西方各国逐渐推行开来。

20 世纪初，美国成立了第一个行业协会——芝加哥建筑管理人协会。行业自治组织的成立，既标志着物业管理行业的逐渐成熟，也有力推动了物业管理行业的有序发展。以英美两国为开端，物业管理日益被业主和政府所重视，逐渐发展成为一个新型的服务行业。

我国物业管理是在城市房地产综合开发和住房制度改革背景下，通过实行住房商品化制度而逐渐发展起来的。1981 年 3 月 10 日，深圳市第一家从事涉外商品房管理的专业公司——深圳市物业管理公司挂牌成立。第一家专业化物业管理公司的成立，标志着我国内地物业管理的诞生。1993年，深圳市人民代表大会颁布了全国第一部物业管理地方性法规——《深圳经济特区住宅小区物业管理条例》，是首次以地方立法的方式对物业管理进行制度规范。建设部在认真总结深圳和广州经验的基础上，于1994年颁布了《城市新建住宅小区管理办法》，为确立我国物业管理新体制指明了方向。《城市新建住宅小区管理办法》颁布后，各地开始把物业管理作为城市管理体制的重大改革事项来着手推行。经过40多年的发展，我国物业管理行业已颇具规模，在经济和社会发展中扮演着越来越重要的角色。

1.2.2 物业管理的概念

2003年，国务院颁布《物业管理条例》，标志着我国物业管理进入法制化和规范化发展的新时期。《物业管理条例》第二条对物业管理的表述是：物业管理，是指业主通过选聘物业服务企业，由业主和物业服务企业按照物业服务合同约定，对房屋及配套的设施设备和相关场地进行维修、养护、管理，维护物业管理区域内的环境卫生和相关秩序的活动。2020年，《中华人民共和国民法典》（以下简称《民法典》）颁布，进一步奠定了物业管理的民事法律基础。《民法典》第二编"物权"第二分编"所有权"第六章"业主的建筑物区分所有权"第二百八十四条规定，"业主可以自行管理建筑物及其附属设施，也可以委托物业服务企业或者其他管理人管理。"

可见，《民法典》和《物业管理条例》中关于物业管理的表述不同，我们可以理解为其是对物业管理含义广义和狭义的两种表述。

1. 广义的物业管理

广义的物业管理中，业主是物业的所有权人，根据不同情况，对建筑物及其附属设施可选择不同的管理方式：一是业主自己进行管理；二是委托物业服务企业管理；三是委托其他管理人管理。

广义的物业管理指物业服务人受业主的委托，按照相关法规以及管理规约和物业服务合同的约定，在物业管理区域内设立独立核算的物业管理服务机构，对物业共有部分提供房屋建筑及其配套设施设备和相关场地的维修、养护、管理，维护物业管理区域内的环境卫生和相关秩序等服务。

2. 狭义的物业管理

狭义的物业管理一般是指《物业管理条例》调整范围内的物业管理，是指业主通过选聘物业服务企业，根据双方物业服务合同对房屋及配套设施设备和相关场地进行管理。除特别说明外，本书内容中所涉及的关于"物业管理"的表述，指的都是狭义的物业管理。狭义的物业管理定义包含三方面内容：

（1）针对的是业主选聘物业服务企业的管理方式。虽然法律并不强制业主必须选择物业服务企业来管理物业，但目前来看，这种物业管理形式比较普遍。业主选聘物业服务企业进行物业管理，就将物业管理与传统意义的行政管房模式区分开，强调物业管理是一种市场行为、市场关系和市场活动，必须遵守市场规则。业主选聘物业服务企业，必须在平等、自愿、等价有偿、诚实信用的基础上，必须遵守物业管理的市场秩序，服从政府主管部门的监管。

（2）物业服务合同是物业管理活动的基本依据。物业管理活动的实质，是业主和物业服务企业以物业管理服务为标的进行的一项交易。作为交易双方的业主和物业服务企业是合同的主体，合同是双方关系的纽带，也是双方交易的依据。物业管理作为一种市场行为，是通过物业服务合同的签订和履行得以实现的。物业服务合同，是业主和物业服务企业订立的关于双方在物业管理活动中的权利和义务的协议，是物业管理活动产生的契约基础。

（3）物业管理的内容是对房屋及配套的设施设备和相关场地进行维修、养护、管理，维护物业管理区域内的环境卫生和相关秩序的活动。物业管理的内容主要有两方面：一是对房屋及配套的设施设备和相关场地进行维修、养护、管理，这里针对的是共用部位、共用设施设备和公共场地的维修、养护和管理；二是维护物业管理区域内的环境卫生和秩序，包括物业服务企业提供公共场地的保洁服务、绿化管理、秩序维护、装饰装修管理等服务。

1.3 业主和物业使用人

1.3.1 业主

业主是指依法登记取得建筑物专有部分所有权的人。业主可以是自然人、法人和其他组织，可以是本国公民或组织，也可以是外国公民或组织。

基于与建设单位之间的商品房买卖民事法律行为，已经合法占有建筑物专有部分，但尚未依法办理所有权登记的自然人或者法人，可以认定为业主。业主是物业项目最主要的利益相关者。

1.3.2 物业使用人

物业使用人是与业主相关的一个概念，包括物业的承租人、借用人、尚未出售的公有住房的使用人及其他物业使用人。一般而言，物业管理只涉及业主的权利和义务，物业使用人由于不拥有物业的所有权，因此不能参与物业的实际管理。但物业使用人作为物业的实际使用人，享有接受物业服务的权利，应承担物业管理中的社会责任，并受管理规约和相关法律法规的约束。

1.4 物业服务人

《民法典》第九百三十七条规定，物业服务人包括物业服务企业和其他管理人。

根据《民法典》第二百八十四条，物业管理有三种管理形式：一是业主自己进行管理；二是委托物业服务企业管理；三是委托其他管理人管理。因此物业服务人可以是物业服务企业，也可以是其他管理人。其他管理人可以是业主，也可以是作为物业服务企业以外的，根据业主委托管理建筑物的法人、其他组织和自然人。

无论是哪个主体进行物业管理，都同样应该具备相应的专业能力，也应有相应的管理制度。

本章小结

物业，是指已经竣工和正在使用中的各类建筑物、构筑物及附属设备、配套设施、相关场地等组成的房地产实体以及依托于该实体上的权益。

物业管理的概念有狭义和广义之分。狭义的物业管理一般是指业主通过选聘物业服务企业，根据双方物业服务合同对房屋及配套设施设备和相关场地进行管理。广义的物业管理包括业主通过自行管理、委托物业服务企业或其他管理人等方式管理物业。

业主是指依法登记取得建筑物专有部分所有权的人。而物业使用人是与业主相关的一个概念，包括物业的承租人、借用人、尚未出售的公有住房的使用人及其他物业使用人。一般而言，物业管理只涉及业主的权利和义务。

物业服务人包括物业服务企业和其他管理人。其他管理人可以是业主，也可以是作为物业服务企业以外的，根据业主委托管理建筑物的法人、其他组织和自然人。

复习思考题

1．物业的概念是什么？物业包括哪几部分？
2．按使用功能进行划分，可以将物业分为哪几种类型？
3．物业管理的定义是什么？广义的物业管理和狭义的物业管理有什么区别？
4．业主和物业使用人的概念分别是什么？
5．物业服务人包括哪些主体？

2 物业管理法律关系和法律责任

> **学习目标**
>
> 了解法律的基本概念;理解并掌握物业管理法律关系的构成、特征,了解物业管理基本法律关系;掌握物业管理的法律责任,重点掌握民事责任;理解并掌握物业服务企业的义务和常见的法律责任;了解物业服务企业如何防控物业管理活动中的法律风险。

> **知识要点**
>
> 1. 法律的基本概念。
> 2. 物业管理基本法律关系的构成。
> 3. 物业管理法律关系的特征。
> 4. 物业管理基本法律关系。
> 5. 物业管理法律责任。
> 6. 物业服务企业的义务和责任。
> 7. 物业服务企业的风险防控。

作为物业管理的从业人员,必须全面掌握工作中经常涉及的法律、法规以及地方政府的一些实施细则。本章首先介绍最基本的法律概念,之后对物业管理法律关系进行详细阐述,并介绍物业管理法律关系主体实施违法行为所必须承担的法律责任。本章特别对物业服务企业的主要法律义务和责任进行了介绍。物业服务企业不仅应当承担物业服务合同约定的义务,还应当履行法律法规规定的职责,否则就面临违约或者侵权的法律风险,因此做好风险防控十分必要。

2.1 法律的基本概念

在古代文献中,"法"往往和"律"通用。清末以来,"法"和"法律"是并用的。

2.1.1 法律的含义

"法律"一词有广义、狭义两种理解。广义上,"法律"泛指一切规范性文件。就我国现在的法律而言,包括宪法、法律、行政法规、地方性法规、民族自治地方的自治条例和单行条例等。狭义上,"法律"仅指全国人民代表大会及其常务委员会制定的规范性文件,具有普遍的法律效力,如:《中华人民共和国土地管理法》等。

"法规"通常指国务院、地方人民代表大会及其常务委员会、民族自治机关和经济特区人民代表大会制定的规范性文件，一般用"条例""规定""规则""办法"称谓。

"行政法规"是指由国务院根据宪法和法律制定的规范性文件；如《物业管理条例》等。另外，国务院各部、委员会、中国人民银行、审计署和具有行政管理职能的直属机构，可以根据法律和国务院的行政法规、决定、命令，在本部门的权限范围内制定"规章"，如中华人民共和国住房和城乡建设部制定的《物业承接查验办法》就属于部门规章。

"地方性法规"是指由省、自治区、直辖市的人民代表大会及其常务委员会根据本行政区域的具体情况和实际需要，在不与宪法、法律、行政法规相抵触的前提下，制定的规范性文件，如北京市第十五届人民代表大会常务委员会第二十次会议于2020年3月27日通过《北京市物业管理条例》。民族自治地方的人民代表大会有权依照当地民族的政治、经济和文化特点，制定自治条例和单行条例。

2.1.2　法律效力层级

如图2-1所示，在中国，宪法具有最高的法律效力，一切法律、行政法规、地方性法规、自治条例和单行条例、规章都不得同宪法相抵触；法律的效力高于行政法规、地方性法规、规章；行政法规的效力高于地方性法规、规章；地方性法规的效力高于本级和下级地方政府规章。省、自治区的人民政府制定的规章的效力高于本行政区域内设区的市、自治州的人民政府制定的规章；自治条例和单行条例依法对法律、行政法规、地方性法规作变通规定的，在本自治地方适用自治条例和单行条例的规定；经济特区法规根据授权对法律、行政法规、地方性法规作变通规定的，在本经济特区适用经济特区法规的规定；部门规章之间、部门规章与地方政府规章之间具有同等效力，在各自的权限范围内施行。

同一机关制定的法律、行政法规、地方性法规、自治条例和单行条例、规章，特别规定与一般规定不一致的❶，适用特别规定；新的规定与旧的规定不一致的，适用新的规定。

2.1.3　法律关系的含义

法律关系是根据法律规范产生、以主体之间权利与义务关系的形式表现出来的特殊的社会关系。和其他社会关系一样，法律关系是人们有目的、有意识

---

❶　一般规定或一般法指适用于一般人、一般事并具有普遍约束力的法律。特别规定或特别法专指适用范围限定特定的人、特定时间、特定地区或特定事项的法律。如《教育法》属于一般法，《高等教育法》属于特别法。

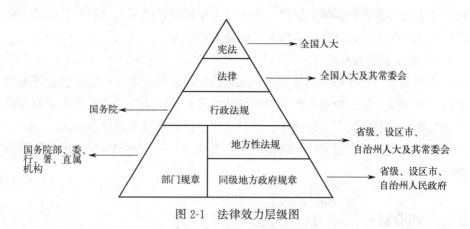

图 2-1 法律效力层级图

建立的社会关系；是以法律规范为前提，如果没有相应的法律规范就不可能产生法律关系；是社会内容与法律形式的统一。法律关系是以国家强制力作为保障的社会关系，当法律关系受到破坏时，国家会动用强制力进行矫正或恢复。

法律关系由三要素构成，即法律关系主体、法律关系客体和法律关系内容。

1．法律关系主体

法律关系主体是指法律关系的参加者，是法律关系中权利的享有者和义务的承担者。我国法律关系的主体包括以下几类：

（1）自然人，即个人主体。在我国，凡是取得中华人民共和国国籍的人都是公民基本权利的享有者和基本义务的承担者。既指中国公民，也含居住在我国境内的外国人和无国籍人。但某些政治法律关系非我国公民不得参加，如选举法律关系。

（2）组织。其主要包括三类：一是国家机关（立法机关、行政机关和司法机关等）；二是政党、社会团体；三是企业、事业单位，含在中国领域内设立的中外合资经营企业、中外合作经营企业和外资企业。

（3）国家。国家作为一个整体，是某些重要法律关系的参加者，既可以作为国家所有权关系、刑法关系等主体，又可以作为国际法关系的主体。

2．法律关系客体

法律关系客体是指权利和义务所指向的对象，主要包括如下几类：

（1）物。它既可以表现为自然物，如土地；也可以表现为人的劳动创造物，如建筑物；还可以是货币及各种有价证券，如支票等财产的一般表现形式。

（2）非物质财富。其包括创作活动的产品（如科学著作、文艺作品等智力成果）和其他与人身联系的非财产性财富（如公民和组织的姓名或名称、名誉、荣誉等）。

（3）行为和行为结果。法律关系主体的行为包括作为和不作为，其在很多情况下是法律关系的客体。法律行为的一定结果可以满足人的利益和需求，也可以成为法律关系的客体，如按照合同建造的房屋。

3．法律关系内容

法律关系内容是指法律关系主体间依照法律或约定所享有的权利和承担的义务。从本质上看，权利是指法律保护的某种利益；从行为方式的角度看，它表现为要求权利相对人可以怎样行为、必须怎样行为或不得怎样行为。

义务指人们必须履行的某种责任，它表现为必须怎样行为和不得怎样行为两种形式。

2.2 物业管理法律关系

物业管理法律关系是法律关系的一种，是指物业管理关系中的当事人在物业管理活动中所形成的具体的权利和义务关系。其权利，是指物业管理关系中当事人享有实现某种行为的可能性；其义务，是指物业管理关系中当事人所负有的责任。

2.2.1 物业管理法律关系的构成

物业管理法律关系作为法律关系的一种，是指物业管理法律规范在调整物业管理服务行为过程中形成的权利义务关系。如同其他任何法律关系一样，物业管理法律关系也是由三个要素构成：物业管理法律关系主体、物业管理法律关系客体和物业管理法律关系内容。

1．物业管理法律关系主体

物业管理法律关系主体是指实际参加物业管理法律关系并在其中享受权利和承担义务的人。物业管理法律关系主体的资格是由法律规定的，它必须同时兼具两种能力，即权利能力和行为能力。同时，物业管理法律关系的广泛性决定了物业管理法律关系主体的多样性。

在我国，作为物业管理法律关系主体的"人"，大体上可以分为以下四类：

（1）自然人。物业管理法律关系中的自然人是特定物业的合法产权人和使用人，既包括中国公民，也包括外国人。《民法典》第六章"业主的建筑物区分所有权"和《物业管理条例》第二章"业主和业主大会"对作为自然人的业主在物业管理中的权利作了规定。

（2）法人。参加物业管理法律关系的法人主要有两类：一类是作为物业产品的生产者和初始业主的建设单位，另一类是作为物业管理受托方的物业服务企业。

（3）国家机关。国家机关参加的物业管理法律关系主要是物业管理行政监管关系，主要部门为房地产行政主管部门，物价、治安、税收、规划等部门也可以根据相应的职责对物业管理工作实施监管。国家机关在对物业管理活动实施监督管理过程中形成的权利能力，一般由其法定的职能、职权决定，行为能力则由其职责、任务决定。

（4）其他组织。其主要是指以参与物业管理法律关系为目的而专门设立的业主大会和业主委员会，这是基于物业管理活动的特殊性而产生的特殊主体，业主大会及执行机构业主委员会是在物业管理活动中代表和维护全体业主合法权益的自治性组织，法律对其成立、权利、职责、变更和终止均有明确的规定。

2．物业管理法律关系客体

物业管理法律关系客体是指物业管理法律关系中主体的权利和义务共同指向的对象。物业管理的客体是物业，但物业管理法律关系的客体却是行为，它包括作为和不作为两种。从实践来看，作为物业管理法律关系客体的行为可以分为两类：一类是国家机关的行政行为，如房地产行政机关依法监督和指导成立业主委员会的行为等；另一类是平等主体之间的民事行为，如物业服务企业依照物业服务合同进行管理服务的行为。

3．物业管理法律关系内容

物业管理法律关系内容是指物业管理法律关系主体依法享有的权利和依法承担的义务，任何物业管理法律关系都是靠主体权利的行使和主体义务的履行来实现的。

在物业管理法律关系中，主体的权利是指主体依法享有的权能和利益，一般表现为：

（1）主体可以作出一定的行为或者不作出一定的行为。例如，房地产行政主管部门可以依法对违反《物业管理条例》规定从事物业管理活动的物业服务企业作出行政处罚的决定；业主大会有权不选聘新的物业服务企业等。

（2）主体可以要求他人作出一定的行为或不作出一定的行为。例如，物业服务企业有权要求业主按规定缴纳物业管理费；业主有权要求建设单位和物业服务企业不得作出侵犯其所有权的行为等。

关于权利的内容，物业管理主体不同的性质和地位，决定了它们在物业管理法律关系中享有不同的权利：

（1）房地产行政主管部门及相关职能部门享有监管权，这是它们在对物业管理行为行使监督管理职能时依法享有的权利。从法理上说，行政机关的监督管理权不是纯粹的权利，与公民、法人等享有的民事权利有所区别，是一种"权力"，通常可以称之为"职权"。

（2）业主及使用人享有以下权利：所有权（或使用权）、监督权及选举权和被选举权（专指业主委员会）。

（3）业主大会和业主委员会享有以下权利：缔约权（委托权）和监督权。缔约权是指主体选择物业服务企业并签订物业服务合同的权利，是民事法律主体享有的基本权利；而监督权是业主大会和业主委员会代表全体业主行使的权利，其权利基础表面上是缔约权，实质上是业主的物权，而且监督权的实现多数情况下还应以知情权为前提。

(4) 物业服务企业享有的权利：缔约权（受托权）、获取报酬权和管理权。物业服务企业同样有权选择管理项目并依照合约规定获取相应的酬金，同时基于物业管理服务公共性消费的特点，物业服务企业在规约或合同约定的范围内，对于特定区域内的业主共同事务有权实施统一的管理。

(5) 建设单位享有以下权利：缔约权（委托权）与监督权。建设单位享有的这两项权利有一定的时限性，在前期物业管理阶段，在特定物业不具备召开业主大会、成立业主委员会的情况下，建设单位作为初始业主可以代位行使业主大会及业主委员会的权利，有权选择前期物业服务企业并监督其管理服务行为。

在物业管理法律关系中，主体的义务是指义务人（一方当事人）为满足权利人（另一方当事人）的权利需求而依法承担的某种责任。一般表现为：①义务人必须做出一定的行为，如物业服务企业必须按物业服务合同承担各项管理和服务工作等；②义务人必须不做出一定的行为，如业主及使用人不得损坏共用设备和共用设施等。

关于义务的内容，不同的物业管理主体承担不同的义务，在同一物业管理法律关系中，一方主体的权利内容总是通过与之相对应的另一方主体的义务形式来表现，而一方主体的义务内容又总是由另一方主体的权利实质来决定。权利和义务从不同角度表现着同一物业管理法律关系，统一构成了物业管理法律关系的内容。

2.2.2 物业管理法律关系的特征

物业管理行为的特殊性和我国物业管理行业的特殊发展阶段，决定了现阶段物业管理法律关系在保留一般法律关系共有特征（如社会关系、思想意志关系、以国家强制力为基础等）的同时，又具有本身的特征。概括地说，主要体现在以下五个方面：

1. 作为法律关系主体的业主意志多元化和代表性

产权主体多元化是现代物业管理产生的前提条件，产权多元化直接导致产权主体意志的多元化，如何将多元化的意志集中分散为一种统一普遍的公共意志，是物业管理所要解决的首要问题。与其他民事法律关系相比，物业管理委托关系的一方当事人——业主所具有的个体分散和意志多样的特征，使得组成一个统一的代表全体业主利益和意志的机构成为必要，而业主大会及其执行机构——业主委员会就是这样一种代表性机构。法律规范如何解决业主意志的多元化问题，如何确定业主委员会的代表地位，应当是立法者关注的重点。而业主委员会这一类似于"代议制"的群众自治组织，也成为物业管理法律关系中一道独特的风景。

2．政府在物业管理法律关系中具有特殊的地位

从理论上看，作为市场经济的产物，物业管理体现的是平等主体间的民事关系，政府不应予以过多的干预。但是，目前我国正处于传统房屋管理体制向市场化的物业管理体制的转轨时期，由于物业管理是城市管理的重要组织部分，充分发挥国家行政机关在建立物业管理市场机制方面的作用不容忽视。政府在物业管理法律关系中的重要地位主要表现在：①对业主大会和业主委员会的监督和指导；②对物业服务企业的监督和管理；③对普通居住物业服务价格的监管；④对物业使用与维护行为的监督和管理；⑤对违反物业管理法规行为的处罚等。

3．物业管理法律关系既涉及公权关系，也涉及私权关系

在传统的法律关系中，有的（如民事法律关系）只调整私权关系，当事人处于平等地位；有的（如行政法律关系）只调整公权关系，当事人的地位不平等。而物业管理法律关系则体现出公私权关系混合的特征。也就是说，有的物业管理法律关系（如物业管理行政监管关系）的当事人之间地位是不平等的，存在一方服从另一方的情况；有的物业管理法律关系（如物业管理委托关系）的当事人之间地位是平等的，双方的权利义务关系对等。物业管理法律关系的这一特点，同物业管理法律规范主要是从传统的行政法、民法中分离出来这一渊源有密切关系。正因为如此，我们可以把物业管理法律关系分为物业管理行政关系和物业管理民事关系两大类型。

4．所有权（物权）的限制和监督权的扩大

一方面，在物业管理委托关系中，全体业主虽然拥有共用场所及共用设施设备的所有权，但对于单个（或部分）业主来说，由于共有物权的不可分割性，决定其不能单独行使对共有物业的物权权能。除使用权以外，单个（或部分）业主对共用场所及共用设施设备的占有、收益和处分的权利都受到不同程度的限制，打破这种限制就意味着权利的滥用，而这种制约的结果是，业主大会能够代表全体业主行使共有物业的所有权。另一方面，与其他商事法律关系不同，由于物业管理服务的消费和生产存在于同一过程，为维护具有所有者和消费者双重身份的业主的利益，法律赋予委托者充分的监督权，行使物业管理监督权的主体不仅局限于业主大会和业主委员会，而且扩大到每位业主和使用人。

5．物业管理行为是一种提供公共性服务商品的法律行为

物业管理行为与其他商事行为的一个重要区别，就在于它提供的商品主要是公共性服务，而非特约性服务。公共性服务的一个重要特点是存在享受服务的公众性与交费义务的个体性的矛盾，这一矛盾的直接后果是个别业主拒缴费用的违约行为必然导致其他守约业主共同利益受损的结果，而如果守约业主与违约业主享受同样的服务，无疑是对守约业主的不公平，由此可能产生拒缴费用的不良示范效应，并最终导致物业管理工作的无以为继。物业管理法律关系客体的这一特征反映在法律文件上就是，物业管理委托关系除了通过物业服务合同来约定外，还需要通过管理规约来规范，管理规约体现了多数业主共同意志对少数业主个别意志的约束，其不仅是物业管理活动正常开展的保证，也是物业管理立法的补充。

2.2.3 物业管理基本法律关系

物业管理法律关系是在有关物业管理法律规范的范围内，调整人们行为过程中在法律上的权利和义务关系。物业管理中涉及以下几类基本法律关系：

1．业主相互之间的关系

业主是物业管理区域内物业管理的基本责任主体，物业管理本质上是业主对物业管理区域内共同利益的维护和管理。业主对自己房屋的专有部分行使所有权，离不开楼梯、电梯、供水、供电、供气、中央空调等设施设备等共有部分，也离不开对建筑物所占土地的共同使用。正由于业主之间这种不可分割的物上的区分所有关系，多个业主之间形成了共同利益和共同事务。《物业管理条例》在设计业主大会制度时，充分考虑到既尊重单个业主意愿，又维护全体业主的共同利益。明确物业管理区域内全体业主组成业主大会，业主大会按照《物业管理条例》和业主大会议事规则确定的程序作出的决定，包括管理规约等，视为全体业主的共同决定，对全体业主具有约束力。通过这些规定，保证业主大会能够切实负担起代表和维护全体业主合法权益的职责。业主在行使自己权利的同时，同样应当承担相应的义务。《物业管理条例》明确规定，业主应当遵守管理规约、业主大会议事规则，遵守物业管理区域内物业共用部位和共用设施的使用、公共秩序和环境卫生的维护等方面的制度，执行业主大会的决定，按时缴纳物业服务费用等。

2．物业服务企业和业主之间的关系

物业服务企业是依照公司法设立的，自主经营、独立核算、独立承担民事权利和义务的民事主体。业主和物业服务企业地位平等，双方通过签订物业服务合同，形成了物业服务企业提供服务、业主支付服务费用的等价交换关系，是一种民事行为。民事行为最基本的原则就在于其主体的平等性和行为的自愿性。主体平等，说明双方不是主与仆、管理与被管理的关系。行为自愿，表现在两个方面：一方面，业主是否选聘物业服务企业管理自己的物业，选聘哪一家物业服务企业实施物业管理，都由业主、业主大会自行决定，同样，物业服务企业是否接受业主的选聘，也由物业服务企业自己决定，这说明了双方签订合同的自愿；另一方面，对于合同内容的确定，比如物业服务企业要提供哪些服务，服务到什么标准，业主要缴纳多少物业服务费用，同样出于双方当事人的自愿，相关主体不同意就不签合同，签了合同就意味着接受合同的内容，同时也接受合同的约束。

3. 建设单位与业主以及物业服务企业之间的关系

建设单位在没有销售完商品房之前，拥有待销售房屋的产权，本身也是业主。与其他的销售行为不同，商品房销售是一个持续的过程，不可能等到建设单位销售完所有房屋、购房人全部入住、成立业主大会以后，才来选聘物业服务企业实施物业管理服务。业主大会成立之前的物业管理服务，也就是前期物业管理服务，客观上只能由建设单位选聘的物业服务企业来实施。《物业管理条例》规定，前期物业服务合同由建设单位和物业服务企业来签订，但是在前期物业管理阶段，物业服务企业提供服务的对象不仅是建设单位，还有物业买受人，这就导致合同的签订者和合同权利义务的承担者在一定程度上是分离的。为了解决这个问题，《物业管理条例》要求，物业买受人在与开发建设单位签订的房屋买卖合同中，必须包含建设单位与物业服务企业签订的前期物业服务合同的内容，以明确规范购房人承担前期物业服务合同中约定的关于物业管理的权利和义务。业主在前期物业管理阶段接受物业管理服务，实际上是建立在三个契约基础之上：一是建设单位与物业买受人签订的包含前期物业服务内容的房屋买卖合同；二是建设单位制定并由物业买受人签署的临时管理规约；三是建设单位与物业服务企业签订的前期物业服务合同。《物业管理条例》规定，开发建设单位在物业管理活动中应当履行以下十项义务：①签订前期物业服务合同；②制定临时管理规约并向物业买受人明示；③通过招标投标的方式选聘住宅物业的前期物业服务企业；④提供必要的物业管理用房；⑤不得擅自处分物业共用部位和共用设施设备的所有权和使用权；⑥与物业服务企业办理承接查验手续；⑦移交物业管理资料；⑧承担物业的保修责任；⑨承担未售出或未交付房屋的物业服务费；⑩参与筹建业主大会。

4. 市政公用单位与业主以及物业服务企业之间的关系

供水、供电、供气、通信、有线电视等单位是企业，它们向业主提供产品和服务，业主缴纳有关费用，因此，它们之间也是一种合同关系，各自承担相应的权利和义务。但是，这些市政公用单位与物业服务企业之间并没有这种合同关系，这些单位没有向物业服务企业收取应当由业主负担的有关费用的权利，物业服务企业也没有相应的缴费义务。如果市政公用单位委托物业服务企业向业主收取有关费用，双方应当签订委托合同，确立委托关系，物业服务企业可以按委托合同的约定代这些单位向业主收取有关费用，委托合同同样应当遵循平等自愿原则。为此，《物业管理条例》明确规定了供水、供电、供气、通信、有线电视等单位的权利和义务，即"应当向最终用户收取有关费用""应当依法承担物业管理区域内相关管线和设施设备的维修、养护责任"，《物业管理条例》还规定：物业服务企业接受委托代收上述费用的，不得向业主收取手续费等额外费用。

5. 居民委员会与业主大会和业主委员会的关系

居民委员会（以下简称"居委会"）是居民自我管理、自我教育、自我服务的基层群众性自治组织，对于化解居民邻里之间的矛盾、促进社会稳定发挥着重要的作用。业主大会是全体业主基于共同财产关系而形成的共同利益群体。居委会是和社区对应的组织，业主大会是和物业管理区域对应的群体。一个物业管理区域可能有多个居委会，而一个居委会也可能涉及多个物业管理区域；业主可能是该社区的居民，也可能不是该社区的居民；居委会成员可能是该区域内的业主，也可能不是业主。因此，居委会和业主大会之间并不一一对应，双方不存在隶属关系，也不是上下级关系。但是，业主、业主大会要维护好自己的权益，离不开当地居委会的指导和帮助。关于居委会与业主大会和业主委员会的关系，《物业管理条例》明确规定：①业主大会、业主委员会作出的决定，应当告知并听取居委会的建议；②业主大会、业主委员会应当与居民委员会相互协作，共同做好维护物业管理区域内的社会治安等相关工作；③业主大会、业主委员会应当积极配合相关居民委员会依法履行自治管理职责，并接受其指导。

6．物业管理各方主体与政府之间的关系

物业管理各方主体之间的民事权利义务关系的确立，主要通过当事人自己的意思决定，政府作为行政管理部门，不能随意运用自己拥有的公共权力进行干预，更不能主动介入这种活动中去。政府与物业管理各方主体之间的关系，是一种行政法律关系。政府的主要职责就是依法制定规则来规范有关主体的行为，并通过加强日常指导、监督和管理，创造公开、公平、公正的市场环境。要充分尊重业主权利，鼓励业主自我管理和自我约束；要充分发挥市场机制的作用，强化物业服务合同的地位和作用，支持当事人通过合同来规范民事行为和解决民事纠纷。

2.3 物业管理法律责任

物业管理法律责任是指在物业管理相关活动中，物业管理法律关系主体实施违法行为所必须承担的否定性法律后果。物业管理法律责任主要有民事法律责任、行政法律责任和刑事法律责任，其中物业管理民事法律责任最为常见。物业管理民事法律责任主要包括违约责任和侵权责任两种。《物业管理条例》主要规定了物业管理行政法律责任。物业管理刑事法律责任是制裁最为严厉的一种法律责任，它是确保物业管理行业健康有序发展的根本性保障。

2.3.1 物业管理民事法律责任

物业服务合同各方主体的民事法律责任，从一般法的角度，主要通过《民法典》来规范。从特别法的角度，主要通过行政法规和司法解释来规范。由于《物业管理条例》关于物业管理各方主体民事法律责任的规定在本书第 3 章和

第4章有详述,本节重点介绍司法解释中关于物业管理民事法律责任的内容。

为了正确审理物业服务纠纷案件,依法保护物业服务合同当事人的合法权益,2009年9月,最高人民法院公布了《物业服务纠纷案件具体应用法律若干问题的解释》。根据2020年12月23日最高人民法院审判委员会第1823次会议通过的《最高人民法院关于修改〈最高人民法院关于在民事审判工作中适用《中华人民共和国工会法》若干问题的解释〉等二十七件民事类司法解释的决定》修正,名称变为《最高人民法院关于审理物业服务纠纷案件适用法律若干问题的解释》(以下简称《物业服务司法解释》)。《物业服务司法解释》是以《民法典》为基础,以规范物业服务企业与业主的物业服务合同关系为重心,结合多年物业管理纠纷的民事审判实践制定的,是各级人民法院审理物业服务纠纷案件的重要依据,也是确定物业服务合同双方主体民事法律责任的重要规范。

1．《物业服务司法解释》的特点

从预防和减少物业服务纠纷的角度,准确理解和适用《物业服务司法解释》,我们应当把握以下几点:

(1) 强化物业服务企业的义务

《物业服务司法解释》针对实践中物业服务合同的约定内容相对简单,当事人常因物业服务内容发生争执的现象,运用合同默示条款理论,扩充了物业服务企业承担义务的范围,除物业服务合同之外,物业服务企业还应履行法律法规、相关行业规范、服务承诺和服务细则规定或约定的义务。

(2) 强化合同主体的责任

《物业服务司法解释》对作为合同主体的物业服务企业和业主,规定了相应的法律责任,包括:①业主实施妨害物业服务和管理行为的责任;②物业服务企业违规收费的责任;③物业服务企业退还预收,但尚未提供物业服务的物业费的责任。

2．物业服务纠纷的解决规则

与建筑物区分所有权纠纷引起的多数侵权之诉不同,物业服务纠纷主要导致违约之诉。作为业主和物业服务企业之间法律关系的主要纽带,物业服务合同的效力状态和履行结果的认定,是《物业服务司法解释》关注的重点。从有利于审判实践出发,《物业服务司法解释》主要从四个方面明确了物业服务纠纷的审判规则。

(1) 关于业主违约行为的处理

业主违反物业服务合同或者法律、法规、管理规约,实施妨碍物业服务与管理的行为,物业服务人请求业主承担停止侵害、排除妨碍、恢复原状等相应民事责任的,人民法院应予支持。

(2) 关于物业服务人违约行为的处理

物业服务人违反物业服务合同约定或者法律、法规、部门规章规定,擅自扩大收费范围、提高收费标准或者重复收费，业主以违规收费为由提出抗辩的，人民法院应予支持。业主请求物业服务人退还其已经收取的违规费用的，人民法院应予支持。

（3）关于物业服务合同终止后

物业服务合同的权利义务终止后，业主请求物业服务人退还已经预收，但尚未提供物业服务期间的物业费的，人民法院应予支持。

（4）关于物业使用人违约行为的处理

因物业的承租人、借用人或者其他物业使用人实施违反物业服务合同，以及法律、法规或者管理规约的行为引起的物业服务纠纷，人民法院可以参照关于业主的规定处理。

2009年10月1日前已经终审，以及施行后当事人申请再审或者按照审判监督程序决定再审的案件，不适用《物业服务司法解释》。

2.3.2 物业管理行政法律责任

物业管理行政法律责任，广义上说，是指物业管理各方主体违反现行行政法律规范所应承担的法律责任；狭义上说，是指物业管理各方主体违反《物业管理条例》所应承担的法律责任。由于本书第3章关于物业管理基本制度的内容中包括几大基本制度所涉及的法律责任内容，因此本节只介绍《物业管理条例》第6章中其余有关法律责任的规定。

（1）建设单位擅自处分属于业主的物业共用部位、共用设施设备的所有权或者使用权的，由县级以上地方人民政府房地产行政主管部门处5万元以上20万元以下的罚款；给业主造成损失的，依法承担赔偿责任。

（2）不移交有关资料的，由县级以上地方人民政府房地产行政主管部门责令限期改正；逾期仍不移交有关资料的，对建设单位、物业服务企业予以通报，处1万元以上10万元以下的罚款。

（3）物业服务企业将一个物业管理区域内的全部物业管理一并委托给他人的，由县级以上地方人民政府房地产行政主管部门责令限期改正，处委托合同价款30%以上50%以下的罚款；委托所得收益，用于物业管理区域内物业共用部位、共用设施设备的维修、养护，剩余部分按照业主大会的决定使用；给业主造成损失的，依法承担赔偿责任。

（4）建设单位在物业管理区域内不按照规定配置必要的物业管理用房的，没收违法所得，并处10万元以上50万元以下的罚款。

（5）未经业主大会同意，物业服务企业擅自改变物业管理用房的用途的，由县级以上地方人民政府房地产行政主管部门责令限期改正，给予警告，并处1万元以上10万元以下的罚款；有收益的，所得收益用于物业管理区域内物业共用部位、共用设施设备的维修、养护，剩余部分按照业主大会的决定使用。

(6) 有下列行为之一的，由县级以上地方人民政府房地产行政主管部门责令限期改正，给予警告，处以罚款（个人处 1000 元以上 1 万元以下的罚款；单位处 5 万元以上 20 万元以下的罚款）；所得收益，用于物业管理区域内物业共用部位、共用设施设备的维修、养护，剩余部分按照业主大会的决定使用：①擅自改变物业管理区域内按照规划建设的公共建筑和共用设施用途的；②擅自占用、挖掘物业管理区域内道路、场地，损害业主共同利益的；③擅自利用物业共用部位、共用设施设备进行经营的。

(7) 违反《物业管理条例》的规定，国务院建设行政主管部门、县级以上地方人民政府房地产行政主管部门或者其他有关行政管理部门的工作人员利用职务上的便利，收受他人财物或者其他好处，不依法履行监督管理职责，或者发现违法行为不予查处，尚不构成犯罪的，依法给予行政处分。

2.3.3 物业管理刑事法律责任

物业管理刑事法律责任是指在物业管理活动中，行为人因触犯刑事法律而应承担的强制性法律义务。常见的有：

(1) 挪用专项维修资金，构成犯罪的，依法追究直接负责的主管人员和其他直接责任人员的刑事责任。

(2) 业主以业主大会或者业主委员会的名义，从事违反法律、法规的活动，构成犯罪的，依法追究刑事责任；尚不构成犯罪的，依法给予治安管理处罚。

(3) 国务院建设行政主管部门、县级以上地方人民政府房地产行政主管部门或者其他有关行政管理部门的工作人员利用职务上的便利，收受他人财物或者其他好处，不依法履行监督管理职责，或者发现违法行为不予查处，构成犯罪的，依法追究刑事责任。

2.4 物业服务企业的义务和责任

根据《民法典》第九百四十二条，"物业服务人应当按照物业服务合同的约定和物业的使用性质，妥善维修、养护、清洁、绿化和经营管理物业服务区域内的业主共有部分，维护物业服务区域内的基本秩序，采取合理措施保护业主的人身、财产安全。"

物业服务企业是物业管理市场上最主要的物业服务人，物业管理纠纷多是因为物业管理相关主体对物业服务企业义务范围及履行程度理解不同所造成的，因此本节专门对物业服务企业的义务进行梳理。

2.4.1 物业服务企业的义务

《民法典》第二百八十五条规定，物业服务企业或者其他管理人根据业主的委托，依照有关物业服务合同的规定管理建筑区划内的建筑物及其附属设施，接受业主的监督，并及时答复业主对物业服务情况提出的询问。物业服务企业或者其他管理人应当执行政府依法实施的应急处置措施和其他管理措施，积极配合开展相关工作。

《物业管理条例》第三十五条规定："物业服务企业应当按照物业服务合同的约定，提供相应的服务。"

通过以上法律规定可知，物业服务企业的主要义务是遵守物业服务合同的约定，同时要接受业主的监督，给业主提供物业服务的相关信息并接受询问，还要配合政府的一些管理措施。其中，一些服务义务仅靠物业服务企业单方面的行为就可以完成，但还有一些服务义务较为复杂，仅靠物业服务企业单方面的行为难以完成，需要业主以及主管部门共同发挥作用，其中主要包括物业服务企业维护物业管理区域秩序和协助安全防范的义务。

1. 物业管理区域公共秩序的维护义务

（1）业主违反物业管理区域公共秩序的主要表现

物业管理区域的公共秩序需要全体业主共同遵守才能得到良好的维护。在物业管理区域内，存在个别业主缺乏法制观念、道德意识淡薄、为个人利益违反物业管理秩序、损害其他业主合法权益的现象。常见的业主违反物业管理区域公共秩序的行为主要包括：①侵占共有部位或者公共场地，私搭乱建，影响居住环境；②违规装修，拆改房屋主体结构和共有设备设施，造成共同财产损害和安全隐患；③违规安装附属设施设备，侵犯相关业主正当权益；④违反规定饲养宠物，影响相邻业主的生活和小区的整体环境；⑤开展经营活动导致环境污染、噪声超标，影响相邻业主生活与经营活动；⑥违规使用房屋、阳台导致静荷载超标，给相邻业主造成安全隐患；⑦利用房屋大量存放易燃、易爆、有毒等危险物品，给相邻业主造成安全隐患；⑧占用房屋共用露台、门厅或公共通道，影响他人使用和通行；⑨阻挠、妨碍或者拒绝配合物业服务企业实施正常的房屋维修养护活动，侵害相关业主正当权益；⑩其他违反管理规约及物业管理区域规章制度、妨害公共秩序的行为。

（2）物业服务企业维护物业管理区域公共秩序的主要方式

为维护物业管理活动的正常秩序，《物业管理条例》规定，对物业管理区域内违反有关治安环保、物业装饰装修和使用等方面法律法规规定的行为，物业服务企业应当履行如下义务：

1）告知义务。业主对在物业管理区域内应当遵守哪些制度、如何进行各项活动享有知情权。物业服务企业应当利用业主入住通知、公告栏、发放宣传资料以及社区网络等形式，向业主广泛宣传告知临时管理规约、管理规约和房屋设备设施使用说明书的主要内容，以及关于房屋装修、环境卫生、绿化等公共秩序的规章制度。业主需要装饰装修房屋的，物业服务企业应当将房屋装饰装修中的禁止行为和注意事项告知业主。

2）制止义务。对已经发生的业主违规行为，物业服务企业必须履行管理职责，通过劝告、批评教育等方式制止业主的违规行为。值得注意的是，《物业管理条例》只是为物业服务企业设定了制止义务，并没有赋予物业服务企业行政执法权。因为物业服务企业接受的是全体业主的委托，维护全体业主的利益，在物业管理区域内发生违法违规行为，侵害的是全体业主的利益。所以，作为善意管理人，物业服务企业有义务予以制止。对于物业服务企业来说，这里的"制止"更多的是一种义务而不是权利。当然，物业服务企业履行制止义务不应当超过必要的限度。

3）报告义务。对于一些轻微的违法违规行为，在业主和使用人的配合下，物业服务企业可能有能力制止；对于其他一些违法违规行为，物业服务企业可能由于缺乏必要的依据和职权而无法制止。在这种情况下，物业服务企业应当做的是及时向有关主管部门报告。例如对侵占公共场地、私搭乱建、损害居住环境的行为，应当向规划管理部门报告；对违规装修房屋、擅自拆改房屋结构和设施设备的，应当向房屋管理部门报告；对大量存放易燃、易爆、有毒物品的，应当向公安管理部门报告；对私自拆改燃气管道的，应当向市政管理部门报告并通知燃气管理单位等。

为了及时处理违法违规行为，防止有关行政主管部门不作为，《物业管理条例》规定，有关主管部门接到物业服务企业的报告后，应当依法对违法行为予以制止或者处理。如果接到物业服务企业报告之后，相关主管部门没有采取相应措施，属于行政不作为，应当承当相应的法律责任。例如，物业服务企业发现某业主在装修房屋过程中有擅自拆改房屋主体结构的行为，劝阻无效后，应当向当地主管房屋装修的政府部门报告。如果主管部门不依法履行监督管理职责，按照《物业管理条例》以及其他法律法规，其应该承担行政法律责任甚至刑事法律责任。

（3）业主违反物业管理公共秩序的法律责任

物业服务企业认真履行告知、制止、报告三项义务后，对于故意违反公共秩序并给其他业主造成损害后果的业主，业主大会和业主委员会可以依照法律规定和管理规约的约定，追究违规业主的侵权责任；物业服务企业可以依据法律规定和物业服务合同的约定，追究违规业主的违约责任。

《民法典》作出以下明确规定：业主应当遵守法律、法规以及管理规约，相关行为应当符合节约资源、保护生态环境的要求。对于物业服务企业或者其他管理人执行政府依法实施的应急处置措施和其他管理措施，业主应当依法予以配合。业主大会或者业主委员会，对任何弃置垃圾、排放污染物或者噪声、违反规定饲养动物、违章搭建、侵占通道、拒付物业费等损害他人合法权益的行为，有权依照法律、法规以及管理规约，请求行为人停止侵害、排除妨碍、消除危险、恢复原状、赔偿损失。

业主或者其他行为人拒不履行相关义务的，当事人可以向有关行政主管部门报告或者投诉，有关行政主管部门应当依法处理。业主对建设单位、物业服务企业或者其他管理人以及其他业主侵害自己合法权益的行为，有权请求其承担民事责任。

2．物业管理区域安全防范的协助义务

（1）物业服务企业在安全事故中的义务

物业案例分析之
电梯困人

《物业管理条例》第四十六条第一款规定："物业服务企业应当协助做好物业管理区域内的安全防范工作。发生安全事故时，物业服务企业在采取应急措施的同时，应当及时向有关行政管理部门报告，协助做好救助工作。"从以上规定可以看出物业服务企业在安全防范工作中的地位，其是协助相关主管部门做好安全防范工作，而不是对物业管理区域内的安全防范工作全面负责。与此同时，在发生安全事故时，《物业管理条例》要求物业服务企业履行三项义务：

1）采取应急措施以避免损失扩大。例如，发生火灾时，物业服务企业应当及时拉断电源，快速启动消防设施并全力灭火；发生刑事案件时，物业服务企业应当及时保护现场，积极配合公安机关抓捕嫌犯。

2）及时向有关行政管理部门报告事故。例如，发生火灾向消防部门报告；燃气爆炸向市政部门报告；刑事案件向公安部门报告；工程事故向建设部门报告；电梯事故向质检部门报告等。

3）协助做好救助工作。协助抢救受害人员和财产，协助作好事故善后工作。

为了履行协助做好安全防范的义务，物业服务企业应当自觉接受公安机关的监督指导，建立一套科学的管理和培训制度，明确职责分工，建立考核奖惩激励机制，提高安全防范能力和水平。具体而言，物业服务企业应当根据物业管理区域的特点，合理布岗，加强巡逻检查，发现犯罪嫌疑人和易燃易爆、剧毒、放射性等危险物品，或发现刑事、治安案件和各类灾害事故的苗头，应当立即报告公安机关及有关部门，并协助做好调查和求助工作。对安防设施、消防设施要定期认真检查、维修和养护，检查、维修情况要有记录，发现的安全隐患问题，物业服务企业要及时整改，确保设施的运行。经建设单位或者业主同意，物业服务企业应当建立并完善包括远红外周边报警系统、电视摄像监控系统、电子巡更系统和门禁对讲系统在内的物业管理区域安全防范体系，实现技防、物防和人防的紧密结合和相互促进。在日常管理服务中，对装饰装修房屋行为，物业服务企业应当事先告知业主和装修施工单位有关房屋装饰装修的禁止行为和注意事项，定期巡查并配合、协助有关部门开展监管工作。对在楼梯间、走廊通道等共用部位堆放杂物的，物业服务企业应当依据管理规约和公众物业管理制度及时予以处理。对违章搭建劝阻制止无效的，要配合有关部门予以拆除。物业服务企业还应当主动配合公安机关对居民住宅区的不安定因素进行重点防范，配合居委会开展精神文明建设和治安宣传、教育、动员、服务等活动。

(2) 物业保安人员的职责

物业保安人员的主要职责是维护物业管理区域内的公共秩序，为业主提供良好的生活环境。在实践中，物业保安方面出现的问题较多，各方面反映比较强烈。有的物业保安人员不履行或者不按照合同约定履行保安职责，导致业主的人身、财产受到不必要的损失；也有物业保安人员在履行职责过程中与业主发生冲突，侵害业主的人身和财产权益。出现这些问题，有物业服务企业方面的原因，例如聘用未经培训的人员从事保安工作，缺乏对保安队伍的管理和约束机制；有保安人员方面的原因，例如个别保安人员素质较低，不具备相应的执业能力和职业道德；也有业主方面的原因，例如个别业主蛮不讲理，提出不合理的要求；还有管理部门的原因，例如治安管理部门缺乏对保安队伍的监督和指导，对小区保安人员的违法失职行为监管不力。为了解决物业保安队伍中出现的种种问题，《物业管理条例》第四十六条第二款规定："物业服务企业雇请保安人员的，应当遵守国家有关规定。保安人员在维护物业管理区域内的公共秩序时，应当履行职责，不得侵害公民的合法权益。"

2009年10月，国务院颁布《保安服务管理条例》将"物业服务企业招用人员在物业管理区域内开展的门卫、巡逻、秩序维护等服务"纳入《保安服务管理条例》的调整范围。因此，物业服务企业在招用保安人员和提供保安服务时，应当遵守《保安服务管理条例》的有关规定，接受公安机关的指导、监督和管理。

物业保安人员执行任务时，应当按照《保安服务管理条例》第二十七条的规定，着保安员服装、佩戴全国统一的保安服务标志。

根据《保安服务管理条例》第二十九条规定，保安员应当及时制止发生在服务区域内的违法犯罪行为，对制止无效的违法犯罪行为应当立即报警，同时采取措施保护现场。

《保安服务管理条例》第三十条规定，保安员不得有下列行为：①限制他人人身自由、搜查他人身体或者侮辱、殴打他人；②扣押、没收他人证件、财物；③阻碍依法执行公务；④参与追索债务、采用暴力或者以暴力相威胁的手段处置纠纷；⑤删改或者扩散保安服务中形成的监控影像资料、报警记录；⑥侵犯个人隐私或者泄露在保安服务中获知的国家秘密、商业秘密以及客户单位明确要求保密的信息；⑦违反法律、行政法规的其他行为。

2.4.2 物业服务企业的法律责任

《物业管理条例》第三十五条第二款规定："物业服务企业未能履行物业服务合同的约定，导致业主人身、财产安全受到损害的，应当依法承担相应的法律责任。"

物业管理改善了居住环境，提高了物业管理区域内业主的生活质量，有利于物业的保值增值。但是，物业管理不是万能的，不会也不可能包治百病。在实践中，在实施物业管理的区域内，业主的人身和财产受到损害的情况也时有出现。例如，在实行封闭式管理的住宅小区，某业主存放在车库中的车辆被盗；小偷进入业主家中盗物，甚至伤人、杀人等。应当说，就某一特定事项而言，出现某一结果的原因往往是多方面的。在界定各方责任时，不能简单地认为，既然实施了物业管理，物业服务企业就应当保障业主的财产和人身安全，对业主在物业管理区域内受到的人身和财产损害，物业服务企业就应当承担民事赔偿责任。物业服务企业就业主受到的人身和财产损害承担责任有一个前提条件，就是物业服务企业未能履行物业服务合同的约定，即物业服务企业存在违约行为。"未能履行"包括不履行和不完全履行两种情形。例如，某物业服务合同中约定，在协助小区安全防范方面，物业服务企业派四名保安人员24小时巡逻。如果物业服务企业不派保安人员巡逻，构成不履行合同约定；如果物业服务企业派两名保安人员24小时巡逻或者派四名保安人员18小时巡逻，构成不完全履行合同约定。

根据《民法典》第五百八十四条规定，物业服务企业不履行合同义务或者履行合同义务不符合约定的，均需承担违约责任。

物业服务企业在物业管理活动中的权利、义务和责任，除了要按照《物业管理条例》和其他法律法规的规定外，还应依据物业服务合同的约定。如果物业服务企业完全遵守法律法规的规定和物业服务合同的约定，即使业主的人身、财产在物业管理区域内受到损害，物业服务企业也不应承担法律责任。

值得注意的是，物业服务企业未能履行物业服务合同中的约定，导致业主人身、财产受到损害的，"依法"承担的是"相应"的法律责任。所谓"依法"，主要是指依照《民法典》《刑法》以及《物业管理条例》等法律、法规的规定。这些法律法规对承担民事（违约或者侵权）责任、刑事责任、行政责任的条件、方式等有明确规定。所谓"相应"，有两层含义：一是根据不同的情况，承担不同类型的责任。例如，构成违约或者侵权的，承担违约或者侵权责任；违反行政管理秩序的，承担行政责任；构成犯罪的，承担刑事责任。二是根据物业服务合同的不同约定，承担不同的责任。违约责任是物业服务合同的主要内容之一，物业服务企业不履行物业服务合同义务的，应当按照合同约定承担赔偿责任。

【案例 2-1】

案情介绍：王女士是东莞市某小区商品房的业主。2022年11月19日22时许，许某以尾随住户的方式进入该小区内寻找盗窃目标，见王女士家里窗户没锁，遂爬窗进入房内，盗走纪念金币7枚、手表5块、铂金钻石项链1条、铂金钻石戒指1枚；后来，许某被法院以盗窃罪判处有期徒刑4年6个月，并处罚金人民币5000元。

2023年3月，王女士以小区物业公司未尽物业服务义务为由，向东莞市第三人民法院提起诉讼，要求物业公司赔偿损失。王女士主张小区物业公司物业管理水平明显下降，在案件发生时，小区巡逻、设备维护等均不到位，时常有盗窃案件发生。

法院判决：

东莞市第三人民法院审理认为，该小区物业服务合同关于物业服务质量标准约定：小区出入口 24 小时值勤；对重点区域、重点部位每 1 小时至少巡查 1 次；配有安全监控设施的实施 24 小时监控；小区住宅区与商业区分开管理，商业区不进行人员来访登记管理，但可封闭管理的住宅区域对进出小区的装修、家政等劳务人员实行临时出入证管理。

案发时，王女士所居住的花园为半封闭式花园，大门没有设置保安亭，出入都是通过刷卡，访客不需要登记，而是直接按门铃，与以上服务质量标准明显不符。案发后，该小区物业服务中心又重新对大门进行封闭，并在每个单元小区都设置保安亭，说明在案发前，物业服务中心在小区出入口并未设置 24 小时值勤登记，才导致陌生人能够尾随进入。同时，物业服务中心未能举证证明其对重点区域、重点部位每 1 小时至少巡查 1 次，应当承担举证不能的不利后果。因此，物业服务中心未按照合同约定履行义务，存在明显过错。

另外，法院认为，由于王女士没有锁好窗户，且未安装基础防盗设施，为案外人许某入室盗窃提供了条件和便利，故也存在一定的过错。最终，法院酌情认定物业公司承担 30% 的责任。

2.4.3 物业服务企业的风险防控

如前所述，作为物业管理法律关系的基本主体，物业服务企业不仅应当承担物业服务合同约定的义务，而且应当履行法律法规规定的职责，否则就面临违约或者侵权的法律风险。防控物业管理活动中的法律风险，对物业服务企业来说十分必要。物业服务企业可从以下几个方面进行风险防控：

1. 增强风险意识

首先，物业服务企业应当认真学习并掌握《民法典》《物业管理条例》及相关法规，掌握相关规定及精神实质；其次，物业服务企业应当理解司法解释、地方性政策规章以及行业执法案例；最后，物业服务企业应当明确自身定位，深化对物业管理活动中义务和责任的认识，加大培训、宣传和检查工作力度，增强法律风险的防控意识。

2. 认清权利边界

实践中，物业服务企业要准确认清权利边界，应当在承接管理项目之前，事先查明相关建筑规划和管理规约的内容，在进行共有部分的经营性活动中严格遵守规定程序，如实公布成本支出，谨慎介入业主之间的、业主与业主大会和业主委员会之间的区分所有权纠纷，尊重业主权益，规避侵权风险。

3. 加强合同管理

物业服务合同是物业管理活动中最重要的法律文件，物业服务企业在了解合同基本原理的同时，还应当深入认识物业服务合同的法律依据、法律性质和法律特征。在签约过程中，应当注意管理规约、投标文件和物业服务合同的关联性和一致性，仔细推敲服务内容、服务标准、服务费用和权利义务等实质性条款。同时，应当避免合同中出现免除物业服务企业责任，加重业主委员会或者业主责任，排除业主委员会或者业主主要权利的无效条款，认真制定服务细则和管理规章。在履约过程中，应当严格遵守法律法规的规定和相关行业规范规定的维修、养护、管理和维护义务，谨慎做出不切实际的服务承诺，严禁擅自扩大收费范围、提高收费标准或重复收费。

4．依法维护权利

物业服务企业应当充分发挥法律的维权功能，对于业主违反物业服务合同或者法律法规、管理规约，以及实施妨害物业服务与管理的行为，物业服务企业应根据《民法典》的有关规定，请求人民法院追究有关业主的法律责任；对于无正当理由拒交物业服务费的业主，物业服务企业经书面催缴后仍未见效的，应当通过诉讼的方式向欠费的业主主张权利，并根据法律规定追究物业承租人、借用人和其他使用人的连带责任。

5．自觉履行义务

自觉忠实地履行应尽义务，既是企业的合同责任，也是职业道德的基本要求。物业服务企业不仅应当在合同期限内履行义务，在业主委员会依法解除前期物业服务合同或者物业服务合同期限届满后，物业服务企业应当及时主动退出物业管理区域，移交物业服务用房和相关设施设备，以及物业服务所需的相关资料和由其代管的专项维修资金，以保证物业管理项目的顺利交接，维系客户关系的和谐稳定，最大限度地降低企业的法律成本。

本章小结

物业管理法律关系作为法律关系的一种，是指物业管理法律规范在调整物业管理服务行为过程中形成的权利义务关系。物业管理法律关系的主体，是指实际参加物业管理法律关系并在其中享受权利和承担义务的人。物业管理法律关系的客体，是指物业管理法律关系中主体的权利和义务所共同指向的对象。物业管理法律关系的内容，就是物业管理法律关系的主体依法享有的权利和依法承担的义务。

物业管理法律责任是指在物业管理相关活动中，物业管理法律关系主体实施违法行为所必须承担的否定性法律后果。物业管理法律责任有民事法律责任、行政法律责任和刑事法律责任。

物业服务合同约定的物业服务企业的义务是多方面的，其中一些服务义务仅靠物业服务企业单方面的行为就可以完成，还有一些服务义务较为复杂，如物业服务企业维护物业管理区域秩序和协助安全防范的义务，需要物业服务企业、业主以及主管部门共同发挥作用。

物业服务企业未能履行物业服务合同的约定，导致业主人身、财产安全受到损害的，应当依法承担相应的法律责任。所以要做好物业服务企业的风险防控工作。

复习思考题

1. 法律的含义是什么？
2. 我国法律的效力层级是怎样的？
3. 法律关系的主体、客体和内容分别指什么？
4. 物业管理法律关系的构成有哪些？
5. 物业管理法律关系的特征是什么？
6. 物业管理中基本的法律关系有哪些？
7. 物业管理法律责任包括哪几种？是如何划分的？
8. 如何理解物业服务企业的义务？
9. 如何理解物业服务企业的违约责任和侵权责任？
10. 如何做好物业服务企业的风险防控？

3 中国内地物业管理制度建设

> **学习目标**
>
> 理解物业管理制度建设的必要性；了解中国内地物业管理制度建设的历程，熟悉重要的法规政策；了解《物业管理条例》的颁布和修订，熟悉《物业管理条例》的指导思想和立法原则，了解《物业管理条例》的主要内容。

> **知识要点**
>
> 1. 物业管理制度建设的必要性。
> 2. 中国内地物业管理制度建设的历程。
> 3. 《物业管理条例》的颁布和修订。
> 4. 《物业管理条例》的指导思想和立法原则。
> 5. 《物业管理条例》的主要内容。

中国内地物业管理的发展史，一定意义上是物业管理制度建设的历史。物业管理的产生和发展离不开政府部门的引导、推动和监管，而政府指导和监管的主要手段就是进行物业管理制度建设，包括制定法律、法规和政策。

3.1 中国内地物业管理制度建设的沿革

物业管理制度建设，在物业管理发展进程中发挥着极其重要的作用，是物业管理市场健康发展的保障。

3.1.1 物业管理制度建设的必要性

1. 弥补物业管理市场失灵的需要

经济学家认为如果在完全自由竞争的市场条件下，通过市场价格就可以自动调节供给和需求，实现市场均衡。例如，在物业管理市场，物业服务作为一种产品，在完全竞争市场中，最终自动实现供给和需求完全匹配并形成均衡市场价格，业主和物业服务人按市场价格自愿地以货币形式进行等价交换，达到一般均衡。但这种理想的市场需要满足的条件至少包括：主体是完全理性的、信息是完全充分的、市场是完全竞争的、经济主体的行为不存在外部性❶等。

---

❶ 外部性分正外部性和负外部性，正外部性是指一个经济主体的经济活动导致其他经济主体获得额外的经济利益，而受益者无须付出相关代价；负外部性是指一个经济主体的经济活动导致其他经济主体受到损失，且得不到相应补偿。

物业管理市场显然满足不了这些条件，存在市场失灵，主要体现在：第一，物业管理市场不是完全公平竞争的市场，在物业管理招标投标中有可能出现不公平、不公正的现象；第二，业主和物业服务企业双方拥有的信息不对等，物业服务企业掌握更多物业管理区域的情况；第三，业主和物业服务企业的行为会带来外部性，如部分业主违规装修会影响其他业主；第四，物业服务具有一些公共物品❶的性质，如物业服务是同时面向全体业主提供的服务，不会因为个别业主不缴纳物业服务费而停止提供，有些业主不缴纳物业服务费也无法停止针对其个人的物业服务。

为了补救物业管理市场失灵带来的不公平和低效率，需要政府通过必要的制度建设，进行适度的行政干预和管理，以限制建设单位、物业服务企业滥用市场力量，缩小物业管理交易双方信息的不完全，激励物业管理活动的正外部性，弱化物业管理活动的负外部性。

2. 保障公众利益和社会和谐稳定的需要

随着物业管理的普及，物业服务质量直接影响社会公众的基本生活质量和社会的和谐稳定。物业管理已经成为城市管理的重要组成部分，物业管理的水平直接关系到城市管理的水平。政府有必要通过制度建设，引导和监管物业管理市场，最大限度地保障公众利益，提高广大民众的基本生活质量，维护社会的和谐稳定。

3. 推进房屋管理制度转型的需要

随着我国城镇住房制度的改革，社会化、专业化的房屋管理模式得到推广，提供专业服务的物业服务企业蓬勃发展，房屋维修养护活动由行政行为转变为市场行为，广大民众由无偿福利制的房屋管理观念转变为有偿市场化的物业管理理念。上述所有的转变，不仅涉及房屋所有者，还涉及行政机关机构的调整和企业的改制，需要借助政府的行政力量，才能有效地推进改革。

3.1.2 《物业管理条例》颁布前的物业管理制度建设

从 20 世纪 90 年代初到《物业管理条例》颁布前，对于物业管理这一新生事物，无论国家还是地方都尝试通过制度建设加以推动和规范。这一阶段的物业管理政策法规主要具有以下特点：一是借鉴性，主要借鉴新加坡、中国香港等国家和地区的先进经验；二是过渡性，主要考虑到传统房屋管理模式的根深蒂固，采取渐进式的方法进行改革，随着物业管理市场的发展，这一阶段的很多政策法规已经被重新修订或废止；三是针对性，主要是针对当时当地物业管理实践中出现的问题，选择应对性的政策和方法。

---

❶ 公共物品可以被多个人同时消费，即一名消费者对公共物品的消费并不影响，也无法排除其他人对该公共物品同时消费。这就会造成"搭便车"现象，即某个人不付出代价而消费由他人付出代价所购买的某种物品或服务。

我国的物业管理制度是由国家法规政策和地方性法规政策共同组成的，下面主要对国家法规政策进行简要介绍。

(1)《城市新建住宅小区管理办法》。改革开放后，我国的房地产业得到了迅速发展，但原有住房维修管理体制已经难以适应情况变化的需要，业主与开发商及其维修管理机构的矛盾日益突出。1993年，深圳市人民代表大会颁布了全国第一部物业管理地方性法规——《深圳经济特区住宅小区物业管理条例》，是首次以地方立法的方式对物业管理进行制度规范，以加强对城市新建住宅小区的管理，提高城市新建住宅小区的整体管理水平，为居民创造整洁、文明、安全、生活方便的居住环境。1994年3月，建设部在认真总结一些地区物业管理基本做法与经验的基础上，颁布了《城市新建住宅小区管理办法》，确立了城市新建住宅小区物业管理的新体制，指明了我国房屋管理体制改革的发展方向。《城市新建住宅小区管理办法》规定，"住宅小区应当逐步推行社会化、专业化的管理模式，由物业服务公司统一实施专业化管理""房地产开发企业在出售住宅小区前，应当选聘物业服务公司承担小区的管理，并与其签订物业服务合同"。《城市新建住宅小区管理办法》是我国第一部系统规范物业管理制度的规范性文件，是推动全国全面开展物业管理活动的基石，对我国建立物业管理活动秩序产生了重大影响。《城市新建住宅小区管理办法》颁布后，各地开始把物业管理作为城市管理体制的重大改革事项来着手推行。

(2)全国物业管理示范项目考评标准。1995年3月，为贯彻《城市新建住宅小区管理办法》，提高城市住宅小区的整体管理水平，推动社会化、专业化的物业管理进程，建设部印发了《全国优秀管理住宅小区标准》。之后，又于1997年4月印发了《全国城市物业管理优秀大厦标准及评分细则》。随着物业管理行业的快速发展和物业管理水平的不断提高，各地普遍反映原标准已不能完全适应物业管理发展的新形势，如继续执行原标准，难免出现评选优秀物业管理项目过多，失去其先进示范作用。为此，在广泛征求各地主管部门及企业意见的基础上，2000年建设部本着高标准、严要求、操作简便的原则对原标准进行了修订，并于2000年5月印发了《关于修订全国物业管理示范住宅小区（大厦、工业区）标准及有关考评验收工作的通知》。

开展全国优秀管理项目考评验收工作以来，树立了一批优秀物业管理项目典型，对推动建立物业管理体制、提高全国物业管理水平发挥了重要作用。同时，规范了物业管理行为，提升了物业服务质量，成为物业服务业树立品牌标杆、完善优胜劣汰激励机制的重要手段。这不仅有助于政府加强市场监管，推动物业服务业发展，而且有助于改善物业服务企业与业主的关系，营造幸福文明的社区环境。

(3)《城市住宅小区物业管理服务收费暂行办法》。为规范城市住宅小区物业管理服务的收费行为，维护国家利益和物业管理单位及物业产权人、使用人的合法权益，促进物业管理事业健康发展，1996年3月，国家计委和建设部联合印发了《城市住宅小区物业管理服务收费暂行办法》。该办法的实施，对维护物业管理收费秩序发挥了重要作用。这一办法于2004年1月1日起废止，《物业服务收费管理办法》开始执行。

(4)《物业管理企业财务管理规定》。为了规范物业服务企业的财务行为，根据《企业财务通则》，结合物业服务企业的经营特点，1998年3月12日财政部制定印发了《物业管理企业财务管理规定》。该规定结合物业服务企业的特点及其管理要求，从代管基金、成本、费用、营业收入和利润等方面具体规范了物业服务企业的财务管理行为。

(5)《住宅共用部位共用设施设备维修基金管理办法》。为保障住房售后的维修管理，维护住房产权人和使用人的共同利益，1998年11月，建设部、财政部联合印发了《住宅共用部位共用设施设备维修基金管理办法》。该办法于2008年2月1日起废止，建设部、财政部共同发布的《住宅专项维修资金管理办法》开始施行。

(6)《物业管理企业资质管理试行办法》。为加强物业服务企业的资质管理，提高物业管理水平，促进物业管理行业健康发展，1999年10月，建设部印发了《物业管理企业资质管理试行办法》，要求从事物业管理的企业必须按照该规定申请企业资质评定，作为市场准入的条件。该办法对于政府加强行业管理，规范物业管理市场起到了积极作用。2004年5月，《物业管理企业资质管理办法》实施后，《物业管理企业资质管理试行办法》同时废止。2007年11月，《物业管理企业资质管理办法》更名为《物业服务企业资质管理办法》。

(7)《住宅室内装饰装修管理办法》。为加强住宅室内装饰装修管理，保证装饰装修工程质量和安全，维护公共安全和公众利益，针对在城市从事的住宅室内装饰装修活动，2002年3月，建设部发布了《住宅室内装饰装修管理办法》。该办法明示了装饰装修活动的禁止行为，明确了装修人、装饰装修企业、物业服务企业以及相关行政管理部门在装饰装修活动中的法律关系和法律责任，规定了装饰装修管理服务协议和装饰装修合同的主要内容。该办法是物业服务企业规范业主装饰装修行为的主要政策依据。2008年7月，住房和城乡建设部发布《关于进一步加强住宅装饰装修管理的通知》（建质〔2008〕133号），进一步强调了加强住宅装饰装修管理，切实保障住宅质量安全和使用寿命。

3.1.3 《物业管理条例》颁布后的物业管理制度建设

2003年6月8日，国务院正式颁布《物业管理条例》，自2003年9月1日起施行。其颁布实施在我国物业管理发展史上是具有里程碑意义的大事，标志着我国物业管理进入法制化、规范化发展的新时期。为解决房地产开发企业、物业服务企业和广大业主之间的纠纷提供了有效依据，也为政府有关部门协调和处理此类纠纷提供了依据。《物业管理条例》颁布后，国务院有关部门和地方各级政府及房地产主管部门纷纷依据《物业管理条例》开展相关政策的立、改、废工作，全国上下掀起物业管理制度建设的高潮。

这一阶段物业管理政策法规主要体现出以下特点：一是配套性，主要以《物业管理条例》的配套性文件和实施细则的方式出现；二是经验性，主要是总结物业管理实践的经验教训，有针对性地作出制度安排；三是操作性，主要是将《物业管理条例》中的基本制度和原则规定予以细化，使其在现实操作层面上得以实施。

《物业管理条例》颁布后，制定的全国性政策法规主要有：

（1）《业主大会规程》。为了规范业主大会的活动，维护业主的合法权益，根据《物业管理条例》，2003年6月26日，建设部发布了《业主大会规程》（建住房〔2003〕131号）。该规程中明确规定，业主大会由物业管理区域内的全体业主组成，业主大会应当代表和维护物业管理区域内全体业主在物业管理活动中的合法权益，一个物业管理区域只能成立一个业主大会，业主大会应当设立业主委员会作为执行机构。2010年1月1日，住房和城乡建设部制定的《业主大会和业主委员会指导规则》开始实施，《业主大会规程》同时废止。

（2）《前期物业管理招标投标管理暂行办法》。根据《物业管理条例》第二十四条，"国家提倡建设单位按照房地产开发与物业管理相分离的原则，通过招投标的方式选聘物业服务企业"。为了规范前期物业管理招标投标活动，保护招标投标当事人的合法权益，促进物业管理市场的公平竞争，2003年6月26日，建设部发布《前期物业管理招标投标管理暂行办法》（建住房〔2003〕130号）。该办法分别对前期物业管理的招标、投标、开标、评标和中标作出了明确规定。

（3）物业服务收费制度。为了规范物业服务收费行为，保障业主和物业服务企业的合法权益，根据《中华人民共和国价格法》和《物业管理条例》，国家发展改革委和建设部于2003年11月发布《物业服务收费管理办法》（发改价格〔2003〕1864号），2004年1月1日正式执行，取代了国家计委和建设部印发的《城市住宅小区物业管理服务收费暂行办法》。为进一步规范物业服务收费行为，提高物业业务收费透明度，维护业主和物业服务企业的合法权益，促进物业管理行业的健康发展，根据《中华人民共和国价格法》《物业管理条例》和《关于商品和服务实行明码标价的规定》，国家发展改革委和建设部于2004年7月制定了《物业服务收费明码标价规定》（发改价检〔2004〕1428号），2004年10月1日起执行。

（4）《物业管理企业资质管理办法》。为了加强对物业管理活动的监督管理，规范物业管理市场秩序，提高物业管理服务水平，根据《物业管理条例》，2004年3月17日，建设部发布《物业管理企业资质管理办法》（建设部令第125号）。本办法将物业服务企业资质等级分为一、二、三级，并明确了各级资质物业服务企业应达到的标准。2007年11月，根据《建设部关于修改〈物业管理企业资质管理办法〉的决定》进行了修订，后又于2015年5月根据

《住房和城乡建设部关于修改〈物业服务企业资质管理办法〉部门规章的决定》再次修改。2018年2月12日，住房和城乡建设部第37次部常务会议审议通过决定，废止了《物业服务企业资质管理办法》（建设部令第164号），这项决定于同年3月8日正式发布，并自发布之日起施行。

（5）《前期物业服务合同（示范文本）》。为了贯彻《物业管理条例》，规范前期物业管理活动，引导前期物业管理活动当事人通过合同明确各自的权利与义务，减少物业管理纠纷，2004年9月6日，建设部发布《前期物业服务合同（示范文本）》（建住房〔2004〕155号），供建设单位与物业服务企业签约参考使用。

（6）《业主临时公约（示范文本）》。根据《物业管理条例》和相关法律、法规、政策，建设单位在销售物业之前，制定临时公约，对有关物业的使用、维护、管理，业主的共同利益，业主应当履行的义务，违反公约应当承担的责任等事项依法作出约定。2004年9月6日，建设部发布《业主临时公约（示范文本）》（建住房〔2004〕156号），供建设单位参考使用。

（7）物业管理师制度。2005年11月16日，为了规范物业管理行为，提高物业管理专业人员素质，维护房屋所有权人及使用人的利益，人事部和建设部联合发布《物业管理师制度暂行规定》《物业管理师资格考试实施办法》和《物业管理师资格认定考试办法》（国人部发〔2005〕95号）。

（8）物权法。2007年3月16日，第十届全国人民代表大会第五次会议通过《中华人民共和国物权法》（以下简称《物权法》）。《物权法》第六章"业主的建筑物区分所有权"对业主共同管理建筑物及其附属设施中的权利义务作出了具体规定。为维护国家法律制度的统一，根据《物权法》，国务院于2007年8月，公布了《关于修改〈物业管理条例〉的决定》。修订后的《物业管理条例》由国务院于2007年8月26日发布，自2007年10月1日开始施行。

与此同时，物业管理的政策法规开始了新一轮的修改和完善。

《物业管理条例》2007年修订后，主要制定了以下全国性的物业管理政策法规：

（1）2007年9月，国家发展改革委和建设部发布《物业服务定价成本监审办法》。

（2）2007年12月，建设部和财政部发布《住宅专项维修资金管理办法》，自2008年2月1日起实施，《住宅共用部位共用设施设备维修基金管理办法》同时废止。

（3）2009年9月，最高人民法院发布《关于审理建筑物区分所有权纠纷案件具体应用法律若干问题的解释》和《关于审理物业服务纠纷案件具体应用法律若干问题的解释》（2020年名称变更为《最高人民法院关于审理物业服务纠纷案件适用法律若干问题的解释》，并对内容进行了修订）。

(4) 2009年12月，住房和城乡建设部发布《业主大会和业主委员会指导规则》，2010年1月1日起实施，《业主大会规程》同时废止。

(5) 2010年10月，住房和城乡建设部发布《物业承接查验办法》。

(6) 2014年1月，住房和城乡建设部发布《物业管理师继续教育暂行办法》。

(7) 根据2016年2月6日施行的《国务院关于修改部分行政法规的决定》（中华人民共和国国务院令第666号），删去《物业管理条例》第三十三条、第六十一条。

(8) 根据2018年3月19日发布的《国务院关于修改和废止部分行政法规的决定》（中华人民共和国国务院令第698号），又进一步修改了《物业管理条例》，目前《物业管理条例》共7章67条。

(9) 2020年5月28日，十三届全国人民代表大会三次会议表决通过了《中华人民共和国民法典》（以下简称《民法典》），自2021年1月1日起施行。《民法典》实施后，《中华人民共和国民法通则》《中华人民共和国担保法》《中华人民共和国合同法》《中华人民共和国物权法》《中华人民共和国侵权责任法》《中华人民共和国民法总则》同步废止，涉及物业管理的一些基本制度与政策相应进行调整。

为深入贯彻党的十九大和十九届四中、五中全会精神，全面落实《民法典》《中共中央 国务院关于加强和完善城乡社区治理的意见》和《关于加强和改进城市基层党的建设工作的意见》有关要求，加快发展物业服务业，推动物业服务向高品质和多样化升级，满足人民群众不断增长的美好居住生活需要，2020年12月25日，住房和城乡建设部与中央政法委、中央文明办、国家发展改革委、公安部、财政部、人力资源和社会保障部、应急部、市场监管总局和银保监会联合发布《住房和城乡建设部等部门关于加强和改进住宅物业管理工作的通知》，要求各地区各部门要坚持以人民为中心的发展思想，把加强和改进住宅物业管理作为保障和改善民生、创新基层社会治理的重要举措，切实加强组织领导，优化机构设置，配齐专业人员，加强舆论宣传，落实工作责任，研究制定出台配套政策措施，确保该通知确定的各项任务落到实处。

应当肯定的是，从20世纪90年代至今，物业管理法制建设的成就有目共睹。一个内容全面、结构合理、科学规范、特色鲜明的物业管理法规体系已初步形成。

3.2 《物业管理条例》

3.2.1 《物业管理条例》的颁布和修订

1. 颁布过程

1999年4月，建设部成立《物业管理条例》起草小组，开始《物业管理条例》的起草工作。《物业管理条例》起草的前期阶段，起草小组通过各种渠道开展资料收集和分析工作。他们收集各地的地方性法规和地方性政府规章以及影响较大的规范性文件并逐一分析，对各地物业管理立法的主要内容、存在的问题有了基本了解；还通过各种渠道，收集国外的物业管理立法资料作为借鉴。由于地缘关系，我国香港地区的物业管理立法对内地物业管理立法影响较大。为借鉴我国香港成熟的立法经验，起草小组多次与香港业界进行交流，认真解读了香港的《建筑物管理条例》及相关法规，并进行了比较研究。

起草小组曾多次组织立法调研活动，力求在起草《物业管理条例》时实事求是、从实际出发，增加《物业管理条例》相关规定的可操作性。他们还通过召开专家论证会、书面征求专家意见等方式，邀请法学家、律师、资深从业人员、行政管理人员、业主代表等，对立法过程中的难点问题进行专题研讨。

按照立法程序要求，起草小组在起草出《物业管理条例》征求意见稿后，于 2000 年 5 月征求各地、国务院有关部门、有关单位及专家意见。各地根据本地物业管理实践情况提出了很多意见和建议，国务院有关部门、专家、相关单位、业主、从业人员等也提出了具体意见。起草小组在对所提出意见作详细分析后，进行了认真修改。2001 年 3 月，经建设部常务会议讨论通过，形成《物业管理条例（送审稿）》，提请国务院审议。

在收到《物业管理条例（送审稿）》后，国务院法制办随即将《物业管理条例（送审稿）》送地方、国务院有关部门、有关单位征求意见。此后，国务院法制办多次组织专题研讨，从各方面意见中梳理出需要进一步研究的问题。在专家论证会和专题调研的基础上，结合各方面意见，国务院法制办会同建设部对《物业管理条例（送审稿）》作了相应修改，并再次送国务院有关部门和地方征求意见。针对反馈的意见，国务院法制办会同建设部多次讨论、修改，并与提出意见的单位进行充分沟通，最终形成《物业管理条例（草案）》。

物业管理立法涉及广大人民群众的切实利益，如何更广泛地了解听取社会各方面的意见，一直是领导所关心的问题。2002 年 10 月 16 日，经国务院同意，国务院法制办将《物业管理条例（草案）》登报公开向社会征求意见。这一彰显民意、推动民主立法、切实提高立法工作质量的举措，在社会上引起了积极反响。在近一个月的意见征求期间，国务院法制办共收到近 4000 条意见。在逐条研究分析并吸收有益意见的基础上，国务院法制办会同建设部对《物业管理条例（草案）》逐条进行了修改。2003 年 5 月 28 日，国务院第九次常务会议审议并通过了《物业管理条例》。

2.《物业管理条例》的修订

《物业管理条例》的实施，在极大地规范和推动物业管理发展的同时，在实践中也暴露出一些问题。为了适应环境变化，《物业管理条例》自 2003 年 6 月 8 日中华人民共和国国务院令第 379 号公布以来，已经进行了三次修订。

(1) 第一次修订

根据 2007 年 8 月 26 日发布的《国务院关于修改〈物业管理条例〉的决定》(中华人民共和国国务院令第 504 号)进行第一次修订。2007 年 3 月,《物权法》出台,从维护业主合法权益的角度出发,对业主在共同管理建筑物及其附属设施过程中的权利和义务作了更加具体的规定。为了保持《物业管理条例》与《物权法》的一致,也为了解决《物业管理条例》实施中存在的问题,国务院对《物业管理条例》进行了修订,并于 2007 年 8 月 26 日公布了《国务院关于修改(物业管理条例)的决定》。

(2) 第二次修订

根据 2016 年 2 月 6 日发布的《国务院关于修改部分行政法规的决定》(中华人民共和国国务院令第 666 号)进行第二次修订。

2016 年 1 月,国务院常务会议通过《国务院关于修改部分行政法规的决定》,自 2016 年 2 月 6 日公布施行,其中包括修订《物业管理条例》,原条例第三十三条和第六十一条"从事物业管理的人员应当按照国家有关规定,取得职业资格证书"和"违反本条例的规定,物业服务企业聘用未取得物业管理职业资格证书的人员从事物业管理活动的,由县级以上地方人民政府房地产行政主管部门责令停止违法行为,处 5 万元以上 20 万元以下的罚款;给业主造成损失的,依法承担赔偿责任"两条规定被删除。

(3) 第三次修订

根据 2018 年 3 月 19 日《国务院关于修改和废止部分行政法规的决定》(中华人民共和国国务院令第 698 号)第三次修订。

删去《物业管理条例》第二十四条中的"具有相应资质的"。第三十二条第二款修改为:"国务院建设行政主管部门应当会同有关部门建立守信联合激励和失信联合惩戒机制,加强行业诚信管理。"删去第五十九条。第六十条改为第五十九条,删去其中的"情节严重的,由颁发资质证书的部门吊销资质证书"。第六十一条改为第六十条,删去其中的"物业服务企业挪用专项维修资金,情节严重的,并由颁发资质证书的部门吊销资质证书"。

(4)《民法典》实施后涉及《物业管理条例》变化的内容

2021 年《民法典》实施后,涉及条例中变化的内容有《物业管理条例》第十一条和第十二条。

根据《民法典》第二百七十八条,下列事项由业主共同决定:①制定和修改业主大会议事规则;②制定和修改管理规约;③选举业主委员会或者更换业主委员会成员;④选聘和解聘物业服务企业或者其他管理人;⑤使用建筑物及其附属设施的维修资金;⑥筹集建筑物及其附属设施的维修资金;⑦改建、重建建筑物及其附属设施;⑧改变共有部分的用途或者利用共有部分从事经营活动;⑨有关共有和共同管理权利的其他重大事项。

业主共同决定事项,应当由专有部分面积占比 2/3 以上的业主且人数占比

2/3 以上的业主参与表决。决定上述第六项至第八项规定的事项,应当经参与表决专有部分面积 3/4 以上的业主且参与表决人数 3/4 以上的业主同意。决定上述其他事项,应当经参与表决专有部分面积过半数的业主且参与表决人数过半数的业主同意。

3.2.2 《物业管理条例》的指导思想和立法原则

《物业管理条例》突出了发展为重、平衡利益、保护弱者的立法理念。《物业管理条例》的立法指导思想,主要表现在以下三个方面:一是强调保护业主的财产权益,协调单个业主与全体业主的共同利益关系;二是强调业主与物业服务企业是平等的民事主体,是服务和被服务的关系;三是强调业主与物业服务企业通过公平、公开和协商方式处理物业管理事项。《物业管理条例》在立法过程中,主要遵循以下几个基本原则:

1. 物业管理权利和财产权利相对应的原则

物业管理权利是业主财产权利的重要组成部分。《物业管理条例》对业主权利义务的规定,其实就是明确了业主作为建筑物区分所有权人的权利义务。对业主在首次业主大会会议上的投票权的规定,是基于业主拥有的财产权份额,将业主的物业管理权利相应建立在对自有房屋拥有的财产权基础之上。

2. 维护全体业主合法权益的原则

为维护全体业主的合法权益,《物业管理条例》既对物业服务企业的行为、业主大会的职责及其涉及业主共同利益事项的表决、个别业主不按合同约定缴纳物业管理费用损害全体业主利益的行为、有关政府部门行政监督管理责任等作了明确规定,也对建设单位、公用事业单位等物业管理相关主体依法应当履行的义务作了详尽规定。在处理行政处罚和承担民事责任关系方面,《物业管理条例》设定的法律责任充分体现了优先保护全体业主合法权益的原则。

3. 现实性与前瞻性有机结合的原则

《物业管理条例》注重保持法规、政策的持续性和承继性,对被实践证明是行之有效的制度,如前期物业管理招标投标,予以保留。《物业管理条例》注重肯定实践成果,将在实践中积累的良好经验,如加强街道办事处、乡镇人民政府对业主大会的指导和监督等,确立为法律规范。对于如何解决现实中存在的问题,如开发企业不缴纳未售出物业的物业服务费用、任意扩大物业服务企业的治安责任、公用事业单位向物业服务企业转嫁责任等,《物业管理条例》作出了明确规定。《物业管理条例》贯穿着眼未来、着眼发展的指导思想,设立的业主大会和住宅专项维修资金等制度符合市场经济的基本规律,符合未来立法趋势。

4. 从实际出发,实事求是的原则

我国各地区的物业管理发展很不平衡,沿海地区与中西部地区、大城市与中小城市,在物业管理市场发育程度、市场环境、管理服务水平等方面差异较大。《物业管理条例》在坚持法律制度统一性的前提下,充分考虑各地区的实际情况，对房地产开发与物业管理分开经营、物业管理区域划分等问题仅作出原则性规定，部分规定的具体执行办法，授权省、自治区、直辖市制定。

3.2.3 《物业管理条例》的主要内容

1．第一章　总则

本章共 5 条，对《物业管理条例》的立法目的、调整对象和适用范围、倡导原则和行政管理体制等作了规定。

作为第一部全国性的物业管理法规，《物业管理条例》第一条开宗明义，将规范物业管理活动、维护当事人合法权益、改善人民群众的生活和工作环境作为其立法宗旨。

《物业管理条例》第二条对物业管理的概念作了界定，"本条例所称物业管理，是指业主通过选聘物业服务企业，由业主和物业服务企业按照物业服务合同约定，对房屋及配套的设施设备和相关场地进行维修、养护、管理，维护物业管理区域内的环境卫生和相关秩序的活动"，明确了条例的调整范围。

就业主而言，选择一个合适的物业服务企业对于其能否获得期待的物业管理服务至关重要，为此《物业管理条例》第三条明确规定，提倡业主通过公开、公平、公正的市场竞争机制选择物业服务企业。

物业管理是可持续发展的，物业管理服务质量的提高，需借助新技术、新方法，需依靠科技进步。因此《物业管理条例》第四条鼓励利用技术创新和科技进步来提升物业管理服务水平。

为了加强对物业管理活动的监督管理，《物业管理条例》第五条明确了各级房地产主管部门对物业管理活动的监督管理权。

2．第二章　业主及业主大会

本章共 15 条，规定了业主的概念、权利与义务，业主大会的组成、宗旨、成立条件、职责、会议制度与议事规则，业主委员会的性质、职责与组成，管理规约的内容与法律效力，业主大会、业主委员会与居民委员会的关系等内容。

随着住房制度改革的不断深化，居民住房自有化率越来越高，随之而来的，单幢建筑物内有多个产权人（即多个业主）的情况越来越多。涉及房屋共用部位、共用设施设备、共同场地管理的共同事务及涉及全体业主共同利益的事项，需要由全体业主形成共同意志，这样才能对此类共同事务及事项作出决定。因此，建立了业主大会机制，保证对业主共同事务及事项作出的决定代表全体业主的共同意志，符合全体业主的共同利益。

《物业管理条例》第二章，对业主和业主大会的权责及其运行机制作了明确的规定。这对于规范业主行为，保障业主合法权益，促进物业管理活动的健康发展具有重要作用。

3．第三章　前期物业管理

本章共 11 条，是关于前期物业管理的规定，包括前期物业服务合同、临时管理规约、前期物业管理招标投标、物业承接查验、物业管理资料的移交、物业管理用房、物业的保修责任等内容。

由于物业管理涉及物业管理区域内全体业主的共同利益，物业服务企业没有必要和单个业主逐一签订物业服务合同，只需由业主大会选聘之后，和业主委员会签订统一的物业服务合同。但在实践中，物业从开始交付给业主到业主成立业主大会之前往往还有一段时间，这个阶段的物业管理就是前期物业管理。这个阶段的物业服务合同称之为"前期物业服务合同"，是由建设单位与物业服务企业签订的。前期物业管理常常包括通常情况下的物业管理不具有的一些内容，如工程建设遗留问题的解决、空置房管理、共用部位和共用设施设备的承接查验等物业管理事项。

可以看出，前期物业管理具有一定的特殊性。现实生活中，物业管理的纠纷在很大程度上集中于前期物业管理阶段，如建设单位遗留的房屋质量问题、小区配套建设不齐全问题等。前期物业服务合同由建设单位与物业服务企业签订，业主入住后，业主委员会与物业服务企业签订新物业服务合同前都要遵守前期物业服务合同，因此前期物业服务合同会直接影响广大业主的利益。为了规范前期物业管理活动，《物业管理条例》第三章对前期物业管理的内容加以详细规定。

本章的一个基本思想就是通过制度的建立和完善，明确建设单位的责任，打破旧的"谁开发、谁管理"的模式，增强前期物业管理的透明度，如对前期物业服务合同签订的特殊要求、住宅前期物业管理招标投标制度的推行等，都体现了这个思想。

4．第四章　物业管理服务

本章共 17 条，旨在明确物业管理服务中各方主体的权利义务关系。

为了加强对物业服务企业的管理，规范其经营行为，《物业管理条例》第三十二条规定，国务院建设行政主管部门应当会同有关部门建立守信联合激励和失信联合惩戒机制，加强行业诚信管理。

为了解决多家管理问题，《物业管理条例》第三十三条规定了一个物业管理区域由一个物业服务企业实施物业管理的原则；同时，《物业管理条例》第三十九条明确了在统一管理原则下的专项事务委托服务。

为了规范合同的订立和履行，引导当事人明确各自的权利义务，《物业管理条例》第三十四条规定当事人应当订立书面的物业服务合同，并规定了物业服务合同应当约定的内容。

为了明确物业服务企业的管理责任，《物业管理条例》第三十五条规定，物业服务企业违反合同约定造成业主人身、财产受损的，应当承担相应的法律责任。

为了解决物业交接过程中的纠纷，《物业管理条例》第三十六条规定，物业服务企业承接物业时，应当与业主委员会办理承接验收手续；同时，《物业管理条例》第三十八条规定，新旧物业服务企业之间应当做好物业管理的交接工作，要做到进退有序，避免不必要的纷争。

为了给物业管理的实施提供基础性条件，《物业管理条例》第三十七条明确了物业管理用房的权属和用途。

为了规范物业服务收费行为，《物业管理条例》第四十条明确了物业服务收费的基本原则；第四十一条明确了缴纳物业服务费用的义务人；第四十二条强调有关主管部门应当加强对物业服务收费的监督；第四十三条对物业服务合同约定以外的服务作了规定。

为了解决物业服务企业和供水、供电、供气、供热、通信、有线电视等单位之间的收费责任问题，《物业管理条例》第四十四条规定，上述公用部门应当向最终用户收取费用，委托物业服务企业代收的，不得向业主收取额外费用。

为了维护好物业管理区域内的公共秩序，《物业管理条例》第四十五条规定，对物业管理区域内违反有关治安、环保、物业装饰装修和使用等方面法律、法规规定的行为，物业服务企业应当予以制止，并及时向有关行政管理部门报告。有关行政管理部门接到报告后，应当依法及时予以制止或者处理；第四十六条规定了物业服务企业在安全防范方面的协助义务。发生安全事故时，物业服务企业在采取应急措施的同时，应当及时向有关行政主管部门报告，协助做好救助工作。要求物业服务企业雇请保安人员的，应当遵守国家有关规定，同时明确规定保安人员在维护公共秩序时，应当履行职责，不得侵害公民的合法权益。

为了规范物业使用人的行为，《物业管理条例》第四十七条对物业使用人在物业管理中的权利义务及责任作了原则性规定。

为了解决物业管理活动中的纠纷，《物业管理条例》第四十八条规定了物业投诉处理制度，要求相关主管部门及时处理投诉，化解矛盾。

理解本章的各条规定，有利于明确物业管理当事人之间的法律关系，促进物业管理活动的顺利开展。

5．第五章　物业的使用与维护

本章共7条，对物业的使用与维护相关问题进行了规范。

在物业的使用和维护中，各方面反映比较强烈的问题主要有：公共建筑和共用设施改变用途问题；占用、挖掘物业管理区域内的道路、场地问题；供水、供电、供气、供热、通信、有线电视等物业管理区域内相关管线和设施设备的维修养护问题；房屋装饰装修问题；建立住房专项维修资金制度问题；利用物业共用部位、共用设施设备经营问题；存在安全隐患，危及公共利益及他人合法权益问题；物业的维修养护问题等。这些问题涉及公共利益和公共安全，如果处理不当，会侵害多个业主，甚至是全体业主的合法权益。实践中，由于此类问题处理不当造成的矛盾和纠纷屡见不鲜，严重的还造成居民生命财产损失等恶性事故，社会影响恶劣。因此这些问题的存在，既直接影响物业管理活动的正常开展，又事关社会稳定和居民生命财产安全。

针对实践中物业服务企业和个别业主擅自改变公共建筑和共用设施用途的行为，《物业管理条例》第四十九条规定公共建筑和共用设施不得改变用途的原则，并对改变公共建筑和共用设施用途的程序作了严格限制。针对乱挖、乱占小区道路、场地的行为，《物业管理条例》第五十条和第五十一条对业主、物业服务企业和供水、供电等单位临时占用、挖掘道路、场地的行为予以规范，明确了相应的程序，强化了占用人恢复原状的义务。

为了明确物业区域内市政设施的维修、养护责任，《物业管理条例》第五十一条规定了供水、供电、供气、供热、通信、有线电视等单位对物业管理区域内相关管线、设施设备的维修养护责任。

在物业管理区域内，房屋装饰装修对小区环境、物业安全等影响甚大，为了规范房屋装饰装修行为，《物业管理条例》第五十二条规定了业主和物业服务企业之间的相互告知义务。

物业的维修养护，尤其是大、中修和更新改造，需要资金数额较大，预先筹集专项维修资金以备不时之需至关重要。为此，《物业管理条例》第五十三条确立了住宅专项维修资金制度。

为了规范物业共用部位、共用设施设备的经营行为，确保业主的合法权益，《物业管理条例》第五十四条对利用物业共用部位、共用设施设备进行经营的程序以及经营收益的分配作了原则性规定。

为了消除安全隐患，维护公共利益以及业主合法权益，《物业管理条例》第五十五条明确了责任人对存在安全隐患物业的维修养护责任和有关业主的配合义务，同时规定物业服务企业在一定条件下可以代责任人维修养护，费用由责任人承担，以确保物业安全。

本章规定对于规范业主、物业服务企业以及供水、供电、供气、供热、通信、有线电视等单位的行为，保障物业的正常使用与维护，具有十分重要的意义。

6．第六章　法律责任

本章共 11 条，对违反《物业管理条例》的法律责任进行了规定。

法律责任又称违法责任，是指法律关系的主体由于其行为违法，按照法律、法规规定必须承担的消极法律后果。简单来说，即各主体所做行为应遵守相关法律条文，若违反便需要接受法律惩罚。

法律责任的特征包括：第一，它是与违法行为相联系的，是因为违反法律上的义务（包括违约等）而形成的法律后果，以法律义务存在为前提；第二，法律责任表示为一种责任方式，即承担不利后果；第三，它的内容是法律明确而又具体规定的；第四，它具有国家强制力，所谓国家强制力，是指国家司法机关或者行政机关有权采取的，能够迫使违法行为人承担其违法行为后果的强制力；第五，它是由国家授权的机关依法实施的。法律责任的认定和追究，由国家专门机关依据法定程序进行。

法律责任是法律、法规、规章必不可少的重要组成部分，是体现法律规范国家强制力的核心部分，主要包括适用条件、行为模式以及违反行为模式的法律后果三个要素。

《物业管理条例》的法律责任有以下几个方面的特点：

（1）行政法律责任和民事法律责任并存。行政法律责任是指因为违反行政法或因行政法规定而应承担的法律责任，包括行政处罚和行政处分。其中行政处罚包括警告、罚款、没收违法所得、没收非法财物、责令停产停业、暂扣或吊销许可证、暂扣或者吊销执照、行政拘留，以及法律、行政法规规定的其他行政处罚。行政处分包括警告、记过、记大过、降级、撤职、开除等。

民事法律责任是指由于违反民事法律、违约或者由于《民法典》规定所应承担的一种法律责任。主要形式包括：停止侵害、排除妨碍、消除危险、返还财产、恢复原状、修理、重作、更换、赔偿损失、支付违约金、消除影响、恢复名誉、赔礼道歉等。

物业管理中常见的是民事关系，如业主之间的利益冲突、业主与物业服务企业之间的纠纷等。同时，物业服务企业的违法行为往往损害的是多数业主的公共利益，不仅要承担民事责任，而且要服从行政机关的监督，因此物业管理中的违法行为可能同时构成民事违法和行政违法。《物业管理条例》在设定法律责任时，对行政法律责任和民事法律责任都作了相应的规定。

（2）为了处理好行政处罚和承担民事法律责任之间的关系，《物业管理条例》在设定法律责任时遵循以下原则：①凡是能够通过承担民事法律责任解决的，不再设定行政处罚的原则；②确实涉及违反行政管理规定，损害公共利益，需要给予行政处罚的，则优先保证民事法律责任的承担，以充分体现优先保护全体业主利益的原则。

（3）体现了业主自我管理、自我监督的原则。由于物业管理中涉及单个业主和全体业主共同利益的矛盾，当业主的某些违法行为损害全体业主共同利益时，由业主先进行自我管理、自我约束，然后再追究相应的法律责任。

7. 第七章　附则

第七章只有1条，是关于《物业管理条例》生效日期的规定，明确《物业管理条例》自2003年9月1日起实施。按照法律不溯及既往的一般原理，《物业管理条例》生效以前的物业管理活动，不适用《物业管理条例》的规定。

本章小结

物业管理制度可以弥补市场失灵，保障公共利益和社会和谐稳定，推进房屋管理制度转型，是物业管理市场健康发展的保障。

从20世纪90年代初到《物业管理条例》颁布前，对于物业管理这一新生事物，无论国家还是地方都尝试通过制度建设加以推动和规范。《城市新建住宅小区管理办法》是我国第一部系统规范物业管理制度的规范性文件。2003年6月8日，国务院正式颁布《物业管理条例》，标志着我国物业管理进入法制化、规范化发展的新时期。随着社会发展需要，《物业管理条例》适时修订，目前《物业管理条例》共7章67条，主要内容包括：总则、业主及业主大会、前期物业管理、物业管理服务、物业的使用与维护、法律责任、附则。

2020年5月28日，十三届全国人民代表大会三次会议表决通过了《中华人民共和国民法典》，涉及物业管理的一些基本制度与政策正在进行相应的调整。

物业管理制度与政策概述篇自测题

> **复习思考题**
>
> 1．如何理解物业管理制度建设的必要性？
> 2．我国第一部系统规范物业管理制度的规范性文件是什么？
> 3．《物业管理条例》什么时候颁布的，修订了几次？
> 4．《物业管理条例》对物业管理行业发展有什么意义？
> 5．《物业管理条例》的指导思想和立法原则是什么？
> 6．《物业管理条例》的主要内容包括哪些？

第2篇

《民法典》与物业管理

《民法典》的颁布实施意味着我国法制建设进入新阶段,《民法典》中关于业主和物业服务人的相关规定不仅明确了双方的权利和义务,还是物业管理行业未来发展方向的指引。本篇对《民法典》中与物业服务相关的主要内容进行了介绍和分析,主要包括业主的建筑物区分所有权、物业服务合同和物业服务企业的侵权责任。

4 业主的建筑物区分所有权

> **学习目标**
>
> 熟悉《民法典》关于"业主的建筑物区分所有权"的规定，理解专有部分和共用部分的认定、行使专有部分所有权的相关规定、行使共有部分共有权的相关规定、共有部分的共同所有权和业主的诉讼权利。

> **知识要点**
>
> 1. 建筑物区分所有权的概念。
> 2. 专有部分所有权的认定。
> 3. 业主对其专有部分的权利和义务。
> 4. 共有部分的共有权。
> 5. 共有部分的共同管理权。
> 6. 业主的诉讼权利。

4.1 业主的建筑物区分所有权的概念

4.1.1 业主

业主是建筑物及其附属设施的所有权人。在物业管理中具备业主身份的情况一般有三种：一是房屋不动产权属证书持有人；二是具备不动产登记条件，待领房屋不动产权属证书的人；三是其他依法取得房屋所有权的人。

因此，基于与建设单位之间的商品房买卖民事法律行为，已经合法占有建筑物专有部分，但尚未依法办理房屋所有权登记的自然人或者法人，可以认定为业主。

4.1.2 业主的建筑物区分所有权

建筑物区分所有权是指多个业主共同拥有一栋建筑物时，各个业主对其在构造和使用上具有独立的建筑物部分所享有的所有权和对供全体或部分所有人共同使用的建筑物部分所享有的共有权，以及基于对建筑物的管理、维护和修缮等共同事务而产生的共同管理权的总称。《民法典》第二百七十一条规定：业主对建筑物内的住宅、经营性用房等专有部分享有所有权，对专有部分以外的共有部分享有共有和共同管理的权利。根据上述规定，我们知道，业主的建筑物区分所有权由以下三部分构成：

(1) 业主对专有部分的所有权。即业主对建筑物内的住宅、经营性用房等专有部分享有所有权，有权对专有部分占有、使用、收益和处分。

（2）业主对建筑区划内的共有部分的共有权。即业主对专有部分以外的共有部分，如电梯、过道、楼梯、水箱、外墙面、水电气的主管线等，享有共有的权利。

（3）业主对建筑区划内的共有部分的共同管理权。即业主对专有部分以外的共有部分享有共同管理的权利。

4.2 专有部分的所有权

4.2.1 专有部分的认定

建筑区划内符合下列条件的房屋，以及车位、摊位等特定空间，应当认定为建筑物的专有部分：

（1）具有构造上的独立性，能够明确区分。例如：具有四面围墙包围，如房屋；虽不具有四面围墙包围，但能够与其他专有部分明确区分。

（2）具有利用上的独立性，可以排他使用；建筑物具有独立的出入口，不必借用其他建筑的通行通道即可与外部相通。

（3）能够登记成为特定业主所有权的客体。规划上专属于特定房屋，且建设单位销售时已经根据规划列入该特定房屋买卖合同中的露台等，应当认定为建筑物专有部分的组成部分。

4.2.2 业主对其专有部分的权利和义务

1．业主对其建筑物专有部分享有占有、使用、收益和处分的权利

业主对建筑物内属于自己所有的住宅、经营性用房等专有部分可以直接占有、使用，实现居住或者营业的目的；也可以依法出租，获取收益；还可以出借，解决亲朋好友居住之难，加深亲朋好友间的亲情与友情；或者在自己的专有部分上依法设定负担，例如，为保证债务的履行将属于自己所有的住宅或者经营性用房抵押给债权人，或者抵押给金融机构以取得贷款等；还可以将住宅、经营性用房等专有部分出售给他人，对专有部分予以处分。

2．业主行使专有部分所有权时，不得危及建筑物的安全，不得损害其他业主的合法权益

业主的专有部分是建筑物的重要组成部分，但与共有部分又不可分离。例如，没有电梯、楼道、走廊，业主就不可能出入自己的居室；没有水箱、水、电等管线，业主就无法使用自己的居室。由于建筑物专有部分与共有部分具有一体性、不可分离性，所以业主对专有部分行使专有所有权应受到一定限制。例如，业主在对专有部分装修时，不得拆除房屋内的承重墙，不得在专有部分内储藏、存放易燃、易爆等危险物品，危及整个建筑物的安全，损害其他业主的合法权益。

3. 业主转让建筑内的住宅、经营性用房等专有部分，其对共有部分享有的共有和共同管理的权利一并转让

业主的建筑物区分所有权是一个集合权，包括对专有部分享有的所有权、对建筑区划内共有部分享有的共有权和共同管理的权利，这三种权利具有不可分离性。在这三种权利中，业主对专有部分的所有权占主导地位，是业主对专有部分以外的共有部分享有共有权以及对共有部分享有共同管理权的前提与基础。没有业主对专有部分的所有权，就无法产生业主对专有部分以外共有部分的共有权，以及对共有部分共同管理的权利。如果业主丧失了对专有部分的所有权，也就丧失了对共有部分的共有权及对共有部分共同管理的权利。

4. 业主不得违反法律、法规以及管理规约，将住宅改变为经营性用房。业主将住宅改变为经营性用房的，除遵守法律、法规以及管理规约外，应当经有利害关系的业主同意

将住宅改变为公司、歌厅、餐厅等经营性用房，会造成来往小区人员过多，外来人员杂且乱，干扰业主的正常生活，造成小区车位、电梯、水、电等公共设施使用的紧张，造成楼板的承重力过大，增加了小区不安全、不安定的因素，弊端多，危害性大。将住宅改为经营性用房，用于商业目的，也会造成国家税费的大量流失。《民法典》第二百七十九条规定，业主不得违反法律、法规以及管理规约，将住宅改变为经营性用房。业主将住宅改变为经营性用房的，除遵守法律、法规以及管理规约外，应当经有利害关系的业主一致同意。

业主不得随意改变住宅的居住用途，是业主应当遵守的一个最基本的准则，也是业主必须承担的一项基本义务。如果业主确实因生活需要，如因下岗无经济来源，生活困难，将住宅改变为经营性用房，必须遵守法律、法规以及管理规约的规定，如要办理相应的审批手续，要符合国家卫生、环境保护要求等。在遵守法律、法规以及管理规约的前提下，还必须征得有利害关系的业主一致同意。这两个条件必须同时具备，才可以将住宅改变为经营性用房。作为业主自我管理、自我约束、自我规范的建筑区划内有关建筑物及其附属设施的管理规约也可以依法对此问题作出规定。

4.2.3 专有部分使用人的权利和义务

承租人、借用人等专有部分的物业使用人，是业主以外的实际使用物业的人，他们在物业管理法律关系中，享有权利和承担义务的来源具有多样性，主要包括：

（1）法律法规。
（2）管理规约。
（3）业主大会和业主委员会的决定。
（4）使用人与业主的约定。

实践中，非业主的专有部分使用人享有的权利主要包括：
(1) 合理利用专有部分的权利。
(2) 合理利用共有部分的权利。
(3) 接受物业服务的权利。
(4) 居住利益、相邻权受到侵害时，提起诉讼的权利等。

非业主的专有部分使用人承担的义务主要包括：
(1) 遵守管理规约的义务。
(2) 遵守物业共用部位、共用设施设备的使用，公共秩序和环境卫生的维护等方面规章制度的义务。
(3) 执行业主大会和业委员会依法作出的决定的义务。
(4) 根据《物业管理条例》第四十一条的规定，承担物业服务费的义务等。

4.3 共有部分的共有权

4.3.1 共有部分的认定

共有部分是指建筑物专有部分以外的部分。《民法典》第二百七十四条规定："建筑区划内的道路，属于业主共有，但是属于城镇公共道路的除外。建筑区划内的绿地，属于业主共有，但是属于城镇公共绿地或者明示属于个人的除外。建筑区划内的其他公共场所、公用设施和物业服务用房，属于业主共有。"

应当注意的是，法律规定的绿地、道路不是指绿地、道路的所有权归业主共有，而是指绿地、道路作为土地上的附着物归业主所有。

除法律、行政法规规定的共有部分外，建筑区划内的以下部分，也应当认定为建筑物的共有部分：

(1) 建筑物的基础、承重结构、外墙、屋顶等基本结构部分，通道、楼梯、大堂等公共通行部分，消防、公共照明等附属设施、设备、避难层、设备层或者设备间等结构部分。

(2) 其他不属于业主专有部分，也不属于市政公用部分或者其他权利人所有的场所及设施等。

建筑区划内的土地，依法由业主共同享有建设用地使用权，但属于业主专有的整栋建筑物的规划占地或者城镇公共道路、绿地占地除外。

4.3.2 业主对专有部分以外的共有部分享有权利、承担义务

业主对专有部分以外的共有部分享有共有权，即每个业主在法律对所有权未作特殊规定的情形下，对专有部分以外的走廊、楼梯、道路、电梯、外墙

物业案例分析之
公共部位占用
引起的纠纷

面、水箱、水电气管线等共有部分，对物业管理用房、公用设施、绿地、道路等共有部分享有占有、使用、收益和处分的权利。但是，如何行使占有、使用、收益和处分的权利，还要依据相关法律、法规和建筑区划管理规约的规定。业主对专有部分以外的共有部分的共有权，还包括对共有部分共负义务。同样，业主对共有部分如何承担义务，也要依据相关法律、法规和建筑区划管理规约的规定。

由于业主对专有部分以外的共有部分既享有权利，又负有义务，有的业主就可能以放弃权利为由，不履行义务。对此，《民法典》第二百七十三条规定，"业主对建筑物专有部分以外的共有部分，享有权利，承担义务；不得以放弃权利为由不履行义务。"例如，业主不得以不使用电梯为由，不缴纳电梯维修费用。

4.3.3　建筑区划内车位、车库的所有权归属

《民法典》第二百七十五条和第二百七十六条对建筑区域内的车位、车库的所有权归属作了如下规定：

（1）建筑区划内，规划用于停放汽车的车位、车库的归属，由当事人通过出售、附赠或者出租等方式约定。

（2）占用业主共有的道路或者其他场地用于停放汽车的车位，属于业主共有。

（3）建筑区划内，规划用于停放汽车的车位、车库应当首先满足业主的需要。

4.3.4　业主对与专有部分相对应的共有部分的利用

业主基于对专有部分享有的权利，难免有利用共有部分的现实需求。例如，放置空调机要利用与专有部分相对应的外墙；安装太阳能热水器要利用建筑物的屋顶；经营性用房的业主在符合法律、法规及规章规定的情况下，为其特定营业需要，也会借助外墙面悬挂、张贴牌匾等。这些需求是业主专有权行使的合理延伸，是为了更好地发挥专有部分的功能而使用共有部分，应为法律所支持。

但是，单个业主或者部分业主对共有部分的利用，必须在合理使用的范围内。判断合理使用的标准主要有三个方面：一是不得以营利为目的；二是不得违反法律、法规、管理规约或者损害他人的合法权益；三是不得违反业主大会或者业主委员会的决定。

4.3.5　侵害共有权的法律责任

《民法典》第二百八十七条规定："业主对建设单位、物业服务企业或者其他管理人以及其他业主侵害自己合法权益的行为，有权请求其承担民事责

任。"应当注意的是,实施侵害业主共有权行为的主体,除了建设单位,还包括物业服务企业、其他管理人、其他业主和使用人等。侵害业主共有权主要有四种方式:

(1) 擅自占用共有部分。
(2) 擅自处分共有部分。
(3) 擅自改变共有部分使用功能。
(4) 擅自利用共有部分进行经营性活动。

权利人请求侵害人承担法律责任的方式,同样也有四种:

(1) 排除妨害。
(2) 恢复原状。
(3) 确认处分行为无效。
(4) 赔偿损失。

对于行为人擅自利用共有部分进行经营性活动的,权利人有权请求行为人将扣除合理成本之后的收益用于补充专项维修资金或者业主共同决定的其他用途。在确定行为人擅自进行经营性活动的收益时,应当扣除相应的经营成本,但行为人应当对经营成本的支出及其合理性承担举证责任。

4.4 共有部分的共同管理权

4.4.1 关于业主共同决定事项的范围

根据《民法典》第二百七十八条规定,下列事项由业主共同决定:
(1) 制定和修改业主大会议事规则。
(2) 制定和修改管理规约。
(3) 选举业主委员会或者更换业主委员会成员。
(4) 选聘和解聘物业服务企业或者其他管理人。
(5) 使用建筑物及其附属设施的维修资金。
(6) 筹集建筑物及其附属设施的维修资金。
(7) 改建、重建建筑物及其附属设施。
(8) 改变共有部分的用途或者利用共有部分从事经营活动。
(9) 有关共有和共同管理权利的其他重大事项。

4.4.2 关于业主共同决定事项的表决规则

根据《民法典》第二百七十八条规定,业主共同决定事项,应当由专有部分面积占比 2/3 以上的业主且人数占比 2/3 以上的业主参与表决。决定 4.4.1 节第六项至第八项规定的事项,应当经参与表决专有部分面积 3/4 以上的业主且参与表决人数 3/4 以上的业主同意。决定 4.4.1 节其他事项,应当经参与表决专有部分面积过半数的业主且参与表决人数过半数的业主同意。

4.4.3 关于业主大会和业主委员会

1. 业主大会和业主委员会的设立

业主可以设立业主大会，选举业主委员会。业主是建筑区划内的主人。业主大会是业主的自治组织，是基于业主的建筑物区分所有权的行使产生的，由全体业主组成，是建筑区划内建筑物及其附属设施的管理机构。因此，只要是建筑区划内的业主，就有权参加业主大会，行使专有部分以外共有部分的共有权以及共同管理的权利，并对小区内的业主行使专有部分的所有权作出限制性规定，以维护建筑区划内全体业主的合法权益。《民法典》第二百七十七条规定，业主可以设立业主大会，选举业主委员会。业主大会、业主委员会成立的具体条件和程序，依照法律、法规的规定。业主委员会是本建筑物或者建筑区划内所有建筑物的业主大会的执行机构，按照业主大会的决定履行管理职责。

地方人民政府有关部门、居委会应当对设立业主大会和选举业主委员会给予指导和协助。由于业主大会是业主的自治组织，其成立应由业主自行筹备、自主组建。但是，一个建筑区划内，业主互不相识，而入住的时间又有先有后，有的甚至相差几年，因此，成立业主大会对于业主来说有一定的难度。而业主大会的成立关系着业主如何行使自己的权利，维护自身的合法权益，其关系广大业主的切身利益，关系建筑区划内的安定团结，甚至关系社会的稳定。地方人民政府有关部门应当向准备成立业主大会的业主予以指导，提供相关的法律、法规及规章，提供已成立业主大会的成功经验，帮助成立筹备组织，提供政府部门制定的业主大会议事规则、业主管理公约等示范文本，协调业主之间的不同意见，为业主大会成立前的相关活动提供必要的活动场所，积极主动参加业主大会的成立大会等。

2. 业主大会和业主委员会的决定效力

《民法典》第二百八十条规定，"业主大会或者业主委员会的决定，对业主具有法律约束力。"

业主大会或者业主委员会的决定，对业主具有约束力。这是因为，业主大会是由建筑区划内的全体业主参加，依法成立的自治组织，是建筑区划内建筑物及其附属设施的管理机构。业主大会依据法定程序作出的决定，反映了建筑区划内绝大多数业主的意志与心声，代表和维护了建筑区划内广大业主的合法权益。业主委员会是业主大会的执行机构，具体实施业主大会作出的决定。业主大会或者业主委员会作为自我管理的权力机关和执行机关，依据法定程序作出的决定，对业主应当具有约束力。

对业主具有约束力的业主大会或者业主委员会的决定，必须是依法设立的业主大会、业主委员会作出的，必须是业主大会、业主委员会依据法定程序作出的，必须是符合法律、法规及规章，不违背社会道德，不损害国家、公众和他人利益的决定，上述三点必须同时具备，否则业主大会、业主委员会的决定对业主没有约束力。

业主大会、业主委员会主要对建筑区划内业主的建筑物区分所有权如何行使、业主的合法权益如何维护等事项作出决定，例如，可以对制定和修改业主大会议事规则作出决定，对制定和修改建筑物及其附属设施的管理规约作出决定，对选举业主委员会或者更换业主委员会成员作出决定，对选聘、解聘物业服务企业或者其他管理人作出决定，对筹集、使用建筑物及其附属设施的维修资金作出决定，对改建、重建建筑物及其附属设施作出决定。无论业主大会、业主委员会作出哪一项决定，对业主均具有约束力。

3．业主大会和业主委员会的处置权

目前，有些建筑区划内的个别业主，不遵守法律、法规以及管理规约的规定，任意弃置垃圾、排放污染物或者噪声、违反规定饲养动物、违章搭建、侵占通道、拒付物业费等损害了部分业主甚至是全体业主的合法权益，对这些行为如何处置，《民法典》第二百八十六条作了规定，即"业主大会或者业主委员会，对任意弃置垃圾、排放污染物或者噪声、违反规定饲养动物、违章搭建、侵占通道、拒付物业费等损害他人合法权益的行为，有权依照法律、法规以及管理规约，请求行为人停止侵害、排除妨碍、消除危险、恢复原状、赔偿损失。"

4.4.4 关于共同管理权的其他规定

1．维修资金的所有权归属与使用

建筑物及其附属设施的维修资金，属于业主共有。经业主共同决定，可以用于电梯、水箱等共有部分的维修。维修资金的筹集、使用情况应当公布。

2．管理费用分摊与收益分配

建筑物及其附属设施的费用分摊、收益分配等事项，有约定的，按照约定；没有约定或者约定不明确的，按照业主专有部分占建筑物总面积的比例确定。

3．建筑物及其附属设施的管理

（1）业主可以自行管理建筑物及其附属设施，也可以委托物业服务企业或者其他管理人管理。

（2）对建设单位聘请的物业服务企业或者其他管理人，业主有权依法更换。

（3）物业服务企业或者其他管理人根据业主的委托管理建筑区划内的建筑物及其附属设施，并接受业主的监督。

4.5 业主的诉讼权利

1. 业主大会或者业主委员会作出的决定侵害业主合法权益的，受侵害的业主可以请求人民法院予以撤销

现实中，可能有的业主大会或者业主委员会不遵守法律、法规、管理规约，或者不依据法定程序作出某些决定，侵害了业主的合法权益。针对这一情形，《民法典》第二百八十条规定，"业主大会或者业主委员会作出的决定侵害业主合法权益的，受侵害的业主可以请求人民法院予以撤销。"

这一规定，赋予了业主请求人民法院撤销业主大会或者业主委员会作出的不当决定的权利。

2. 业主对侵害自己合法权益的行为，可以依法向人民法院提起诉讼

根据《民法典》第二百八十六条的规定，对任意弃置垃圾、排放污染物或者噪声、违反规定饲养动物、违章搭建、侵占通道、拒付物业费等损害他人合法权益的行为，有关当事人可以向有关行政主管部门报告或者投诉，有关行政主管部门应当依法处理。

《民法典》第二百八十七条规定，"业主对建设单位、物业服务企业或者其他管理人以及其他业主侵害自己合法权益的行为，有权请求其承担民事责任。"

受到侵害的业主个人可以依据《中华人民共和国民事诉讼法》（以下简称《民事诉讼法》）等法律规定，向人民法院提起诉讼。同时，共同受到侵害的业主可以推选代表人，依据《民事诉讼法》等法律的规定，向人民法院提起诉讼。

3. 业主请求业主大会和业主委员会公布、查阅应当向业主公开的情况和资料的，人民法院应予支持

应当向业主公开的资料包括：

(1) 建筑物及其附属设施的维修资金的筹集、使用情况。

(2) 管理规约、业主大会议事规则，以及业主大会或者业主委员会的决定及会议记录。

(3) 物业服务合同、共有部分的使用和收益情况。

(4) 建筑区划内规划用于停放汽车的车位、车库的处分情况。

(5) 其他应当向业主公开的情况和资料。

本章小结

建筑物区分所有权，是指多个业主共同拥有一栋建筑物时，各个业主对其在构造和使用上具有独立的建筑物部分所享有的所有权和对供全体或部分所有人共同使用的建筑物部分所享有的共有权，以及基于对建筑物的管理、维护和修缮等共同事务而产生的共同管理权的总称。因此，建筑物区分所有权包括专有部分的所有权、共有部分的共有权和共有部分的共同管理权三部分，《民法典》对每一部分的权利和义务都进行了明确的规定。除此之外，为保护业主的合法权益不受业主大会和业主委员会的侵害，《民法典》还特别规定了业主的诉讼权利。当业主大会或者业主委员会作出的决定侵害业主合法权益的，受侵害的业主可以请求人民法院予以撤销；业主对侵害自己合法权益的行为，可以依法向人民法院提起诉讼；业主请求业主大会和业主委员会公布、查阅应当向业主公开的情况和资料的，人民法院应予支持。

> **复习思考题**
>
> 1．简述《民法典》关于"业主的建筑物区分所有权"的规定与物业管理的关系。
> 2．什么是建筑物区分所有权？
> 3．建筑物的专有部分和共有部分怎样划分？
> 4．业主对专有部分的权利和义务分别是什么？
> 5．业主对共有部分的权利和义务分别是什么？
> 6．共有部分共同管理权的内容是什么？
> 7．业主共同管理权的表决规则是什么？
> 8．《民法典》对设立业主大会和业主委员会的规定有哪些？
> 9．业主的诉讼权利包括哪些？

5 物业服务合同

> **学习目标**
>
> 理解物业服务合同的定义；熟悉物业服务合同的内容；了解前期物业服务合同的特征和时效；理解前期物业服务合同和物业服务合同的区别。具备订立物业服务合同的能力。

> **知识要点**
>
> 1. 物业服务合同的定义。
> 2. 物业服务合同的内容。
> 3. 前期物业服务合同的特征。
> 4. 前期物业服务合同的时效。
> 5. 前期物业服务合同与物业服务合同的区别。

5.1 物业服务合同的一般规定

《民法典》第三编合同，包含通则、典型合同、准合同三个分编，共29章。第二十四章是物业服务合同，主要内容包括物业服务合同的定义、内容与形式、合同的效力、前期物业服务合同、物业服务人的义务、业主的义务、物业服务合同的终止等。

《民法典》中对物业服务合同的相关规定，为物业服务交易和对物业管理行业的监管提供了法律依据，可以减少法律适用不明确的问题，保障各方权益，避免一方由于优势地位或法律空白的原因而造成合同条款的不平等、执行难等问题。

《民法典》颁布实施前，物业服务合同并未被列入法律明确规定的合同范畴，而是仅规定于行政法规或者司法解释中，属于无名合同。

《民法典》颁布实施后，物业服务合同成为法律意义上的"有名合同"，提升到新的法律地位及高度，其体现了对物业服务合同重视度的提升。

5.1.1 物业服务合同的定义

根据《民法典》第九百三十七条，"物业服务合同是物业服务人在物业服务区域内，为业主提供建筑物及其附属设施的维修养护、环境卫生和相关秩序的管理维护等物业服务，业主支付物业费的合同。"

同时规定，"物业服务人包括物业服务企业和其他管理人"。此条款说明提供物业服务的主体可以不仅限于物业服务企业。

《民法典》首次提出"物业服务人"的概念，扩大了国务院《物业管理条例》关于物业服务合同主体的范围，明确将"其他管理人"也列为物业服务合同的主体范围。也就是说，签订物业服务合同的主体，不仅限于物业服务企业，其他主体也可以成为物业服务合同的主体。

5.1.2 物业服务合同的内容和形式

《民法典》第九百三十八条对物业服务合同的内容和形式进行了规定。

第一，明确了"物业服务合同的内容一般包括服务事项、服务质量、服务费用的标准和收取办法、维修资金的使用、服务用房的管理和使用、服务期限、服务交接等条款。"

《民法典》直接将《物业管理条例》第三十八条的交接义务新增为"服务交接"，规定为物业服务合同的内容组成部分，为解决实践中新旧物业公司"交接难"问题提供了法律保障。

第二，规定"物业服务人公开作出的有利于业主的服务承诺，为物业服务合同的组成部分。"

这一条款将物业服务人公开作出的有利于业主的服务承诺规定为物业服务合同的组成部分，从而为将物业服务人的承诺直接转化为具有法律约束力的合同内容提供了法律依据，更有利于维护业主利益；防止物业服务人为承揽业务而作出空头承诺，明确规定公开的、有利于业主的承诺视为合同的有效组成部分，受到法律保护。

第三，明确了"物业服务合同应当采用书面形式"。对合同形式作书面要求，便于明确合同主体的责权利，防止物业服务人侵害业主权益的情况发生，发生纠纷时也有据可查。

物业服务合同是物业服务人提供物业服务工作的最基本依据，很多纠纷都是源于物业服务合同制定得不规范。因此，很多地方政府专门出台了物业服务合同示范文本，以规范物业服务合同的内容。如 2004 年，北京市发布《物业服务合同（示范文本）》；2005 年，上海市发布《前期物业服务合同》《物业服务合同》（2005 版住宅物业示范文本）；2022 年，北京市发布《北京市前期物业服务合同》和《北京市物业服务合同》示范文本。

5.2 前期物业服务合同

物业服务合同包括业主委员会成立前签订的前期物业服务合同和业主委员会成立后签订的物业服务合同。《民法典》第九百三十九条规定，"建设单位依法与物业服务人订立的前期物业服务合同，以及业主委员会与业主大会依法选聘的物业服务人订立的物业服务合同，对业主具有法律约束力。"

前期物业服务合同基本都是由开发商、物业服务企业事先拟定提供的文本，由于其优势地位，合同文本中往往可能存在显失公平、免除自身责任、加重业主方责任甚至损害业主方利益的条款。国家以及很多省市先后发布有关的示范文本。如2004年建设部印发的《前期物业服务合同（示范文本）》。

在物业管理实践中，前期物业服务合同和物业服务合同关系密切，学习物业服务合同，有必要对前期物业服务合同的特征和主要内容进行了解。

5.2.1 前期物业服务合同的特征

通常状况下，业主、业主大会选聘物业服务企业开展工作，物业服务合同在业主大会和物业服务企业之间签订。但是，在物业建成之后、业主大会成立之前，就需要进行物业管理活动，由于此时业主大会尚未成立，不可能由业主委员会代表业主与业主大会选聘的物业服务企业签订物业服务合同。这种情况下，只能由建设单位选聘物业服务企业对物业实施管理服务，物业服务合同在建设单位和物业服务企业之间签订，称为前期物业服务合同。

前期物业服务合同在物业从建设到管理关键环节的顺利衔接中发挥着重要作用，具有以下特征：

1. 前期物业服务合同具有过渡性

前期物业管理活动的过渡性，决定了前期物业服务合同的过渡性。实践中，物业的销售、业主的入住是持续的过程，业主召开首次业主大会会议时间的不确定性，决定了业主、业主大会选聘物业服务人时间的不确定性，因此，前期物业服务的期限也是不确定的。但是，一旦业主大会成立并选聘了物业服务人，业主委员会与物业服务人签订的物业服务合同生效，前期物业服务合同即终止，意味着前期物业管理阶段结束，进入了通常情况下的物业管理阶段。

2. 前期物业服务合同是要式合同

要式合同是指法律要求必须具备一定形式的合同。由于前期物业管理涉及广大业主的公共利益，《物业管理条例》第二十一条规定，前期物业服务合同以书面形式签订。《民法典》确定了物业服务合同均以书面形式签订。

3. 前期物业服务合同由建设单位和物业服务人签订

这是因为在前期物业管理阶段，首次业主大会尚未召开，业主还不能形成统一意志来决定如何选聘物业服务人，而此时已有实施物业管理的现实必要。为了维护正常的物业秩序，保护全体业主的合法权益，《物业管理条例》规定，建设单位选聘物业服务企业的，应当与物业服务企业签订前期物业服务合同。通常情况下，在房屋买受人签署的临时管理规约中，明确了建设单位代为签订前期物业服务合同的内容，而且由于建设单位作为物业的初始业主，自然享有首次选聘物业服务人的优先权，临时管理规约的授权和建设单位的初始物权，构成了签订前期物业服务合同的法理依据。

4. 前期物业服务合同主要通过招标投标方式签订

虽然建设单位有权选聘前期物业服务企业，但由于前期物业管理阶段业主共同代表者的缺位，而且前期物业服务合同的内容与广大业主的切身利益密切相关，应当将公开、公平、公正的竞争机制引入前期物业服务企业的选聘过程，而招标投标方式体现了机会均等的市场原则，既有利于遏制建设单位利用优势地位损害业主的权益，也有利于物业服务企业平等参与市场竞争。因此，《物业管理条例》规定，除投标人少于3人或者规模较小的以外，住宅物业的建设单位应当通过招标投标方式选聘具有相应资质的物业服务企业。

5.2.2　前期物业服务合同的时效

由建设单位与物业服务企业签订前期物业服务合同，仅仅是在业主不具备自行选聘物业服务企业条件下的权宜措施，因此在业主自行选聘物业服务企业条件具备后，必须赋予业主选聘物业服务企业的自主权。《民法典》第九百四十条规定，"建设单位依法与物业服务人订立的前期物业服务合同约定的服务期限届满前，业主委员会或者业主与新物业服务人订立的物业服务合同生效的，前期物业服务合同终止"。

《民法典》关于前期物业服务合同的规定，可以从以下两个方面理解：一方面，前期物业服务合同可以约定期限。与其他一次性服务不同，物业管理服务具有长期性的特点。物业服务企业实施物业管理服务过程中，要进行购置设施设备等一些前期投入，这些前期投入作为企业的经营成本，需要一定时间的经营活动才能逐步得到回收。物业服务企业在承接物业之前，要进行成本测算和经营风险预测，前期物业服务合同期限不确定，不仅不利于物业服务企业统筹安排工作，降低交易成本费用和防范经营风险，而且可能导致物业管理市场秩序的混乱，诱发纠纷和矛盾。因此，前期物业服务合同约定期限，在便于物业服务企业作出科学、合理商业预期的同时，也可以督促业主及时成立业主大会，尽快行使自行选聘物业服务企业的权利。另一方面，前期物业服务合同是一种附终止条件的合同。虽然期限未满，但业主委员会与物业服务企业签订的物业服务合同生效的，前期物业服务合同自然终止。也就是说，前期物业服务合同按照约定的期限履行完毕的前提是，前期物业服务合同期内没有物业服务合同生效的事实。前期物业服务合同附条件终止，是由前期物业管理本身的过渡性决定的。一旦业主组成代表和维护自己利益的业主大会，选聘物业服务企业，进入正常的物业管理阶段，前期物业服务合同就完成了它的阶段性目标而自动终止，终止的时间以业主委员会与物业服务企业签订的物业服务合同生效时为准。

【案例 5-1】

A 小区的开发商与 B 物业公司订立《前期物业服务合同》，委托其为 A 小区提供物业服务。后 A 小区业主委员会成立，聘请了新的物业服务企业并签订了《物业服务合同》。在 B 物业公司与 A 小区业主委员会交接的过程中，拒绝移交小区地下车位和车库的管理权，产生纠纷。

【解析】B 物业公司系 A 小区的前期物业服务企业，小区成立业主委员会后，由该业主委员会与新的物业服务企业签订了《物业服务合同》，此后 A 小区业主委员会与 B 物业公司也进行过交接，但涉案小区的地下车位、车库的物业管理权并未移交，由此产生纠纷。《物业管理条例》第二十六条、第三十三条规定，业主委员会与物业服务企业签订的物业服务合同生效的，前期物业服务合同终止；一个物业管理区域由一个物业服务企业实施物业管理。《民法典》第九百四十条规定，"建设单位依法与物业服务人订立的前期物业服务合同约定的服务期限届满前，业主委员会或者业主与新物业服务人订立的物业服务合同生效的，前期物业服务合同终止"。

根据前述规定，A 小区业主委员会与新物业公司签订物业服务合同后，B 物业公司所签订的前期物业服务合同即告终止，B 物业公司应退出原物业服务区域，并移交相关设施、资料等。

5.2.3 前期物业服务合同的主要内容

为了规范和指导建设单位与物业服务企业签订前期物业服务合同，建设部于 2004 年 9 月制定并发布了《前期物业服务合同（示范文本）》，根据该示范文本，前期物业服务合同应包括以下内容：

1．合同当事人与物业的基本情况

其主要包括合同当事人的基本情况和物业的基本情况两个方面。

2．物业服务内容与质量

物业服务企业提供物业服务的项目，一般包括以下几方面：①物业共用部位的维修、养护和管理；②物业共用设施设备的运行、维修、养护和管理；③物业共用部位和相关场地的清洁卫生，垃圾的收集、清运及雨、污水管道的疏通；④公共绿化的养护和管理；⑤车辆停放管理；⑥公共秩序维护、安全防范等事项的协助管理；⑦装饰装修管理服务；⑧物业档案资料管理。当事人可针对所提供的服务项目，具体承诺各项服务达到的服务水平和质量标准，作为合同的附件。例如，对于物业共用部位的维修、养护和管理，可以承诺在保修不到位的情况下，物业服务企业代为履行保修责任；对于物业共用设施设备的运行、维修、养护和管理，可以承诺建立共用设施设备维修、养护档案，准确记录维修、养护情况；对于维修共用设施设备，保证业主用水、用电主要时段不受影响；对于公共绿化可以承诺配备专业人员养护和管理等。对于向特定业主提供单独议价的其他服务，如承揽房屋装修工程、代理房屋出租、提供家政服务等，也可以在前期物业服务合同列明，但不属于公共服务项目。

3. 物业服务费用及计费方式

在合同中应约定物业服务费的计费方式、收取标准、缴纳方式、争议解决方式等。物业服务费的收取有包干制和酬金制两种计费方式，建设单位与物业服务企业协商后，可以选择其中的一种计费方式。在包干制下，物业服务费由业主按其拥有物业的建筑面积缴纳，在合同中明确标明多层住宅、高层住宅、别墅、办公楼、商业物业等不同类型物业项目的具体收费标准。在合同中要明示物业服务费的主要开支。在酬金制下，物业服务资金由业主按其拥有物业的建筑面积预先缴纳，合同中标明不同类型物业项目的具体收费标准、开支内容、物业服务企业提取酬金的方式，并约定物业服务支出年度结算后结余部分转入下一年度继续使用，物业服务支出年度结算后不足部分由全体业主承担。

4. 物业经营管理活动的内容

物业经营管理活动是指利用物业共用部位与共用设施设备所进行的经营活动。例如利用物业大厦、场地进行广告经营，对物业共用部位、场地进行出租经营等。一般情况下，物业经营活动由物业服务企业统一经营，便于统一管理、统一协调，还可以降低服务成本，扩大利润空间。建设单位与物业服务企业可以就物业经营活动的项目作出具体约定，其中主要包括：①物业经营活动的项目名称；②物业经营部位的权属界定；③物业经营项目的收费标准；④业主与物业服务企业关于经营项目收费或利润的分成比例。

对于停车管理服务，物业服务企业应与停车场车位使用人另行签订书面的停车管理服务协议，明确双方在车位使用及停车管理服务等方面的权利义务。

除停车管理服务项目外，物业管理区域内的会所经营、其他附属房屋经营及广告经营，均应当在前期物业服务合同中明确约定权利义务。如果物业管理区域内属于全体业主所有的停车场、会所及其他物业共用部位、共用设施设备统一委托物业服务企业经营管理，建设单位与物业服务企业也可以在前期物业服务合同中统一约定业主与物业服务企业对经营收入的分配比例或数额。

5. 物业的承接查验

前期物业服务合同中物业的承接查验应当包含以下几个方面的内容：①说明查验的共用部位、共用设施设备的内容；②双方确认共用部位、共用设施设备存在的问题；③建设单位应承担的责任和解决办法；④建设单位应向物业服务企业移交的资料；⑤建设单位的保修责任等。

6. 物业的使用与维护

前期物业服务合同中物业的使用与维护应当包含以下几个方面的内容：①建设单位和业主、使用人配合实施物业管理服务规章制度的义务；②物业服务企业制止业主和使用人违反临时管理规约的具体措施；③物业服务企业对重大事项的告知义务和接受监督义务；④业主装饰装修房屋的约定；⑤物业管理用房的具体约定。

7．专项维修资金

专项维修资金包括专项维修资金的缴存、专项维修资金的管理、专项维修资金的使用和专项维修资金的续筹。

8．违约责任

违约责任主要包括甲乙双方、业主和物业使用人的违约责任，以及特殊情况下的免责条款。

9．其他事项

其他事项主要包括合同期限、争议的解决方式以及合同终止和续约条款。

5.3 物业服务合同的主要内容

《民法典》第九百三十八条规定，物业服务合同的内容一般包括服务事项、服务质量、服务费用的标准和收取办法、维修资金的使用、服务用房的管理和使用、服务期限、服务交接等条款。

物业服务合同是物业管理当事人意思表示一致的产物，合同的内容应当由当事人约定。《民法典》规定物业服务合同的主要内容，目的在于引导物业管理当事人在订立物业服务合同时约定一些必要的内容，以利于合同的履行，减少不必要的误解和争议。

通常，物业服务合同应当具备以下主要内容：

5.3.1 物业管理事项

业主与物业服务企业在物业服务合同中约定的物业管理事项，是指在签订合同时已经协商一致的物业管理服务的具体内容，双方未达成一致的服务项目或履行中发生的新项目，协商一致后应当另行签订补充协议。

5.3.2 物业服务质量

约定物业服务质量就是约定各项具体服务应当达到的标准。只约定物业服务事项不约定物业服务质量，或者约定服务质量不明确，会造成合同履行争议。因此，约定服务质量必须具体、细致。业主与物业服务企业可以参照《普通住宅小区物业管理服务等级标准》以及本地区的物业服务指导标准，结合物业项目情况、物业收费标准以及业主对物业服务的需求，协商确定物业服务质量要求。

5.3.3 物业服务费用

首先要明确物业服务的收费方式，实行包干制还是酬金制，或者是其他收费方式。然后根据不同收费方式明确收费标准、酬金数额或酬金比例、缴费时间、缴费方式及结算方式等。

5.3.4 双方的权利义务

双方的权利义务是指法定义务之外的其他需要约定的权利义务。例如，业主大会和业主委员会对物业服务企业服务质量的监督方式；物业服务企业分包专项服务事项的权利；业主遵守物业管理区域内各项管理制度的义务；物业服务企业公示物业服务项目、服务标准、收费标准的义务；物业服务企业对物业管理区域内各项公众性规章制度的宣传告知义务；制止业主违规行为的义务等。

《民法典》关于物业服务人权利和义务的特别规定，包括：

（1）物业服务人的转委托权利。《民法典》第九百四十一条规定，"物业服务人将物业服务区域内的部分专项服务事项委托给专业性服务组织或者其他第三人的，应当就该部分专项服务事项向业主负责。物业服务人不得将其应当提供的全部物业服务转委托给第三人，或者将全部物业服务支解后分别转委托给第三人。"

其中"不得支解后分别转委托"是《民法典》较之《物业管理条例》新增的规定。如业主发现物业服务人存在违反本条情形的，可以主张转委托行为无效或以此要求解聘物业服务人。

（2）物业服务人催缴物业费的权利和义务。《民法典》第九百四十四条规定，"业主违反约定逾期不支付物业费的，物业服务人可以催告其在合理期限内支付；合理期限届满仍不支付的，物业服务人可以提起诉讼或者申请仲裁"。但特别强调，物业服务人不得采取停止供电、供水、供热、供燃气等方式催缴物业费。

本条规定体现了法律保护物业服务人按约定提供物业服务后得到报酬的权利，支持其依法催缴，同时又限制了物业服务企业采用影响业主生活的停电、停水、停燃气、停供热等不当的方式催业主缴纳物业费。因为该类合同属于供用水电气类的合同，物业本来就无权停止，并且其会影响业主的正常生活。

（3）物业服务人在物业管理区域内做好安全防范工作的义务。根据《民法典》第九百四十二条，物业服务人应当维护物业服务区域内的基本秩序，采取合理措施保护业主的人身、财产安全。对物业服务区域内违反有关治安、环保、消防等法律法规的行为，物业服务人应当及时采取合理措施制止、向有关行政主管部门报告并协助处理。

与《物业管理条例》相比，物业服务人的义务不仅是协助预防不良影响的扩大，还要主动保护业主的安全。对违反有关治安、环保、消防等法律法规的违法行为，物业服务人要及时采取合理措施制止，再向有关部门报告并协助处理。在治安防范方面，《民法典》对物业服务人提出了更高的要求。

除此之外，根据《民法典》第二百八十五条规定，"物业服务企业或者其他管理人应当执行政府依法实施的应急处置措施和其他管理措施,积极配合开展相关工作"。这里也体现了物业服务人对政府相关部门的协助义务。

【案例 5-2】

周某在 A 小区管理区域内停放车辆,没有按固定划线位置停靠车辆。在周某停车的区域,B 物业公司张贴了"小心墙皮脱落"的提示。后由于墙皮发生脱落,导致车辆不同部位损伤,周某向 B 物业公司主张赔偿损失。

【解析】关于本案赔偿责任分担的问题,B 物业公司主张,本案因其已履行了告知义务,故该事故发生其不存在责任。但根据《民法典》第九百四十二条的规定,B 物业公司应按规定履行物业管理及服务义务,其主张已提示告知墙皮脱落存在的危险,但并未采取合理措施对危险位置进行管控及维护,造成车辆受损,其应承担主要责任。周某作为车辆所有人,在进入小区公共区域内亦应按固定划线位置停靠车辆,故在本起事故中亦应自负部分责任。故法院依据本案发生的事实及双方责任,综合认定 B 物业公司应承担民事赔偿责任。

(4) 物业服务人的信息公开和报告义务。《民法典》第九百四十三条规定,"物业服务人应当定期将服务的事项、负责人员、质量要求、收费项目、收费标准、履行情况,以及维修资金使用情况、业主共有部分的经营与收益情况等以合理方式向业主公开并向业主大会、业主委员会报告。"

《民法典》的规定并没有区分包干制、酬金制的物业服务计费方式,按照条文理解,采取包干制的物业服务企业也应履行信息公开和报告的义务。物业服务企业应与业主加强沟通,培养双方信任,如业主正当监督物业服务工作的,应积极履行公开和报告义务。

(5) 合同终止后原物业服务人的义务。《民法典》第九百四十九条规定,"物业服务合同终止的,原物业服务人应当在约定期限或者合理期限内退出物业服务区域,将物业服务用房、相关设施、物业服务所必需的相关资料等交还给业主委员会、决定自行管理的业主或者其指定的人,配合新物业服务人做好交接工作,并如实告知物业的使用和管理状况。原物业服务人违反前款规定的,不得请求业主支付物业服务合同终止后的物业费;造成业主损失的,应当赔偿损失。"

《民法典》第九百五十条规定,"物业服务合同终止后,在业主或者业主大会选聘的新物业服务人或者决定自行管理的业主接管之前,原物业服务人应当继续处理物业服务事项,并可以请求业主支付该期间的物业费。"

可见,《民法典》明确规定了原物业服务人的交接义务,并以不得请求支付终止后的物业费作为督促其履行交接义务的手段;配合后一条物业服务人的后合同义务,保证了合同终止情况下物业服务的连续性,有利于保障全体业主的利益。但这里规定的"应当继续处理物业服务事项",并未设置明确的期限。

《民法典》关于业主权利和义务的有关规定包括:

(1) 关于业主缴物业费的义务。《民法典》第九百四十四条规定,"业主应当按照约定向物业服务人支付物业费。物业服务人已经按照约定和有关规定提供服务的,业主不得以未接受或者无需接受相关物业服务为由拒绝支付物业费。"

目前由于欠物业费引发的诉讼数量非常多,业主欠物业费主要有三类原因:第一,恶意拖欠物业费。个别人抱着搭便车的心态不按时缴纳物业费;第二,有部分业主认为自己无需接受相关物业服务,如空置房的业主;第三,业主对物业服务不满意,希望以欠付物业费的方式来达到自身的诉求。无论是以上哪一类原因,欠缴物业费都会损害物业服务人的正常权益,且最终损害全体业主的利益。因为物业费并不仅是物业服务企业的报酬,其中还包含用于共用部位、共用设施设备维修、养护,秩序管理,环境管理服务等的费用,拒缴物业费最终会导致物业服务水平下降,最终损害全体业主的共同利益。对物业服务企业的违约行为业主应当通过追究其违约责任、解聘更换物业公司等方式维护自身合法权益。

因此,《民法典》的相关规定既保护了物业服务人按约提供服务后获得合法报酬的权益,也保护了全体业主的共同利益。

(2)业主的告知义务。根据《民法典》第九百四十五条,第一,业主装饰装修房屋的,应当事先告知物业服务人,遵守物业服务人提示的合理注意事项,并配合其进行必要的现场检查。实际操作中,业主进行装修需要事先到物业办理装修手续,了解注意事项,装修过程中遵守装饰装修管理办法,装修完成后也要向物业服务人办理验收手续。第二,业主转让、出租物业专有部分、设立居住权或者依法改变共有部分用途的,应当及时将相关情况告知物业服务人。

居住权是《民法典》新创设的权利,当业主通过转让、租赁或设置居住权使他人使用住宅,实际享受物业服务的人相应会变更,业主应主动向物业服务人告知,可以变更物业服务合同,登记有关信息,明确物业费缴纳等事项。业主改变共有部分用途的,除依法办理手续外,也要告知物业服务人。

(3)业主解聘物业服务人。《民法典》第九百四十六条规定,业主依照法定程序共同决定解聘物业服务人的,可以解除物业服务合同。决定解聘的,应当提前60日书面通知物业服务人,但是合同对通知期限另有约定的除外。解除合同造成物业服务人损失的,除不可归责于业主的事由外,业主应当赔偿损失。

此项规定说明《民法典》在赋予业主任意解除物业服务合同权利的同时,也为了平衡行使解除权对物业服务人的损害,规定了赔偿相应损失的责任。

(4)业主续聘物业服务人。依据《民法典》第九百四十七条,物业服务期限届满前,业主依法共同决定续聘的,应当与原物业服务人在合同期限届满前续订物业服务合同。物业服务期限届满前,物业服务人不同意续聘的,应当在合同期限届满前90日书面通知业主或者业主委员会,但是合同对通知期限另有约定的除外。

此项规定说明物业服务合同的签订是物业服务人和业主双向选择的结果，业主可以决定是否续聘物业服务企业，物业服务企业也可以决定是否接受续聘。

5.3.5 专项维修资金的管理与使用

在遵守住宅专项维修资金法规政策的基础上，合同应当约定物业服务企业申请、使用和结算专项维修资金的方式以及业主大会、业主委员会监督权利的行使等内容。

5.3.6 物业管理用房

必要的物业管理用房是物业服务企业开展物业服务的前提条件。对于物业管理用房的配置、用途、产权归属等，《物业管理条例》已经有了明确规定，当事人需要在合同中就相关内容予以细化。

5.3.7 合同期限

合同期限是指合同的有效期。《民法典》第九百四十八条规定，物业服务期限届满后，业主没有依法作出续聘或者另聘物业服务人的决定，物业服务人继续提供物业服务的，原物业服务合同继续有效，但是服务期限为不定期。当事人可以随时解除不定期物业服务合同，但是应当提前60日书面通知对方。

虽然《民法典》规定物业服务合同可以为不定期合同，但在实践中物业服务合同一般属于长期的持续性合同，物业服务合同的期限条款应当尽量明确、具体，或者明确规定计算期限的方法。

5.3.8 违约责任

违约责任对于合同的履行非常重要，为了保证合同当事人的特殊需要，保证物业服务合同义务的切实履行，当事人应当按照法律规定的原则和自身的情况，对违约责任作出具体的约定。例如，约定违约损害的计算方法、赔偿范围等。

物业服务合同除需明确以上几项内容外，还应包括当事人双方根据行业交易惯例和物业服务需求商定的其他条款，如约定合同生效的条件、解除合同的损失赔偿、后合同义务、免责条款、合同履行争议的解决方式等。

特别需要指出的是，房屋和附属设施设备的各种图纸、技术资料、使用说明、检修记录档案，以及与物业管理相关的业主情况资料，是进行物业管理服务的基本条件。关于物业管理资料的移交问题，《物业管理条例》作出明确规定：一是物业服务企业承接物业时，应当与业主委员会办理物业验收手续，业主委员会应当向物业服务企业移交物业管理资料；二是物业服务合同终止时，物业服务企业应当将物业管理资料交还给业主委员会；三是物业服务合同终止时，业主大会选聘了新的物业服务企业的，物业服务企业之间应当做好交接工作。

除此之外，物业服务企业与业主应当就物业管理资料的移交内容和程序规则在物业服务合同中明确约定。

5.4　两种物业服务合同的区别

前期物业服务合同与物业服务合同的主要区别是：

（1）合同签订主体不同。前期物业服务合同的委托方是建设单位，物业服务合同的委托方是业主委员会。

（2）合同的内容不同。前期物业服务合同的内容具有特殊性，除规定日常物业服务内容外，还应当针对物业服务企业的早期介入、物业共用部位、共用设施设备的承接查验、开发建设遗留问题的解决、保修责任以及入住管理服务等内容作出规定；物业服务合同则主要对物业管理区域内的房屋及附属设施设备的维修、养护、管理以及环境卫生和公共秩序的维护活动作出约定。

（3）存在阶段不同。前期物业服务合同仅存在于前期物业管理阶段，此时业主入住人数较少且尚未成立业主大会；物业服务合同则存在于建筑物生命周期的绝大多数时间。

（4）合同履行期限不同。《物业管理条例》对前期物业服务合同的期限作出特别的规定，虽然可以约定期限，但前期物业服务合同期限内，只要业主委员会与业主大会选聘的物业服务企业签订的物业服务合同生效，前期物业服务合同即终止；物业服务合同的期限，法律法规并无特别规定，由双方当事人协商确定。

本章小结

签订物业服务合同，既是物业服务工作的依据，也是物业服务交易双方权益的保障。《民法典》对物业服务合同的定义、内容和形式、合同的效力、前期物业服务合同、物业服务人的义务、业主的义务、物业服务合同的终止等作出明确规定，为物业服务交易和物业行业监管提供了法律依据。业主大会和业主委员会成立之前，建设单位和物业服务企业之间签订前期物业服务合同，在物业从建设到管理关键环节的顺利衔接中发挥着重要的作用。前期物业服务合同约定的服务期限届满前，业主委员会或者业主与新物业服务人订立的物业服务合同生效的，前期物业服务合同终止。因此，实践中存在两种物业服务合同，分别是建设单位依法与物业服务企业订立的前期物业服务合同和业主委员会及业主大会与依法选聘的物业服务企业订立的物业服务合同，两种合同的签订主体不同、合同内容不同、存在阶段不同、合同履行期限不同。

复习思考题

1. 物业服务合同的主要内容有哪些?
2. 前期物业服务合同的特征是什么?
3. 前期物业服务合同的时效是多久?
4. 前期物业服务合同的主要内容有哪些?
5. 前期物业服务合同和物业服务合同的区别是什么?

6 物业服务企业的侵权责任

> **学习目标**
>
> 学习和掌握侵权行为的归责原则和分类；理解《民法典》中关于侵权责任的规定，了解侵权行为的后果；依据法律化解物业服务企业侵权责任风险，保护企业的合法权益不受侵犯。

> **知识要点**
>
> 1. 侵权行为的归责原则的含义和类别。
> 2. 涉及物业服务企业的相关侵权责任。
> 3. 能够准确区分过错责任原则、无过错责任原则和公平责任原则。
> 4. 能够准确识别物业服务中常见的侵权责任风险。

6.1 侵权行为的归责原则

侵权行为的归责原则是指在行为人的行为致人损害时，根据何种标准和原则确定行为人的侵权责任。我国侵权行为的归责原则主要包括过错责任原则、无过错责任原则与公平责任原则。

6.1.1 过错责任原则

《民法典》侵权责任编第一千一百六十五条规定了过错责任原则。其中第一款"行为人因过错侵害他人民事权益造成损害的，应当承担侵权责任"规定的是一般过错责任原则，第二款"依照法律规定推定行为人有过错，其不能证明自己没有过错的，应当承担侵权责任"即过错推定责任。

过错责任原则要求行为人承担侵权责任的构成要求之一是对损害后果的发生具有过错，否则不承担侵权责任。例如《民法典》第一千一百九十一条规定，"用人单位的工作人员因执行工作任务造成他人损害的，由用人单位承担侵权责任。用人单位承担侵权责任后，可以向有故意或者重大过失的工作人员追偿。劳务派遣期间，被派遣的工作人员因执行工作任务造成他人损害的，由接受劳务派遣的用工单位承担侵权责任；劳务派遣单位有过错的，承担相应的责任。"

过错推定责任是指一旦行为人的行为致人损害就推定其主观上有过错，除非其能证明自己没有过错，否则应承担民事责任。例如《民法典》第一千二百五十三条规定，"建筑物、构筑物或者其他设施及其搁置物、悬挂物发生脱落、坠落造成他人损害，所有人、管理人或者使用人不能证明自己没有过错的，应当承担侵权责任。所有人、管理人或者使用人赔偿后，有其他责任人的，有权向其他责任人追偿。"

6.1.2 无过错责任原则

《民法典》侵权责任编第一千一百六十六条规定了无过错责任原则，即行为人造成他人民事权益损害，不论行为人有无过错，法律规定应当承担侵权责任的，依照其规定。

无过错责任原则是指当事人实施了加害行为，虽然其主观上无过错，但根据法律规定仍应承担责任的归责原则。例如《民法典》第一千二百五十四条规定，"禁止从建筑物中抛掷物品。从建筑物中抛掷物品或者从建筑物上坠落的物品造成他人损害的，由侵权人依法承担侵权责任；经调查难以确定具体侵权人的，除能够证明自己不是侵权人的外，由可能加害的建筑物使用人给予补偿。可能加害的建筑物使用人补偿后，有权向侵权人追偿。物业服务企业等建筑物管理人应当采取必要的安全保障措施防止前款规定情形的发生；未采取必要的安全保障措施的，应当依法承担未履行安全保障义务的侵权责任。"

6.1.3 公平责任原则

《民法典》侵权责任编第一千一百八十六条规定了公平责任原则即"受害人和行为人对损害的发生都没有过错的，依照法律的规定由双方分担损失"。

公平责任原则是指损害双方的当事人对损害结果的发生都没有过错，但如果受害人的损失得不到补偿又显失公平的情况下，由人民法院根据具体情况和公平的观念，要求当事人分担损害后果。例如《民法典》第一千二百五十四条第一款的规定。

【案例 6-1】

王女士家住某小区二楼，因其子在国外留学，丈夫在其他城市工作，所以每年王女士都有几个月离家居住在其丈夫工作的城市。离家数月的王女士回家后发现，屋内污水横流，家具、地板、家电、楼梯、装修、物品等都被粪水浸泡后严重发霉。王女士慌忙联系物业公司，待物业公司切开王女士家卫生间排水主管道的缓冲弯后，发现里面有难以冲走的非正常污物造成堵塞。走时还是温馨的小屋，眼下却是这般满目狼藉，王女士气之不过，遂将楼上业主、物业公司和开发商都告上了法庭。

法院认为：王女士及其楼上的业主共同使用该排水管道，王女士楼上的业主没有证据证明自己不是侵权人，应当酌情给予王女士补偿，而王女士对其住房未能尽到适当管理责任及注意义务致损失扩大，所以王女士承担30%的财产损失，其他四户业主共承担70%的财产损失。小区物业公司与开发商经查明对于损害结果的发生均没有过错，且在王女士反映后积极配合王女士进行事故排查、善后工作，故不承担损害赔偿责任。

对于共同使用排水管道的业主，负有共同管理、共同维护、共同注意的义务，排水管道中的非正常污物是造成管道堵塞、污水倒灌的主要原因，并且导致楼下业主的财产损失，现有证据难以确定具体侵权人，除非能够证明自己不是侵权人，否则由可能加害的使用人给予补偿。楼上业主住房位置和居住情况各不相同，可能造成下水道堵塞的可能性大小不同，因此责任大小不一样，依法应当各自承担相应的责任。

对于物业公司，如果发生堵塞后物业公司怠于履行自己的职责，没有及时对损害发生的原因进行排查，造成损失进一步扩大，则物业公司需要履行自己的责任，反之，其在业主反映后及时检查、维修且没有证据证明物业管理公司在本次损害中存在管理失当的重大过失行为，则不需要承担责任。

6.2　物业服务企业的侵权行为

6.2.1　物业服务企业作为自甘风险活动组织者的责任

《民法典》侵权责任编第一千一百七十六条规定了自甘风险和自甘风险活动组织者的法律后果，即自愿参加具有一定风险的文体活动，因其他参加者的行为受到损害的，受害人不得请求其他参加者承担侵权责任；但是，其他参加者对损害的发生有故意或者重大过失的除外。也就是说，一般情形下参与自甘风险活动的受害人不需要承担侵权责任，但是作为自甘风险活动的组织者却需要承担相应的安全保障义务。

物业服务企业组织物业管理区域内的业主参与文体活动，在体育活动中业主或者物业使用人受到损害的，物业服务企业未尽到安全保障义务的（存在过错，由受害人举证证明），要承担侵权责任。

相对于《中华人民共和国侵权责任法》（以下简称《侵权责任法》），该条款的变化有三：一是对于经营场所，公共场所显名列举中新增了机场、体育场馆，扩大了保障义务人的范围；二是将《侵权责任法》中第三十七条单纯的"组织者"表述扩大为"经营者、管理者或群众性活动的组织者"，增大了责任承担的主体范围；三是新增了承担补充责任后向第三人追偿的规定，并对该领域的责任承担进行了完善，避免出现因第三人造成侵权行为，活动的经营者、管理者或组织者承担责任后无法获得其应得补偿，而真正的侵权行为人却逃避了赔偿的尴尬局面，此规定的完善，将更有利于维护社会公平正义，让侵权行为人为其行为承担应有的责任。

按照相关规定，物业服务企业（尤其是服务于商场、医院等公共场所的企业）除了提供服务外，还要注重安全保障义务，典型的就是地面湿滑导致业主摔伤案例。在组织业主开展文娱活动过程中，物业服务企业也有义务做好安全保障工作，如活动场地地面保证干净无积水，防止因湿滑而造成活动参加者摔倒受伤。此外，还应尽量避免组织高危险的活动，也应少去野外等易发生危险事故的场所，如活动场所有水域时，需做好场地的安全警示或对活动参加者危险行为的劝阻告知义务等。当然，如果是因第三人对活动参加者造成侵权损失，则应当由第三人向被侵权人赔偿，物业服务企业在承担补充责任后也可向第三人追偿。

【案例 6-2】

2021 年 7 月 29 日上午，原告余某在进入综合市场时，因最后一个台阶与地面高度落差过大，不慎从台阶跌倒受伤，被送至医院。后因与该综合市场的物业公司就赔偿问题无法达成一致意见，余某遂诉至法院。

法院审理认为，物业公司对综合市场周边区域仍然具有管理责任。物业公司明知案涉台阶与其他台阶高度差距大、存在安全隐患，却未在阶梯及周边醒目位置进行安全提示，物业公司作为经营场所、公共场所的管理者，未尽到安全保障义务。同时，余某经过案涉阶梯时未注意足下，未尽到安全注意义务，其自身也应当承担部分责任。综合全案，最终判决物业公司与余某各承担 50% 的责任。

6.2.2 物业服务企业作为用人单位、用工单位的责任

《民法典》侵权责任编第一千一百九十一条规定，"用人单位的工作人员因执行工作任务造成他人损害的，由用人单位承担侵权责任。用人单位承担侵权责任后，可以向有故意或者重大过失的工作人员追偿。劳务派遣期间，被派遣的工作人员因执行工作任务造成他人损害的，由接受劳务派遣的用工单位承担侵权责任；劳务派遣单位有过错的，承担相应的责任。"

物业服务企业的保安人员在工作期间与违规进出小区的人员发生冲突，导致对方人身或者财产损失的，应当由物业服务企业承担侵权责任。如果保安人员在冲突中有故意或者重大过失，物业服务企业可以向该保安人员追偿。接受劳务派遣的物业服务企业对于被派遣的工作人员造成的上述损害，原则上由物业服务企业承担责任，除劳务派遣单位有过错的，承担相应的责任。

6.2.3 物业服务企业作为安全保障义务人的责任

物业案例分析之
治安事件

《民法典》侵权责任编第一千一百九十八条规定，"宾馆、商场、银行、车站、机场、体育场馆、娱乐场所等经营场所、公共场所的经营者、管理者或者群众性活动的组织者，未尽到安全保障义务，造成他人损害的，应当承担侵权责任。因第三人的行为造成他人损害的，由第三人承担侵权责任；经营者、管理者或者组织者未尽到安全保障义务的，承担相应的补充责任。经营者、管理者或者组织者承担补充责任后，可以向第三人追偿。"

实践中，法院判决物业服务企业承担侵权责任的案件，大量是基于物业服

务企业未尽到安全保障义务人的责任。物业服务企业的安全保障义务来源于《中华人民共和国消费者权益保护法》第七条的规定和《物业管理条例》第三十五条、第四十五条第一款和第四十六条的规定以及与业主签订的物业服务合同的约定，且主要来自于物业服务合同的约定。

物业服务企业作为安全保障义务人，承担的安全保障义务人责任分为两种情况：一是物业服务企业未尽到防止他人遭受侵害的安全保障义务，由于损害后果没有第三人的介入，则需要自己承担全部侵权责任，例如楼内大堂湿滑，导致业主摔伤；二是在第三人侵权介入导致业主遭受人身、财产损害的情况下，只是依据其过错程度，在其能够防止或者制止损害的范围内承担补充责任，且享有向第三人追偿的权利，例如业主家中发生入室盗窃。需要注意的是，《民法典》第一千一百九十八条规定的安全保障义务适用过错责任原则，需要由受害人承担举证责任，而且物业服务企业的安全保障义务是一种行为义务而非结果义务，如果物业服务企业已经履行了法定和约定义务，即使业主有人身和财产损害，物业服务企业也不应承担赔偿责任。

6.2.4　物业服务企业向业主销售产品的责任

《民法典》侵权责任编第一千二百零三条规定，"因产品存在缺陷造成他人损害的，被侵权人可以向产品的生产者请求赔偿，也可以向产品的销售者请求赔偿。产品缺陷由生产者造成的，销售者赔偿后，有权向生产者追偿。因销售者的过错使产品存在缺陷的，生产者赔偿后，有权向销售者追偿。"

物业服务企业在开展多种经营活动中，对向业主销售的水果、海鲜等产品，需要严格把关，对于产品质量引发的业主受到人身伤害的，作为销售者，物业服务企业应当承担侵权责任。

6.2.5　小区内机动车交通事故责任

《民法典》侵权责任编第一千二百零八条规定，"机动车发生交通事故造成损害的，依照道路交通安全法律和本法的有关规定承担赔偿责任"。小区内的道路是否属于《中华人民共和国道路交通安全法》（以下简称《道路交通安全法》）中所认定的道路，判断标准即是否封闭、是否允许社会车辆通行、是否有交警部门认可的交通标识和地面交通指示线等。对于采取刷卡方式进出的业主机动车辆和发放临时卡给访客车辆的小区，应当按照《道路交通安全法》第七十七条和《机动车交通事故责任强制保险条例》第四十四条的规定，公安机关交通部门接到报案的，参照《道路交通安全法》有关规定办理。

物业服务企业在住宅小区内发生车辆通行事故时，应当按照《物业管理条例》第三十五条、第四十五和第四十六条的规定和物业服务合同的约定，制止违法行为、并及时向有关部门报告、采取应急措施和协助有关部门做好救助工作，正确履行安全保障义务，做到既不越位，也不缺位。

6.2.6 物业服务企业员工从事高空作业致害责任

《民法典》侵权责任编第一千二百四十条规定，"从事高空、高压、地下挖掘活动或者使用高速轨道运输工具造成他人损害的，经营者应当承担侵权责任；但是，能够证明损害是因受害人故意或者不可抗力造成的，不承担责任。被侵权人对损害的发生有重大过失的，可以减轻经营者的责任。"

《民法典》侵权责任编第一千二百四十三条规定，"未经许可进入高度危险活动区域或者高度危险物存放区域受到损害，管理人能够证明已经采取足够安全措施并尽到充分警示义务的，可以减轻或者不承担责任。"

需特别注意的是，以上条款表述中的"足够安全措施""充分警示义务"及"可以减轻"等字眼。何谓"足够安全"，以及如何判断"警示"的充分性，对此业务实践中很难进行充分的举证论述，不同的法官会有不同的解读。这就造成在外墙清洗作业中如出现除物业管理人员和清洗人员之外的第三人损害，物业服务企业极大可能需要承担相应的侵权责任。故应要求物业服务企业做好高度危险作业区域周围的安全措施，如拉警戒线、设置警示牌，或者安排专人进行外围巡视劝告等，防止第三人进入作业区域受伤。另外，如进行高空作业的是物业服务企业员工，则员工因作业受伤可依据劳动合同和工伤保险等相关规定执行。

6.2.7 业主或者物业使用人饲养动物的损害责任

《民法典》侵权责任编第一千二百四十五条规定，"饲养的动物造成他人损害的，动物饲养人或者管理人应当承担侵权责任；但是，能够证明损害是因被侵权人故意或者重大过失造成的，可以不承担或者减轻责任。"

一般情况下，业主或者物业使用人饲养动物致人损害的，由动物饲养人或者管理人承担侵权责任。司法实践中，对于受害人以物业服务企业未尽到安全保障义务为由将物业服务企业列为共同被告的，除非物业服务企业有明显过错的，法院一般不予支持。但这并不意味着出现危险动物伤人事件时，物业服务企业不承担任何责任。在现行的各地方法规中，尤其是关于禁止饲养动物的相关政策规定或文件中，均有类似于"对违反规定饲养动物者，物业服务企业有权进行管理和制止""对小区内饲养的具有攻击性的烈性犬等危险动物，物业服务企业应对饲养者进行劝阻，若不听劝阻，物业服务企业有权向公安机关举报"等内容。因此，对于物业管理区域内出现禁止饲养的危险动物时，物业服务企业应及时履行劝阻、制止的义务，出现动物伤人的，应立即联系动物饲养人或管理人，遇到危险动物时还应立即向公安机关举报。

【案例6-3】

2021年5月的某天下午，叶婆婆带着5岁的孙子小军在小区里的滑梯上玩耍，正玩得高兴时，突然从花坛里窜出了一只流浪猫将小军的胳膊抓伤。叶婆婆见状便立即将小军送往了医院，在医院进行了疫苗注射等一系列的治疗，共计花费千余元。小军的父母了解事情的经过后，要求物业公司给出一个合理的解决方案并赔偿医药费。而物业公司声称安排了工作人员对流浪动物进行驱赶，发生流浪猫伤人的事件，家长也有一定的责任，不愿赔偿。双方多次沟通无果，最终小军的父亲段某作为小军的监护人，以小军为原告向法院提起诉讼，要求物业公司赔偿损失。

法院审理认为：在发生小军受伤的事故前，物业公司已经多次收到业主投诉小区内流浪猫比较多的问题，但物业公司并没有及时采取措施。在本案事故发生后，物业公司才张贴警示通知，也并无证据证实其已增派人手驱赶流浪猫，物业公司未尽管理责任及安全保障义务，应对小军因流浪猫攻击而受损承担赔偿责任。但综合考虑物业服务标准、事故的急难险重程度以及物业公司的专业管理能力等因素，酌定物业公司承担部分责任。

物业公司基于其与业主之间的物业管理合同取得了对小区的管理权，故参照安全保障义务的立法精神，其作为管理人应负有一定程度的安全保障义务，应当对管理区域内的流浪动物进行驱赶，同时应对小区内人员适当警示，减少安全隐患。

6.2.8 建筑物、构筑物或者其他设施及其搁置物、悬挂物脱落、坠落致害责任

《民法典》侵权责任编第一千二百五十三条规定，"建筑物、构筑物或者其他设施及其搁置物、悬挂物发生脱落、坠落造成他人损害，所有人、管理人或者使用人不能证明自己没有过错的，应当承担侵权责任。所有人、管理人或者使用人赔偿后，有其他责任人的，有权向其他责任人追偿。"

根据《建筑工程质量管理条例》第四十、第四十一条和《房屋建筑工程质量保修办法》第十四条、第十五条、第十七条的规定，建筑物墙砖作为外部装修工程的组成部分，在正常使用条件下，适用2年的最低保修期限，保修期自竣工验收合格之日起计算。建设工程在保修范围和保修期限内发生质量问题的，施工单位应当履行保修义务，并对造成的损失承担赔偿责任。在保修期内，因房屋建筑工程质量缺陷造成房屋所有人、使用人或者第三方人身、财产损害的，房屋所有人、使用人或者第三方可以向建设单位提出赔偿要求。建设单位向造成房屋建筑工程质量缺陷的责任方追偿。保修期满后，根据《住宅专项维修资金管理办法》第二条、第三条和《物业服务收费管理办法》第十一条的规定，建筑物的外墙属于共有部分，其大修、中修和更新、改造费用，应当通过专项维修资金予以列支，不得计入物业服务支出或者物业服务成本。保修期满后，物业服务企业在日常维护中，如果对外聘请了专业公司负责建筑物外墙维护的，双方在合同中有相关约定的，物业服务企业承担侵权责任后，还可

以向专业公司主张违约责任。

【案例 6-4】

2022 年 4 月 18 日傍晚，烟台市芝罘区某小区住户李某 5 岁的儿子在小区门口玩耍时，被小区大门砸伤。后经医院诊断，李某之子左锁骨骨折，住院治疗 13 天。后经司法鉴定，其左锁骨骨折构成九级伤残。李某与物业公司因赔偿问题未达成协议，遂将物业公司告上法庭，要求物业公司赔偿其子医疗费、残疾赔偿金等共计 5.5 万余元。物业公司辩称，铁门是因为小孩玩耍时故意推拉导致被破坏，其所受伤害是由于其个人行为造成的，与物业公司无关。

烟台市芝罘区人民法院审理认为：小区物业管理部门对小区的物业设施有维护、保养、管理的责任，发现安全隐患应及时予以修缮、整治，即使不能及时修复，亦应设置警示标志，而被告未作任何处理，李某的儿子不应承担民事责任。最终，法院判决物业公司赔偿原告医疗费、残疾赔偿金等共计 5.5 万余元。被告物业公司对一审判决不服，上诉至烟台市中级人民法院。日前，经烟台市中级人民法院主持调解，双方当事人达成协议，物业公司支付李某之子人身损害赔偿金 3.5 万元。

6.2.9 不明抛掷物、坠落物致害责任

《民法典》侵权责任编第一千二百五十四条规定，从建筑物中抛掷物品或者从建筑物上坠落的物品造成他人损害的，由侵权人依法承担侵权责任；经调查难以确定具体侵权人的，除能够证明自己不是侵权人的外，由可能加害的建筑物使用人给予补偿。可能加害的建筑物使用人补偿后，有权向侵权人追偿。

物业服务企业等建筑物管理人应当采取必要的安全保障措施防止上述规定情形的发生；未采取必要的安全保障措施的，应当依法承担未履行安全保障义务的侵权责任。不明抛掷物、坠落物致害的，公安等机关应当依法及时调查，查清责任人。

因此，发生高空抛物、高空坠物需要确定侵权责任的，需要把握以下原则：

一是能够找到侵权人的，按照《最高人民法院关于依法妥善审理高空抛物、坠物案件的意见》的规定，侵权责任人故意从高空抛弃物品，尚未造成严重后果，但足以危害公共安全的，依照以危险方法危害公共安全罪定罪处罚。为伤害、杀害特定人员实施上述行为的，依照故意伤害罪、故意杀人罪定罪处罚。此外，侵权责任人还要承担民事侵权责任或者刑事附带民事责任。

二是经公安部门调查取证，通过向物业服务企业、周边群众、技术专家等询问查证难以确定具体侵权人的，除能够证明自己不是侵权人的外，由可能加害的建筑物使用人给予补偿，即适用《民法典》侵权责任编第一千一百八十六条公平责任原则的有关规定。

三是无论是否找到侵权人，物业服务企业未尽到安全保障义务的，基于第

三人侵权导致受害人人身、财产损害的情况下，依据物业服务企业过错程度，在其能够防止或者制止损害的范围内承担补充责任，且享有向侵权人追偿的权利。

【案例 6-5】

原告苗某某向济宁高新技术产业开发区人民法院起诉称：原告在 A 社区 27 号楼 2 单元楼下，被天台掉落的砖块砸伤，后送到医院住院治疗 24 天。二被告甲物业公司、乙物业公司作为该小区的管理者，对小区公共部分负有管理的义务，事发时涉案天台周边堆放大量砖块，被告有义务排除危险源，但疏于管理造成原告被砸伤的后果，请求依法判令二被告赔偿原告医疗费、伤残赔偿金、后续再治疗费、营养费、伙食补助费、护理费、交通费等损失暂计 224554.460 元；本案诉讼费由二被告承担。

济宁高新技术产业开发区人民法院一审判决：两被告物业公司按照合同约定对小区负有安全保障义务，其未及时清理楼顶杂物，亦未设置风险提示，对造成原告被楼顶抛出的砖头砸伤负有一定责任，但与侵权人的责任相比，两物业公司的责任明显较轻，适当承担 20% 的赔偿责任。判决被告甲物业公司和乙物业公司各赔偿原告苗某某 10% 的损失。宣判后，三方当事人均未上诉，一审判决已生效。

本案中，根据公安机关调查及本院到事发楼顶勘验的情况，可以认定原告系由楼顶抛下的砖块砸伤。结合公安机关初始调查时群众反映有未成年人在楼顶玩，在原告受伤后跑掉，从楼顶落下的砖块应是当时在楼顶的未成年人抛出，该"未成年人"为侵权人。后来周围群众对未成年人是谁均表示不清楚，与该小区是拆迁安置楼，居民均系熟人有关。原告不起诉有可能抛物的"侵权人"，而要求先追究物业公司的责任，也有"熟人"的顾虑。法院尊重当事人诉权处分，将物业公司的责任独立审理。甲物业公司根据《物业管理服务项目委托合同》约定，对小区负有管理义务，其将楼顶通道打开，未对楼顶上下人员及楼上物品进行管理，未采取设置警示标志等措施，未尽到应有的安全保障义务，对造成原告受伤负有一定责任。乙物业公司根据物业服务合同约定有对小区天台、上人屋面的保洁义务，而其未及时清扫楼顶砖块，亦负有一定责任。但与侵权人的责任相比，两物业公司的责任明显较轻，判决两被告对原告的损失各承担 10% 的赔偿责任。

物业服务企业等建筑物管理人应当采取必要的安全保障措施，以防止上述情形的发生；未采取必要的安全保障措施的，应当依法承担未履行安全保障义务的侵权责任。

本章小结

侵权行为的归责原则是指在行为人的行为致人损害时，根据何种标准和原则确定行为人的侵权责任。我国侵权行为的归责原则主要包括过错责任原则、无过错责任原则与公平责任原则。过错责任原则分为一般过错责任和过错推定责任。过错责任原则要求行为人承担侵权责任的构成要求之一是对损害后果的发生具有过错，否则不承担侵权责任。过错推定责任是指一旦行为人的行为致人损害就推定其主观上有过错，除非其能证明自己没有过错，否则应承担民事责任。无过错责任原则是指当事人实施了加害行为，虽然其主观上无过错，但根据法律规定仍应承担责任的归责原则。公平责任原则是指损害双方的当事人对损害结果的发生都没有过错，但如果受害人的损失得不到补偿又显失公平的情况下，由人民法院根据具体情况和公平的观念，要求当事人分担损害后果。

结合物业服务企业的性质和服务内容，比较常见的侵权行为包括：物业服务企业作为用人单位、用工单位，应承担工作人员执行公务时造成他人损害的责任；物业服务企业作为安全保障义务人，应尽到保障物业服务区域安全的责任；发生建筑物、构筑物或者其他设施及其搁置物、悬挂物脱落、坠落致害时，以及不明抛掷物、坠落物致害时，物业服务企业作为管理人应当承担相应的侵权责任。

《民法典》与物业管理篇自测题

复习思考题

1. 如何理解侵权行为的归责原则？
2. 如何区分过错责任原则和无过错责任原则？
3. 公平责任原则一般适用于什么情况？
4. 如果物业服务企业接受的劳务派遣工作人员执行公务时造成他人损害，物业服务企业是否需要承担侵权责任？
5. 如果建筑物、构筑物或者其他设施坠落造成他人损害，物业服务企业是否需要承担侵权责任？
6. 如果小区出现了流浪狗或流浪猫，物业服务企业应当如何应对来降低侵权风险？

第3篇

物业管理基本制度

《物业管理条例》确立了物业管理的五项基本制度，分别是业主大会制度、管理规约制度、物业管理招标投标制度、物业承接查验制度和住宅专项维修资金制度。本篇对这五项制度进行了深入、详细的介绍和解析。除此之外，还介绍了物业项目财务管理的相关制度，以及物业使用与维护的相关制度。

7 业主大会制度

> **学习目标**
>
> 了解业主大会制度；熟悉业主的相关权利和义务；熟悉业主大会筹备与成立的程序，重点掌握业主大会议事规则的主要内容及业主大会决定事项的表决。了解业主委员会的工作和职责，熟悉业主委员会委员的任职条件和资格终止；理解房地产行政主管部门和街道办事处、乡镇人民政府对业主大会和业主委员会的指导与监督。理解业主大会、业主委员会与居委会的关系。

> **知识要点**
>
> 1. 业主大会制度的作用。
> 2. 业主的权利与义务。
> 3. 业主大会的组成、筹备与成立。
> 4. 业主大会的职责、业主大会会议。
> 5. 业主委员会的职责。
> 6. 业主委员会委员的资格。
> 7. 相关部门对业主大会和业主委员会的指导与监督。
> 8. 业主大会、业主委员会与居委会之间的关系。

7.1 业主大会制度的作用和特征

业主大会制度是《物业管理条例》中的一项基本制度。《物业管理条例》实施之前，物业管理实践中大多采用业主委员会制度，由业主选举产生的业主委员会代表全体业主行使有关物业管理的权力。由于业主委员会缺乏有效的监督机制，在实践中，业主委员会难以真正代表全体业主的意愿，且存在滥用职权的现象，如随意解聘物业服务企业，或者业主委员会成员与物业服务企业串通侵害多数业主的利益。为了解决物业管理活动中业主委员会的不规范行为，维护广大业主的合法权益，《物业管理条例》确立了业主大会和业主委员会并存，业主大会决策、业主委员会执行的制度，规定物业管理区域内的全体业主组成业主大会，业主大会代表和维护物业管理区域内全体业主的合法权益。业主委员会作为业主大会的执行机构，可以在业主大会授权范围内进行工作。

2009 年，住房和城乡建设部为了规范业主大会和业主委员会的活动，维护业主的合法权益，制定了《业主大会和业主委员会指导规则》，关于业主大会与业主委员会的成立及运作有了更具体的规定。

《民法典》对小区业主共同决定事项和表决规则进行了重大修订，以解决小区共治难题。

7.1.1 业主大会制度的作用

1. 业主大会制度能切实维护业主权益

在建筑物区分所有的情况下，建筑物的共同管理权由全体业主共同行使。业主通过业主大会和业主委员会行使共同管理权。业主大会应当及时成立并定期召开；业主委员会应依法有效运作并履行职责；业主享有对共同管理事项的知情权和对业主委员会的监督权。业主通过业主大会和业主委员会能充分行使自己应有的权益。业主大会制度是在总结实践经验的基础上，最大限度地为业主组织的成立和运作提供指导和协助。

2. 业主大会制度能促进物业管理市场的健康发展

长期以来，我国的物业管理中存在缺乏业主主动参与的天然缺陷。仅有政府的导向和企业的热情、没有业主的自发需求的物业管理市场是发展不健全的单方市场，容易诱发不利于行业可持续发展的短期行为。业主大会制度正是通过对业主大会和业主委员会的引导和协助，逐步培育物业管理市场的成熟买方，解决物业管理市场基本主体缺位和错位的问题，建立"政府主导、企业推动、业主自觉"的均衡发展模式，这是保证我国物业管理市场持续健康发展的长久之策。

3. 业主大会制度是提高行政监管效能的需要

业主大会和业主委员会作为业主财产管理组织，虽然本质上属于私权自治领域，但是离不开公权机关的适度引导和监管。政府主管部门对业主大会和业主委员会进行协助、指导和监督。业主大会制度在明确政府主管部门履行法律赋予的对业主大会和业主委员会的监管职责的同时，着力于解决如何做到适度干预和推动引导相结合、如何平衡业主自我管理和行政监督管理的关系、如何兼顾行政管理的公平和效率等一系列难题，有助于提高行政效率，减少行政风险，实现依法行政和高效行政的和谐统一。

7.1.2 业主大会制度的特征

我国的业主大会制度发展历史短且社会基础薄弱，目前仍在发展完善中。与资本主义国家相比，我国业主大会制度建设具有独特的中国特色。

1. 业主自治与行政监管的平衡

业主大会和业主委员会是业主为实现自我管理共同财产的目标而设立的组织，无论是《民法典》还是《物业管理条例》都明确业主大会和业主委员会作为共有财产管理主体的法律地位。业主大会和业主委员会问题，本质上是财产问题。尊重业主的财产权是业主大会制度的基本指导思想。但目前业主自我管理财产的能力及参与自治的能力还比较薄弱，客观上需要政府的适度介入，这样不仅有利于保护业主的公共利益，而且有利于社会公共秩序的规范和维护，因此，现阶段对业主团体进行行政监管是十分必要的。在尊重业主共同财产权的前提下有效地发挥政府主管部门监督管理权的作用，是建立我国业主大会制度的基本原则。

2．指导与监督的并重

指导和监督并重的调控手段，是平衡业主自治和行政监管立法理念的自然派生。2003年出台的《物业管理条例》和《业主大会规程》在具体行政措施上偏重于监督管理，《民法典》在明确业主私有财产权的同时突出了业主团体的独立地位。《民法典》第二百七十七条规定，地方人民政府有关部门、居委会应当对设立业主大会和选举业主委员会给予指导和协助。这一规定反映了政府转变职能和立足服务的价值取向。在此基础上制定的《业主大会和业主委员会指导规则》在尊重业主自我管理财产权利的前提下，进一步强化政府有关部门在业主大会和业主委员会活动中的指引和导向功能，实现了监督与指导的并重。

3．物业管理与社区管理的结合

近几年，各地在推行业主大会制度过程中，发现面对业主大会成立和业主委员会运作中的诸多问题，不能单纯依靠房地产行政主管部门的力量，必须充分发挥街道办事处和乡镇人民政府的作用，并逐步探索出一套物业管理与社区管理相结合的指导监督模式。实践证明，区、县房地产行政主管部门和街道办事处、乡镇人民政府共同参与业主大会和业主委员会的指导监督工作，有利于形成合力和资源共享，实现优势互补和良性互动，是现阶段我国推行业主大会行之有效的措施。

4．借鉴与创新的兼顾

通过多年指导和监督业主大会和业主委员会的实践，各地探索出许多有效做法，总结出许多经验和教训。现行业主大会制度是借鉴和吸收各地成功做法和司法审判经验的产物。同时，在业主大会制度建设中，也不失时机地在现有法律的框架下尝试制度创新和方法改进，例如，对违约业主共同管理权的限制，对未参与表决业主的投票权数的认定，业主共同管理权的委托以及居民委员会代行职责的相关规定，都提高了业主大会制度的科学性和可操作性。

7.2 业主的权利与义务

7.2.1 业主的权利

在物业管理活动中，业主基于房屋的所有权享有对物业和相关共同事务进行管理的权利。这些权利有些可以直接由单个业主享有和行使，有些只能通过业主大会来实现。

《物业管理条例》规定业主在物业管理活动中享有的权利包括：

1．按照物业服务合同的约定，接受物业服务企业提供的服务

物业服务合同是业主大会与物业服务企业之间约定有关物业管理权利和义务的协议。物业服务合同签订后，物业服务企业负有向业主提供合同所约定服务的义务，业主在支付了合同所约定的物业服务费用后，享有接受物业服务企业提供服务的权利。

2．提议召开业主大会会议，并就物业管理的有关事项提出建议

业主大会会议是业主大会开展工作的基本形式。业主大会由物业管理区域内的全体业主组成。作为业主大会的成员，业主享有提议召开业主大会会议的权利。《物业管理条例》第十三条规定，业主大会定期会议应当按照业主大会议事规则的规定召开。经20%以上的业主提议，业主委员会应当组织召开业主大会临时会议。

3．提出制定和修改管理规约、业主大会议事规则的建议

管理规约、业主大会议事规则是规范业主之间权利与义务关系和业主大会内部运作机制的基础性契约。管理规约和业主大会议事规则生效后，对物业管理区域内全体业主都有约束力，相关规定事关全体业主的共同利益，因此每一位业主都有参与制定和修改管理规约和业主大会议事规则的权利。当业主认为有必要制定管理规约、业主大会议事规则，或者认为现有管理规约、业主大会议事规则有不完善的地方，可以提出自己有关制定和修改管理规约、业主大会议事规则的建议。

4．参加业主大会会议，行使投票权

业主对物业管理区域内重大事项的决定权是通过参加业主大会会议，在会议上行使表决权的方式来行使的。只要具有业主身份，就具有参加业主大会会议的权利。在业主大会会议上，业主有权按照管理规约或者业主大会议事规则约定的投票权数，对列入会议议程的各项物业管理事项进行投票，作出体现全体业主共同意志的决定。

5．选举业主委员会委员，并享有被选举权

业主委员会是业主大会的执行机构，具体执行业主大会决定的事项，并就物业管理区域内的一般性事务作出决定。它由一定数量的业主代表，即业主委员会委员组成。业主委员会委员从业主中选举产生，作为业主的代言人履行具体职责，为全体业主服务。每一位业主都有选举符合自己意愿的业主委员会委员的权利，同时业主作为业主大会的成员，也都享有被选举为业主委员会委员的权利。

6．监督业主委员会的工作

业主委员会是业主大会的执行机构，它的工作直接关系到每一位业主的切身利益。由于业主委员会委员也具有个人利益，可能会怠于行使业主大会赋予它的职责,有些素质不高的业主委员会委员甚至可能会做出损害其他业主利益的行为。为了防止业主委员会委员侵害业主权益情况的发生,督促业主委员会委员更好地履行职责,保护业主的合法权益,应当保证业主对业主委员会委员享有监督权。例如:业主有权对业主委员会的工作提出批评和建议;有权知晓业主委员会的运作情况;有权了解业主委员会所作出的各项决定的理由;有权查询业主委员会保存的各项档案文件;有权制止并要求业主委员会纠正其不符合法律或者管理规约的行为等。业主对业主委员会的工作行使监督权,有利于业主委员会的规范和高效运作。

7. 监督物业服务企业履行物业服务合同

物业服务企业是基于和业主之间的物业服务合同,为业主提供服务的经营主体。业主有权对物业服务企业履行物业服务合同的情况进行监督。例如:业主有权对物业服务企业履行合同的情况提出批评与建议;有权查询物业服务企业在履行合同中形成的有关物业管理事项的各项档案材料;有权监督物业服务企业的收费情况;有权要求物业服务企业对违反合同的行为进行改正等。业主对物业服务企业的监督权,有利于物业服务企业更好地履行物业服务合同。

8. 对物业共用部位、共用设施设备和相关场地使用情况享有知情权和监督权

物业共用部位、共用设施设备和相关场地,与业主所拥有的物业不可分割,业主对拥有物业进行占有、使用、收益和处分,不可避免地涉及对物业共用部位、共用设施设备和相关场地的使用。业主和物业服务企业可以在不损害业主共同利益的情况下,依法对物业共用部位、共用设施设备和相关场地进行使用。每一个业主对物业共用部位、共用设施设备和相关场地使用的情况享有知情与监督的权利,其是实现业主共有物权和共同管理权的基本保障。

9. 监督住宅专项维修资金的管理和使用

住宅专项维修资金是在物业产权多元化的情况下,为了保证房屋的维修和正常使用,依照国家规定建立的专项用于住宅共用部位、共用设施设备保修期满后的维修和更新、改造的资金。专项维修资金属于业主所有,其管理和使用关系到相邻物业、整幢楼,甚至整个物业管理区域物业的正常维护和使用,关系到全体业主的共同利益。因此,专项维修资金的缴纳、使用、代管和监管各个环节,都应当受到业主严格的监督,以防止专项维修资金被挪用,保证物业的大修、更新和改造得以正常开展。

10. 法律、法规规定的其他权利

除以上权利外,业主还享有法律、法规规定的其他方面的权利。例如:在物业受到侵害时,有请求停止侵害、排除妨碍、消除危险、赔偿损失的权利;有对物业维护、使用等方面的规章制度和计划、提案进行审议的权利;有为维护业主合法权益进行投诉和诉讼的权利等。

7.2.2 业主的义务

权利和义务是相对应的，业主在物业管理活动中享有一定权利的同时，还应当履行一定的义务。《物业管理条例》规定业主在物业管理活动中应当履行的义务主要有：

1. 遵守管理规约、业主大会议事规则

管理规约是业主依法订立的一种自我管理的公约，管理规约应当对有关物业的使用、维护、管理，业主的共同利益，业主应当履行的义务，违反公约应当承担的责任等事项依法作出约定。每一位业主都应当依照管理规约的约定行使权利、履行义务。业主大会议事规则是业主大会运行应当遵循的规则，它应当就业主大会的议事方式、表决程序、业主投票权确定办法、业主委员会的组成和委员任期等事项作出约定。业主通过制定和遵守管理规约和业主大会议事规则来进行自我管理和自我约束，有利于形成良好的物业管理秩序。管理规约、业主大会议事规则对全体业主具有约束力，每位业主都要自觉遵守管理规约和业主大会议事规则的规定。

2. 遵守物业管理区域内物业共用部位和共用设施设备的使用、公共秩序和环境卫生的维护等方面的规章制度

物业共用部位和共用设施设备的使用、公共秩序和环境卫生的维护等事项，事关物业管理区域内全体业主的共同利益。为了维护这种共同利益，业主大会可以制定或者授权物业服务企业制定一系列规章制度，要求全体业主共同遵守。每一位业主都有遵守这些规章制度的义务。

3. 执行业主大会的决定和业主大会授权业主委员会作出的决定

业主大会的决定是全体业主共同作出的，代表了全体业主的共同意志，符合业主的共同利益，理应得到全体业主的共同遵守。业主委员会是业主大会的执行机构，具体实施业主大会所作出的决定，同时经业主大会的授权，也可以自行对一些物业管理事项作出决定。业主委员会作出的决定，业主同样应该执行。

4. 按照国家有关规定缴纳专项维修资金

专项维修资金是物业得以正常维修养护的资金保障，业主应当履行缴纳专项维修资金的义务。实际生活中，有的物业管理区域内业主不缴纳或者不及时缴纳专项维修资金，影响了房屋大修、更新和改造的正常开展，加速了物业的老化和贬损，并危及广大业主的生命财产安全。

5. 按时缴纳物业服务费用

物业服务费用是物业服务企业按合同约定对房屋建筑及其设施设备、绿化、交通、治安和环境卫生等项目开展日常维修、养护和管理服务所收取的费用，是物业服务合同约定的重要内容之一，是确保物业管理正常运行的必要前提。物业管理服务行为是一种市场行为，应当遵循等价有偿的市场原则。业主在享受物业服务企业提供的服务的同时，必须按照合同约定按时缴纳物业服务费，不得无故拖延和拒缴，否则物业服务企业有权依法要求其承担违约责任。

6. 法律、法规规定的其他义务

除以上义务外，业主还应承担法律、法规规定的其他义务。例如：有配合物业服务企业开展物业管理服务工作的义务；有装饰装修房屋时向物业服务企业告知的义务；有按照物业本来的用途和目的使用物业的义务；有按照安全和正常方式使用物业的义务；有遵守物业管理区域内公共秩序和维护物业管理区域内环境整洁的义务等。

此外，《物业管理条例》第六十八条规定了业主的禁止性行为：业主以业主大会或者业主委员会的名义，从事违反法律、法规的活动，构成犯罪的，依法追究刑事责任；尚不构成犯罪的，依法给予治安管理处罚。

7.3 业主大会

7.3.1 业主大会的组成和性质

业主大会由物业管理区域内的全体业主组成，代表和维护物业管理区域内全体业主在物业管理活动中的合法权益，履行相应的义务。业主大会是业主参与物业管理活动的组织形式，有权依据法律法规的规定和管理规约的约定，决定物业管理区域内的所有物业管理事项。物业管理区域内的业主，都必须遵守业主大会制定的管理规约和业主大会议事规则，遵守业主大会制定的各项规章制度，并执行业主大会作出的决定。

业主大会和业主委员会对业主损害他人合法权益和业主共同利益的行为，有权依照法律、法规以及管理规约，要求停止侵害、消除危险、排除妨害、赔偿损失。业主大会或者业主委员会的决定对业主具有约束力。业主大会和业主委员会应当依法履行职责，不得作出与物业管理无关的决定，不得从事与物业管理无关的活动。

7.3.2 业主大会的筹备与成立

1. 成立业主大会的原则规定

业主大会根据物业管理区域的划分成立，一个物业管理区域只能成立一个业主大会。对于由众多业主组成的物业管理区域，只有成立业主大会才能民主解决物业管理的公共事项；对于业主数量较少的物业管理区域，业主共同商讨物业管理问题较为方便，业主大会成立与否并不影响业主关于物业管理的民主决策，可以不成立业主大会。因此，《物业管理条例》第十条规定，同一个物业管理区域内的业主，应当在物业所在地的区、县人民政府房地产行政主管部门或者街道办事处、乡镇人民政府的指导下成立业主大会，并选举产生业主委员会。但是，只有一个业主的，或者业主人数较少且经全体业主一致同意，决定不成立业主大会的，由业主共同履行业主大会、业主委员会职责。《物业管理条例》要求业主成立业主大会，是为了保障业主的共同管理权能够得以有效实现，只要不影响业主民主决策，是否成立业主大会，由物业管理区域的全体业主决定。

2．业主大会的筹备

（1）业主大会筹备组的成立

根据《业主大会和业主委员会指导规则》的规定，物业管理区域内已交付的专有部分面积超过建筑物总面积的50％时，建设单位应当按照物业所在地的区、县房地产行政主管部门或者街道办事处、乡镇人民政府的要求，及时报送下列筹备首次业主大会会议所需的文件资料：①物业管理区域证明；②房屋及建筑物面积清册；③业主名册；④建筑规划总平面图；⑤交付使用共用设施设备的证明；⑥物业服务用房配置证明；⑦其他有关的文件资料。

符合成立业主大会条件的，区、县房地产行政主管部门或者街道办事处、乡镇人民政府应当在收到业主提出筹备业主大会书面申请后60日内，负责组织、指导成立首次业主大会会议筹备组。

首次业主大会会议筹备组由业主代表、建设单位代表、街道办事处、乡镇人民政府代表和居民委员会代表组成。筹备组成员人数应为单数，其中业主代表人数不低于筹备组总人数的一半，筹备组组长由街道办事处、乡镇人民政府代表担任。

筹备组中业主代表的产生，由街道办事处、乡镇人民政府或者居民委员会组织业主推荐。筹备组应当将成员名单以书面形式在物业管理区域内公告。业主对筹备组成员有异议的，由街道办事处、乡镇人民政府协调解决。建设单位和物业服务企业应当配合协助筹备组开展工作。

（2）业主大会筹备组的工作职责

业主大会筹备组应当做好以下筹备工作：①确认并公示业主身份、业主人数以及所拥有的专有部分面积；②确定首次业主大会会议召开的时间、地点、形式和内容；③草拟管理规约、业主大会议事规则；④依法确定首次业主大会会议表决规则；⑤制定业主委员会委员候选人产生办法，确定业主委员会委员候选人名单；⑥制定业主委员会选举办法；⑦完成召开首次业主大会会议的其他准备工作。

上述内容应当在首次业主大会会议召开15日前以书面形式在物业管理区域内公告。业主对公告内容有异议的，筹备组应当记录并作出答复。业主委员会委员候选人由业主推荐或者自荐。筹备组应当核查参选人的资格，根据物业规模、物权份额、委员的代表性和广泛性等因素，确定业主委员会委员候选人名单。筹备组应当自组成之日起90日内完成筹备工作，组织召开首次业主大会会议。

(3) 管理规约和业主大会议事规则

管理规约应当对下列主要事项作出规定：①物业的使用、维护、管理；②专项维修资金的筹集、管理和使用；③物业共用部分的经营与收益分配；④业主共同利益的维护；⑤业主共同管理权的行使；⑥业主应尽的义务；⑦违反管理规约应当承担的责任。

业主大会议事规则应当对下列主要事项作出规定：①业主大会名称及相应的物业管理区域；②业主委员会的职责；③业主委员会议事规则；④业主大会会议召开的形式、时间和议事方式；⑤业主投票权数的确定方法；⑥业主代表的产生方式；⑦业主大会会议的表决程序；⑧业主委员会委员的资格、人数和任期等；⑨业主委员会换届程序、补选办法等；⑩业主大会、业主委员会工作经费的筹集、使用和管理；⑪业主大会、业主委员会印章的使用和管理。

《业主大会和业主委员会指导规则》第二十条规定："业主拒付物业服务费，不缴存专项维修资金以及实施其他损害业主共同权益行为的，业主大会可以在管理规约和业主大会议事规则中对其共同管理权的行使予以限制。"这一规定旨在督促业主履行公共义务，实现业主在共同管理事务中权利和义务的对等和公平。虽然一些地方的规范性文件中有"欠缴物业服务费的业主不得担任业主委员会委员"的类似规定，但业主委员会委员的被选举权仅为业主共同管理权的一项子权利，欠缴物业服务费也只是损害业主共同权益的一种形式，因此《业主大会和业主委员会指导规则》从概括共同管理权内涵和扩充侵权行为外延两个方面对相关做法进行了提炼，并上升到制度创新的层面。正确理解和适用这一规定，应当注意以下几点：一是除了拒付物业服务费，不缴存专项维修资金以外，业主实施任意丢弃垃圾、排放污染物或者噪声、违反规定饲养动物、违章搭建、侵占通道等损害他人合法权益和业主共同权益行为的，同样构成限制其行使共同管理权的条件；二是有权限制业主行使共同管理权的主体是业主大会，而非业主委员会；三是限制行使共同管理权的依据是管理规约和业主大会议事规则；四是该条款属授权性规范，可供业主大会选择适用，并无强制执行的效力。

3. 业主大会的成立

业主大会自首次业主大会会议表决通过管理规约、业主大会议事规则，并选举产生业主委员会之日起成立。业主大会成立后，业主委员会应当自选举产生之日起30日内，持下列文件向物业所在地的区、县房地产行政主管部门和街道办事处、乡镇人民政府办理备案手续：①业主大会成立和业主委员会选举的情况；②管理规约；③业主大会议事规则；④业主大会决定的其他重大事项。业主委员会办理备案手续后，可持备案证明向公安机关申请刻制业主大会印章和业主委员会印章。业主委员会任期内，备案内容发生变更的，业主委员会应当自变更之日起30日内将变更内容书面报告备案部门。

划分为一个物业管理区域的分期开发的建设项目，先期开发部分符合条件的，可以成立业主大会，选举产生业主委员会。首次业主大会会议应当根据分期开发的物业面积和进度等因素，在业主大会议事规则中明确增补业主委员会委员的办法。

7.3.3 业主大会的职责

《业主大会和业主委员会指导规则》明确了业主大会的十项职责：①制定和修改业主大会议事规则；②制定和修改管理规约；③选举业主委员会或者更换业主委员会委员；④制定物业服务内容、标准以及物业服务收费方案；⑤选聘和解聘物业服务企业；⑥筹集和使用专项维修资金；⑦改建、重建建筑物及其附属设施；⑧改变共有部分的用途；⑨利用共有部分进行经营以及所得收益的分配与使用；⑩法律法规或者管理规约确定应由业主共同决定的事项。

7.3.4 业主大会会议

1. 定期会议和临时会议

业主大会会议分为定期会议和临时会议。业主大会定期会议，应当按照业主大会议事规则的规定由业主委员会组织召开。当出现下列情况时，业主委员会应当及时组织召开业主大会临时会议：①经专有部分占建筑物总面积20%以上且占总人数20%以上业主提议的；②发生重大事故或者紧急事件需要及时处理的；③业主大会议事规则或者管理规约规定的其他情况。召开业主大会会议，应当于会议召开15日以前通知全体业主，住宅小区召开业主大会会议，还应当同时告知与物业管理区域相关的居委会。召开业主大会会议，物业所在地的区、县房地产行政主管部门和街道办事处、乡镇人民政府应当给予指导和协助。

2. 业主大会会议形式

业主大会会议可以采用集体讨论的形式，也可以采用书面征求意见的形式；但应当有物业管理区域内专有部分占建筑物总面积过半数的业主且占总人数过半数的业主参加。采用书面征求意见形式的，应当将征求意见书送交每一位业主；无法送达的，应当在物业管理区域内公告。凡需投票表决的，表决意见应由业主本人签名。

业主大会会议应当由业主委员会作出书面记录并存档。业主大会的决定应当以书面形式在物业管理区域内及时公告。

3. 业主投票权数的确定

业主大会确定业主投票权数，可以按照下列方法认定专有部分面积和建筑物总面积：①专有部分面积按照不动产登记簿记载的面积计算；尚未进行登记的，暂按测绘机构的实测面积计算；尚未进行实测的，暂按房屋买卖合同记载的面积计算；②建筑物总面积，按照前项的统计总和计算。

业主大会确定业主投票权数，可以按照下列方法认定业主人数和总人数：①业主人数，按照专有部分的数量计算，一个专有部分按一人计算；但建设单位尚未出售和虽已出售但尚未交付的部分，以及同一买受人拥有一个以上专有部分的，按一人计算；②总人数，按照前项的统计总和计算。

业主大会应当在业主大会议事规则中约定车位、摊位等特定空间是否计入用于确定业主投票权数的专有部分面积。

一个专有部分有两个以上所有权人的，应当推选一人行使表决权，但共有人所代表的业主人数为一人。业主为无民事行为能力人或者限制民事行为能力人的，由其法定监护人行使投票权。

4. 业主代理人和代表人

业主因故不能参加业主大会会议的，可以书面委托代理人参加。代理人应当在业主委托书的授权范围内行使代理权，如投票、发表意见、参加表决等。业主委托代理人的授权内容不得超越业主自身权限，如投票权数。业主只能委托代理人代理事项，不能委托代理人代理业主身份，代理人无权以候选人身份参加业主委员会成员的竞选。

物业管理区域内业主人数较多的，可以按照幢、单元、楼层等为单位，推选一名业主代表参加业主大会会议，推选及表决办法应当在业主大会议事规则中规定。

《业主大会和业主委员会指导规则》第二十八条规定："业主可以书面委托的形式，约定由其推选的业主代表在一定期限内代其行使共同管理权，具体委托内容、期限、权限和程序由业主大会议事规则规定。"这一规定旨在进一步发挥业主代表的作用，降低业主大会的协调成本，提高业主共同管理权的行使效率。

《业主大会和业主委员会指导规则》将代表制从一次委托延长为一定期限内委托，在很大程度上将解决部分业主长期无法参加业主大会会议的现实问题。为防止违规操作和权利滥用，业主共同管理权的长期委托必须以书面形式委托给业主代表，同时具体委托内容、期限、权限和程序必须以业主大会议事规则的规定为依据。

5. 业主大会决定事项的表决

根据《民法典》规定，业主共同决定事项，应当由专有部分面积占比 2/3 以上的业主且人数占比 2/3 以上的业主参与表决。筹建建筑物及其附属设施的维修资金，改建、重建建筑物及其附属设施，改变共有部分的用途或者利用共有部分从事经营活动，应当经参与表决专有部分面积 3/4 以上的业主且参与表决人数 3/4 以上的业主同意。决定制定和修改业主大会议事规则，制定和修改管理规约，选举业委员会或者更换业主委员会成员，选聘和解聘物业服务企业或者其他管理人，使用建筑物及其附属设施的维修资金，应当经专有部分占建筑物总面积过半数且占总人数过半数的业主同意。

《业主大会和业主委员会指导规则》第二十六条第二款规定:"未参与表决的业主,其投票权数是否可以计入已表决的多数票,由管理规约或者业主大会议事规则规定。"这一规定旨在督促业主参加业主大会会议并投票表决,以解决业主大会参与人数不足、表决过程艰难的现实问题。

《业主大会和业主委员会指导规则》之所以作出未参与表决的投票权数可计入已表决的多数票的指引性规定,主要是由于投票表决权毕竟是业主财产权利的派生,任何行政机关都无权加以干预,将未参与表决的投票权数计入已表决的多数票应该是业主自主选择的结果,而且这种做法还必须在管理规约或者业主大会议事规则中明确规定。

7.4 业主委员会

7.4.1 业主委员会的职责

业主委员会由业主大会依法选举产生,履行业主大会赋予的职责,执行业主大会决定的事项,接受业主的监督。业主委员会主要履行以下职责:①执行业主大会的决定和决议;②召集业主大会会议,报告物业管理实施情况;③与业主大会选聘的物业服务企业签订物业服务合同;④及时了解业主、物业使用人的意见和建议,监督和协助物业服务企业履行物业服务合同;⑤监督管理规约的实施;⑥督促业主缴纳物业服务费及其他相关费用;⑦组织和监督专项维修资金的筹集和使用;⑧调解业主之间因物业使用、维护和管理产生的纠纷;⑨业主大会赋予的其他职责。

为了保证业主委员会工作的规范性和连续性,《业主大会和业主委员会指导规则》规定,业主委员会应当建立工作档案,工作档案包括以下主要内容:①业主大会、业主委员会的会议记录;②业主大会、业主委员会的决定;③业主大会议事规则、管理规约和物业服务合同;④业主委员会选举及备案资料;⑤专项维修资金筹集及使用账目;⑥业主及业主代表的名册;⑦业主的意见和建议。

《业主大会和业主委员会指导规则》同时要求,业主委员会应当建立印章管理规定,并指定专人保管印章。使用业主大会印章,应当根据业主大会议事规则的规定或者业主大会会议的决定;使用业主委员会印章,应当根据业主委员会会议的决定。业主委员会应当自任期届满之日起10日内,将其保管的档案资料、印章及其他属于业主大会所有的财物移交新一届业主委员会。

为保障业主知情权和监督权的实现,《业主大会和业主委员会指导规则》规定,业主委员会应当向业主公布下列情况和资料:①管理规约、业主大会议事规则;②业主大会和业主委员会的决定;③物业服务合同;④专项维修资金的筹集、使用情况;⑤物业共有部分的使用和收益情况;⑥占用业主共有的道路或者其他场地用于停放汽车车位的处分情况；⑦业主大会和业主委员会工作经费的收支情况；⑧其他应当向业主公开的情况和资料。

7.4.2 业主委员会委员的任职条件和资格终止

1．业主委员会委员的任职条件

业主委员会由业主大会会议选举产生，由5～11人单数组成。业主委员会委员应当是物业管理区域内的业主，并符合下列条件：①具有完全民事行为能力；②遵守国家有关法律、法规；③遵守业主大会议事规则、管理规约，模范履行业主义务；④热心公益事业，责任心强，公正廉洁；⑤具有一定的组织能力；⑥具备必要的工作时间。业主委员会委员实行任期制，每届任期不超过5年，可连选连任。业主委员会委员具有同等表决权。业主委员会应当自选举之日起7日内召开首次会议，推选业主委员会主任和副主任。

2．业主委员会委员的资格终止

业主委员会委员有下列情况之一的，其委员资格自行终止：①因物业转让、灭失等原因不再是业主的；②丧失民事行为能力的；③依法被限制人身自由的；④法律、法规以及管理规约规定的其他情形。业主委员会委员有下列情况之一的，由业主委员会1/3以上委员或者持有20%以上投票权数的业主提议，业主大会或者业主委员会根据业主大会的授权，可以决定是否终止其委员资格：①以书面方式提出辞职请求的；②不履行委员职责的；③利用委员资格谋取私利的；④拒不履行业主义务的；⑤侵害他人合法权益的；⑥因其他原因不宜担任业主委员会委员的。

业主委员会委员资格终止的，应当自终止之日起3日内将其保管的档案资料、印章及其他属于全体业主所有的财物移交业主委员会。业主委员会委员资格终止，拒不移交所保管的档案资料、印章及其他属于全体业主所有的财物的，其他业主委员会委员可以请求物业所在地的公安机关协助移交。

7.4.3 业主委员会会议

业主委员会应当按照业主大会议事规则的规定及业主大会的决定召开会议。

经1/3以上业主委员会委员的提议，应当在7日内召开业主委员会会议。业主委员会会议由主任召集和主持，主任因故不能履行职责的，可以委托副主任召集。业主委员会会议应有过半数的委员出席，作出的决定必须经全体委员半数以上同意。业主委员会委员不能委托代理人参加会议。

业主委员会应当于会议召开7日前，在物业管理区域内公告业主委员会会议的内容和议程，听取业主的意见和建议。业主委员会会议应当制作书面记录并存档，业主委员会会议作出的决定，应当有参会委员的签字确认，并自作出决定之日起3日内在物业管理区域内公告。

召开业主委员会会议,应当告知相关的居委会,并听取居委会的建议。在物业管理区域内,业主大会、业主委员会应当积极配合相关居委会依法履行自治管理职责,支持居委会开展工作,并接受其指导和监督。

7.4.4 业主委员会的补选与换届

业主委员会任期内,委员出现空缺时,应当及时补足。业主委员会委员候补办法由业主大会决定或者在业主大会议事规则中规定。业主委员会委员人数不足总数的1/2时,应当召开业主大会临时会议,重新选举业主委员会。业主委员会任期届满前3个月,应当组织召开业主大会会议,进行换届选举,并报告物业所在地的区、县房地产行政主管部门和街道办事处、乡镇人民政府。

《业主大会和业主委员会指导规则》第五十八条规定:因客观原因未能选举产生业主委员会或者业主委员会委员人数不足总数的1/2的,新一届业主委员会产生之前,可以由物业所在地的居民委员会在街道办事处、乡镇人民政府的指导和监督下,代行业主委员会的职责。为防止代行职责过程中居委会的越位和错位,《业主大会和业主委员会指导规则》明确规定,居委会代行职责是在街道办事处、乡镇人民政府的指导和监督下进行的,新一届业主委员会一旦产生,代行行为随即终止。

业主委员会应当自任期届满之日起10日内,将其保管的档案资料、印章及其他属于业主大会所有的财物移交新一届业主委员会。业主委员会任期届满后,拒不移交所保管的档案资料、印章及其他属于全体业主所有的财物的,新一届业主委员会可以请求物业所在地的公安机关协助移交。

7.4.5 业主委员会的工作经费

业主大会、业主委员会工作经费由全体业主承担。工作经费可以由业主分摊,也可以从物业共有部分经营所得收益中列支。工作经费的收支情况,应当定期在物业管理区域内公告,接受业主监督。工作经费筹集、管理和使用的具体办法由业主大会决定。

7.5 对业主大会和业主委员会的指导与监督

为了规范业主大会和业主委员会的活动,维护业主的合法权益,相关法律法规专门明确了地方人民政府有关部门对业主大会和业主委员会的指导与监督职责,居委会对设立业主大会和选举业主委员会也应起到一定的指导和协助作用。

《民法典》第二百七十七条规定:"地方人民政府有关部门、居民委员会应当对设立业主大会和选举业主委员会给予指导和协助。"

《物业管理条例》第十条规定:"同一个物业管理区域内的业主,应当在物业所在地的区、县人民政府房地产行政主管部门或者街道办事处、乡镇人民政府的指导下成立业主大会,并选举产生业主委员会。"第十九条规定:"业主大会、业主委员会应当依法履行职责,不得作出与物业管理无关的决定,不得从事与物业管理无关的活动。业主大会、业主委员会作出的决定违反法律、法规的,物业所在地的区、县人民政府房地产行政主管部门或者街道办事处、乡镇人民政府,应当责令限期改正或者撤销其决定,并通告全体业主。"

为了强化对业主大会和业主委员会协助、指导和监督的力度和作用,《业主大会和业主委员会指导规则》第四章"指导监督"从业主大会的筹备、开会、换届、终止、印章使用、财务移交和违规行为等不同环节和角度,详细规定了物业所在地的区、县房地产行政主管部门和街道办事处、乡镇人民政府的具体职责和权限。

(1) 物业所在地的区、县房地产行政主管部门和街道办事处、乡镇人民政府应当积极开展物业管理政策法规的宣传和教育活动,及时处理业主、业主委员会在物业管理活动中的投诉。

(2) 已交付使用的专有部分面积超过建筑物总面积50%,建设单位未按要求报送筹备首次业主大会会议相关文件资料的,物业所在地的区、县房地产行政主管部门或者街道办事处、乡镇人民政府有权责令建设单位限期改正。

(3) 业主委员会未按业主大会议事规则的规定组织召开业主大会定期会议,或者发生应当召开业主大会临时会议的情况,业主委员会不履行组织召开会议职责的,物业所在地的区、县房地产行政主管部门或者街道办事处、乡镇人民政府可以责令业主委员会限期召开;逾期仍不召开的,可以由物业所在地的居委会在街道办事处、乡镇人民政府的指导和监督下组织召开。

(4) 按照业主大会议事规则的规定或者1/3以上委员提议,应当召开业主委员会会议的,业主委员会主任、副主任无正当理由不召集业主委员会会议的,物业所在地的区、县房地产行政主管部门或者街道办事处、乡镇人民政府可以指定业主委员会其他委员召集业主委员会会议。

(5) 违反业主大会议事规则或者未经业主大会会议和业主委员会会议的决定,擅自使用业主大会印章、业主委员会印章的,物业所在地的街道办事处、乡镇人民政府应当责令限期改正,并通告全体业主;造成经济损失或者不良影响的,应当依法追究责任人的法律责任。

(6) 业主委员会在规定时间内不组织换届选举的,物业所在地的区、县房地产行政主管部门或者街道办事处、乡镇人民政府应当责令其限期组织换届选举;逾期仍不组织的,可以由物业所在地的居委会在街道办事处、乡镇人民政府的指导和监督下,组织换届选举工作。

(7) 业主大会、业主委员会作出的决定违反法律法规的,物业所在地的区、县房地产行政主管部门或者街道办事处、乡镇人民政府应当责令其限期改正或者撤销其决定，并通告全体业主。

（8）物业管理区域内，可以召开物业管理联席会议。物业管理联席会议由街道办事处、乡镇人民政府负责召集，由区、县房地产行政主管部门、公安派出所、居委会、业主委员会和物业服务企业等方面的代表参加，共同协调解决物业管理中遇到的问题。

7.6　业主大会、业主委员会与居委会

物业管理区域内全体业主组成业主大会，选举产生业主委员会作为业主大会的执行机构。居委会是居民自我管理、自我教育、自我服务的基层群众性自治组织。业主自治和居民自治同属于社区自治的范畴。居委会在业主大会和业主委员会成立、履行职责的过程中，常常起着重要的作用，主要表现在以下方面：

7.6.1　协助业主大会的成立

《民法典》第二百七十七条规定："地方人民政府有关部门、居民委员会应当对设立业主大会和选举业主委员会给予指导和协助。"

《业主大会和业主委员会指导规则》第十条规定，"首次业主大会会议筹备组由业主代表、建设单位代表、街道办事处、乡镇人民政府代表和居民委员会代表组成。"第十一条规定，"筹备组中业主代表的产生，由街道办事处、乡镇人民政府或者居民委员会组织业主推荐"。

以上规定表明在业主大会成立过程中，居委会将给予帮助和指导。在业主大会筹备过程中，先成立筹备组，居委会不仅派代表参加筹备组，还根据需要为筹备组推荐业主代表。

7.6.2　临时解决业主委员会的缺位问题

《业主大会和业主委员会指导规则》第五十一条规定："业主委员会未按业主大会议事规则的规定组织召开业主大会定期会议，或者发生应当召开业主大会临时会议的情况，业主委员会不履行组织召开会议职责的，物业所在地的区、县房地产行政主管部门或者街道办事处、乡镇人民政府可以责令业主委员会限期召开；逾期仍不召开的，可以由物业所在地的居民委员会在街道办事处、乡镇人民政府的指导和监督下组织召开。"

《业主大会和业主委员会指导规则》第五十七条规定："业主委员会在规定时间内不组织换届选举的，物业所在地的区、县房地产行政主管部门或者街道办事处、乡镇人民政府应当责令其限期组织换届选举；逾期仍不组织的，可以由物业所在地的居民委员会在街道办事处、乡镇人民政府的指导和监督下，组

织换届选举工作。"

可见，当业主委员会因失职而缺位，不按规定组织召开业主大会或组织业主委员会的换届选举时，经过相关政府管理部门责令限期组织后仍然不履行职责的，由居委会在基层政府的指导和监督下代替业主委员会组织召开业主大会或换届选举工作。

《业主大会和业主委员会指导规则》第五十八条规定：因客观原因未能选举产生业主委员会或者业主委员会委员人数不足总数的 1/2 的，新一届业主委员会产生之前，可以由物业所在地的居民委员会在街道办事处、乡镇人民政府的指导和监督下，代行业主委员会的职责。

这一规定旨在解决现实中存在的业主委员会缺位的问题，通过发挥居委会的作用，来保证业主共同管理事务的连续性和稳定性。

按照《民法典》第二百七十八条规定，选举业主委员会或者更换业主委员会成员，应当由专有部分面积占比 2/3 以上的业主且人数占比 2/3 以上的业主参与表决，并应当经参与表决专有部分面积过半数的业主且参与表决人数过半数的业主同意。在实践中，由于业主委员会委员空缺人数超过总数的一半，或者由于换届选举业主委员会未经业主投票同意，也可能出现业主委员会缺位的情况。为保障业主的共同利益，保证业主大会会议的正常召开和业主大会决定的有效执行，在目前的条件下，最切实可行的方法是由物业所在地的居委会代行业主委员会的职责。

需要说明的是，居委会代行业主委员会职责仅是一种应急状态下的权宜之计。

7.6.3 业主大会和业主委员会要配合居委会的工作

《物业管理条例》第二十条规定："业主大会、业主委员会应当配合公安机关，与居民委员会相互协作，共同做好维护物业管理区域内的社会治安等相关工作。在物业管理区域内，业主大会、业主委员会应当积极配合相关居民委员会依法履行自治管理职责，支持居民委员会开展工作，并接受其指导和监督。住宅小区的业主大会、业主委员会作出的决定，应当告知相关的居民委员会，并认真听取居民委员会的建议。"

《业主大会和业主委员会指导规则》第五十四条规定："召开业主委员会会议，应当告知相关的居民委员会，并听取居民委员会的建议。在物业管理区域内，业主大会、业主委员会应当积极配合相关居民委员会依法履行自治管理职责，支持居民委员会开展工作，并接受其指导和监督。"

虽然业主大会与居委会都是居民自治组织，但居委会的管理范畴往往较大，直接接受基层政府的指导并在日常协助基层政府开展工作。居委会在居民自治管理方面更有经验，可以对业主大会、业主委员会的工作提出有益建议。

业主大会和业主委员会作为物业管理区域内的居民自治组织，要支持并配合所在地的居委会的工作，如政策宣传、调解民事纠纷、维护居民的合法权益等。

7.6.4 居委会参加物业管理联席会议

《业主大会和业主委员会指导规则》第六十一条规定："物业管理区域内，可以召开物业管理联席会议。物业管理联席会议由街道办事处、乡镇人民政府负责召集，由区、县房地产行政主管部门、公安派出所、居民委员会、业主委员会和物业服务企业等方面的代表参加，共同协调解决物业管理中遇到的问题。"

对于物业管理突出的难点问题，如果业主、物业服务企业、业主委员会、居委会等无法协商解决，反映到街道办事处，可以由街道办事处分管物业管理工作的主管领导作为召集人负责组织物业管理联席会议。

物业管理联席会议可以由街道办事处根据需要协调与解决问题，组织房管局、财政局、民政局、物价局、环保局、城市规划局、城市管理执法局、建设局、消防大队、市政部门、供电单位、供水单位、供气单位、供热单位、居委会、公安派出所、工商局、物业服务企业、业主委员会或者业主代表等各方代表参加。

可见，在处理物业管理中的难点问题，需要召开物业管理联席会议时，无论是会前的协调阶段，还是参会阶段，居委会都是重要的主体。

本章小结

业主大会制度是《物业管理条例》中的一项基本制度。在建筑物区分所有的情况下，建筑物的共同管理权由全体业主共同行使，因此在物业管理活动中，业主基于房屋的所有权享有对物业和相关共同事务进行管理的权利。这些权利有些可以直接由单个业主享有和行使，有些只能通过业主大会来实现。业主大会是业主参与物业管理活动的组织形式，由物业管理区域内的全体业主组成，代表和维护物业管理区域内全体业主在物业管理活动中的合法权益，履行相应的义务。《业主大会和业主委员会指导规则》对业主大会和业主委员会的成立、职责、会议召开、表决规则等有详细的规定。地方人民政府有关部门、居委会应当对设立业主大会和选举业主委员会给予指导和协助。物业所在地的区、县房地产行政主管部门和街道办事处、乡镇人民政府在业主大会和业主委员会从筹备、开会、换届、终止、印章使用、财务移交和违规行为等不同环节有具体的指导和监督职责。

业主自治和居民自治同属于社区自治的范畴。居委会在业主大会和业主委员会成立、履行职责的过程中，常常起着重要的作用。在处理很多物业管理中的难点问题时，居委会都是重要的主体。

复习思考题

1. 业主大会制度有哪些作用?
2. 关于参加业主大会和业主委员会,业主有哪些权利和义务?
3. 业主大会筹备和成立的程序是什么?
4. 业主大会的职责有哪些?
5. 什么时候需要召开业主大会?
6. 业主大会决定事项的表决规则是什么?
7. 作为业主委员会委员,应当具备什么资格条件?
8. 业主委员会有哪些职责?
9. 哪些部门对业主大会和业主委员会起主要的指导和监督作用?
10. 如何理解业主大会、业主委员会与居委会的关系?

8 管理规约制度

> **学习目标**
>
> 学习和掌握管理规约的概念和主要内容，了解管理规约的法律效力；掌握临时管理规约的概念、临时管理规约的制定主体和制定时间、相关主体的法律义务、临时管理规约的内容；了解临时管理规约的主要违约责任。

> **知识要点**
>
> 1. 管理规约的概念和主要内容。
> 2. 管理规约的法律效力。
> 3. 临时管理规约的概念。
> 4. 临时管理规约的制定。
> 5. 临时管理规约相关主体的法律义务。
> 6. 临时管理规约的主要违约责任。

8.1 管理规约

8.1.1 管理规约的概念和功能

管理规约是由全体业主共同制定的，规定业主在物业管理区域内有关物业使用、维护、管理等涉及业主共同利益事项的，对全体业主具有普遍约束力的自律性规范。管理规约作为业主对物业管理区域内一些重大事务的共同性约定和允诺，作为业主自我管理的一种重要形式和手段，一般以书面形式订立，要求全体业主共同遵守。管理规约是物业管理法律法规和政策的一种有益补充，是有效调整业主之间权利与义务关系的基础性文件，也是物业管理顺利进行的重要保证。要形成和谐有序的物业管理秩序，必须充分认识到管理规约的重要作用。共同财产和共同利益是业主之间建立联系的基础，管理规约就是物业管理区域内全体业主建立的共同契约。业主共同财产的管理和共同利益的平衡，需要通过民主协商的机制来实现，管理规约集中体现了经民主协商所确立的全体业主均需遵守的规则。维护业主的财产权利是物业管理的主要内容，物业管理的落脚点就是要保护业主的财产权利，不仅要保护单个业主的财产权利，而且要保护全体业主的共同财产权益。因此，管理规约必须协调单个业主利益与业主整体利益存在的各种矛盾，并按照少数服从多数的原则解决存在的分歧。管理规约在物业管理活动中，主要承载两个方面的功能：一是明确权利让渡规则。业主通过签署管理规约承诺书，将物业共有部分的管理权让渡给业主大会，业主大会据此有权代表业主选聘物业服务企业并签订物业服务合同，因而物业服务合同的效力自然及于每位业主，个别业主以非物业服务合同的签约人为由，否认物业服务合同的约束力有悖法理。二是明确业主内部自律规则。业主行使建筑物区分所有权的基本规则，应事先通过管理规约的形式予以明确，以便能够在业主内部形成自我监督机制，凭借多数业主的善意意志约束个别业主的不当行为。业主一旦共同决定委托物业服务企业实施物业管理，就要将共同财产的管理职能授权物业服务企业实施，并将这项授权明确写入管理规约中，要求业主遵守公约，服从物业服务企业维护公共秩序的物业管理行为。

8.1.2 管理规约的主要内容

根据《物业管理条例》，管理规约应当包括四个方面的内容：

（1）有关物业的使用、维护、管理事项。例如：业主使用其专有部分和物业管理区域内共用部分、共用设施设备以及相关场地的约定；业主对物业管理区域内公共建筑和共用设施使用的有关规则；业主对专有部分进行装饰装修时应当遵守的规则等。

（2）业主的共同利益。例如：对物业共用部位、共用设施设备的使用和维护；利用物业共用部位获得收益的分配；对公共秩序和环境卫生的维护等。

（3）业主应当履行的义务。例如：遵守物业管理区域内物业共用部位和共用设施设备的使用、公共秩序和环境卫生的维护等方面的规章制度；按照国家有关规定缴纳住宅专项维修资金；按时缴纳物业服务费用；不得擅自改变建筑物及其附属设施设备的结构、外貌、设计用途；不得违反规定存放易燃、易爆、剧毒、放射性等物品；不得违反规定饲养家禽、宠物；不得随意停放车辆和鸣喇叭等。

（4）违反管理规约应当承担的责任。业主不履行管理规约约定的义务要承担民事责任，承担民事责任的主要方式是支付违约金和赔偿损失。在管理规约中，一般还要明确解决争议的办法，如通过业主委员会或者物业服务企业调解和处理，业主大会和业主委员会也可以通过诉讼追究其民事责任。

在《物业管理条例》的基础上，《业主大会和业主委员会指导规则》进一步明确管理规约应当对下列主要事项作出规定：①物业的使用、维护、管理；②专项维修资金的筹集、管理和使用；③物业共用部分的经营与收益分配；④业主共同利益的维护；⑤业主共同管理权的行使；⑥业主应尽的义务；⑦违反管理规约应当承担的责任。

8.1.3 管理规约的法律效力

管理规约对物业管理区域内的全体业主具有约束力，理解管理规约的法律效力应当注意以下两点：

（1）管理规约对物业使用人发生法律效力。由于管理规约的一项核心内容是规范对物业的使用秩序，而物业使用人基于其物业实际使用者的身份，不可避免地会影响到物业的状态，而且业主委员会或者物业服务企业对物业进行管理，不可避免要直接与物业使用人打交道，因此，客观上需要将物业使用人纳入管理规约的效力范围。

（2）管理规约对物业继受人（新业主）发生法律效力。在物业的转让和继承中，物业的所有权移转给受让人，受让人取得业主身份的同时，自然成为管理规约约束的对象。通常情况下，管理规约无须物业继受人作出任何形式上的承诺，就自动对其产生效力。换句话说，继受人在取得物业时，对已经生效的管理规约存在默示认可，自愿接受管理规约的约束。

业主及物业使用人实施违反管理规约的行为，应当承担相应的侵权或者违约责任。

（1）业主违反管理规约，未经有利害关系的业主同意，将住宅改变为经营性用房的。

（2）业主违反管理规约，实施任意弃置垃圾、排放污染物或者噪声、违反规定饲养动物、违章搭建、侵占通道、拒付物业费等损害他人合法权益行为的。

（3）业主违反管理规约，利用屋顶以及其专有部分相对应的外墙面等共有部分，损害他人合法权益的。

（4）业主违反管理规约，实施下列损害他人合法权益行为的：①损害房屋承重结构，损害或者违章使用电力、燃气、消防设施，在建筑物内放置危险、放射性物品等危及建筑物安全或者妨碍建筑物正常使用；②违反规定破坏、改变建筑物外墙面的形状、颜色等损害建筑物外观；③违反规定进行房屋装饰装修；④违章加建、改建，侵占、挖掘公共通道、道路、场地或者其他共有部分等。

（5）业主违反管理规约，实施妨害物业服务与管理的行为的。

8.2 临时管理规约

8.2.1 临时管理规约的概念

《物业管理条例》第二十二条规定，建设单位应当在销售物业之前，制定临时管理规约，对有关物业的使用、维护、管理，业主的共同利益，业主应当履行的义务，以及违反临时管理规约应当承担的责任等事项依法作出约定。

制定管理规约是业主之间的共同行为，通常情况下，管理规约由业主大会筹备组草拟，经首次业主大会会议审议通过，规约的修改权也属于业主大会。但是，在前期物业管理阶段，在不具备成立业主大会的条件时，基于物业的正常使用和已经入住业主共同利益的考虑，有必要制定业主共同遵守的管理准则。否则，可能使物业的使用、维护、管理处于混乱无序的状态，无法及时有效地建立和谐的生活和工作秩序。因此，在业主大会制定管理规约之前，由建设单位制定的，适用于前期物业管理阶段的临时性管理规约，称为临时管理规约。

8.2.2 临时管理规约的制定

1．临时管理规约制定的主体

临时管理规约一般由建设单位在出售物业之前预先制定，为什么规定由建设单位制定临时管理规约呢？这是因为建设单位在物业销售之前是物业的唯一业主，即初始业主，而且建设单位这种"业主"的身份一直延续到物业全部销售完毕，在作为业主共同利益代表者——业主大会的成立条件不具备的情况下，建设单位有权利也有义务代行制定有关物业共同管理事项的公共契约，以实现业主的共同利益。这是建设单位应当负责制定临时管理规约的主要理由。

但是，建设单位制定的临时管理规约毕竟不同于全体业主自行制定的管理规约，有时并不一定能完全体现全体业主的意志，这类规约只存在于前期物业管理阶段，具有过渡性。业主大会成立后，业主可以通过业主大会会议表达自己的意志，表决通过新制定的管理规约，也可以沿用临时管理规约，或者修改临时管理规约后继续生效。无论如何，只要沿用或者修改临时管理规约的决定经过业主大会的审议通过，此时临时管理规约就已经转化为法律意义上的管理规约了。

2．临时管理规约制定的时间

《物业管理条例》规定建设单位制定临时管理规约的时间为物业销售之前，是因为物业销售交付后，一旦业主入住，就会面临业主之间有关物业使用、维护、管理等方面权利义务的行使问题。因此，在物业销售之前制定临时管理规约，便于业主提前知晓管理规约的内容，做到从入住一开始就有规可循。在实践中，建设单位一般将临时管理规约作为物业买卖合同的附件，或者在物业买卖合同中有明确要求物业买受人遵守临时管理规约的条款，通过这种方式让物业买受人作出遵守临时管理规约的承诺，这在客观上要求临时管理规约应当在物业销售前制定。

8.2.3 临时管理规约相关主体的法律义务

1．建设单位不得侵害物业买受人权益的义务

临时管理规约由建设单位制定，物业买受人没有机会参与制定，而且相对于建设单位，物业买受人知晓的信息不充分，建设单位如果利用制定临时管理规约的便利在规约中加入有利于自己的不公正的条款，会损害物业买受人的利益。例如：规定长期保留对某些会所、场地等共用部位的所有权或使用权，但不承担支付物业服务费用的义务；规定物业服务企业可以利用物业的某些共有部位谋求自身利益等。为了消除临时管理规约中可能存在的有失公平的内容，保障物业买受人的利益，《物业管理条例》对临时管理规约的内容进行了原则上的限制，规定建设单位制定的临时管理规约不得侵害物业买受人的合法权益。

2．建设单位对临时管理规约的明示和说明义务

《物业管理条例》明确规定，建设单位制定的临时管理规约，应当在物业销售之前向物业买受人明示，并予以说明。对临时管理规约的主要内容，向物业买受人陈述，并就容易导致购房人混淆的地方进行解释说明，以使物业买受人准确理解未来作为业主的权利与义务。明示，应该理解为是以书面的形式向物业买受人明确无误的告示，例如：直接将临时管理规约文本交与物业买受人，或者以通告的方式在显眼的地方予以公示。

3．物业买受人书面承诺遵守临时管理规约的义务

为了进一步强化和保护物业买受人的权益，《物业管理条例》规定，物业买受人在与建设单位签订物业买卖合同时，应当对遵守临时管理规约予以书面承诺。承诺是物业买受人接受临时管理规约的意思表示，为了避免建设单位和物业买受人对是否已经明示和说明的事实发生争议，减少纠纷，承诺应当采用书面形式。实践中，通常存在两种做法：一种是建设单位将临时管理规约作为物业买卖合同的附件，或者在物业买卖合同中明确规定要求物业买受人遵守临时管理规约的条款，让物业买受人在物业买卖合同上签字确认；另一种是物业买受人在签订物业买卖合同的同时，在建设单位提供的临时管理规约承诺书上签字确认。签字确认，也就意味着临时管理规约得到物业买受人的接受和认可，从而为物业买受人同意遵守临时管理规约提供了书面依据。

8.2.4 临时管理规约的内容

为推动建立业主自我管理与自我约束的机制，维护全体业主的共同利益，方便建设单位的参照与使用，2004年9月建设部发布了《业主临时公约（示范文本）》。以《业主临时公约（示范文本）》为主要参照依据，临时管理规约应当具备以下主要内容：

1．物业的自然状况与权属状况

（1）物业的自然状况

说明物业的名称和坐落地址，物业的名称应当以当地政府主管部门审定的名称为准。

明确物业类型，物业类型应当以城市规划部门审定的建筑用途划分，如住宅小区、工业区、商厦、办公楼、综合楼等。

以城市规划部门审定的数字为准，明确物业的建筑面积和用地面积。

以城市规划部门审定的总平面图为准，明确物业管理区域的四至，说明东、南、西、北的接壤区域或地理坐标。

(2) 物业权属情况

建设单位应在临时管理规约中对业主享有的物业共用部位、共用设施设备所有权，区分单幢建筑物和物业管理区域分别列明。

由单幢建筑物的全体业主共有的共用部位，包括该幢建筑物的承重结构、主体结构，公共门厅、公共走廊、公共楼梯间、户外墙面、屋面等；由单幢建筑物的全体业主共有的共用设施设备，包括该幢建筑物内的给水排水管道、落水管、水箱、水泵、电梯、冷暖设施、照明设施、消防设施、避雷设施等。由物业管理区域内全体业主共有的共用部位和共用设施设备，包括围墙、道路、绿地、池井、照明设施、共用设施设备使用的房屋、物业管理用房等。物业管理区域内的有些建筑物或建筑部位，开发建设单位并不出售，而是留作出租或自用，这部分物业所有权属于开发建设单位所有。为将这部分物业与业主享有的共用部位、共用设施设备所有权明确界定区分，避免日后产生权属争议，应当要求建设单位对自己享有的物业产权也在临时管理规约中明示，例如留作自行经营或出租的地下车库、小区会所等。建设单位在行使保留相关部位和设施设备所有权时，不得影响和妨害物业买受人正常使用物业。

2. 业主使用物业应当遵守的规则

(1) 相邻权规定

物业财产的所有权属于不动产所有权范畴，与动产所有权比较，不动产所有权的行使与相临不动产所有人和使用人的权益关系密切。例如：业主在家里存放大量易燃、易爆物品，就会给邻里的安全造成危害；业主将物品存放在公用通道，就会给邻里的通行造成妨碍等。因此，法律要求不动产所有权人尊重相邻权，不得因自身行使所有权而对他人的合法权益造成妨碍或损害。《民法典》第二百八十八条明确规定："不动产的相邻权利人应当按照有利生产、方便生活、团结互助、公平合理的原则，正确处理相邻关系。"

临时管理规约应对以下事项作出约定：

1) 业主对物业的专有部分享有占有、使用、收益和处分的权利，但不得妨碍其他业主正常使用物业。

2) 业主应遵守法律、法规的规定，按照有利于物业使用、安全、整洁以及公平合理、不损害公共利益和他人利益的原则，在供电、供水、供热、供气、排水、通行、通风、采光、环境卫生、环境保护等方面妥善处理与相邻业主的关系。

3) 业主应按设计用途使用物业。因特殊情况需要改变物业设计用途的，业主应在征得相邻业主书面同意后，报有关行政主管部门批准，并告知物业服务企业。

(2) 房屋装饰装修规定

总结房屋装饰装修中普遍存在的问题和管理经验，临时管理规约可在以下几个方面规范房屋装饰装修活动：

1) 业主需要装饰装修房屋的,应事先告知物业服务企业,并与其签订装饰装修管理服务协议。业主应按装饰装修管理服务协议的约定从事装饰装修行为,遵守装饰装修的注意事项,不得从事装饰装修的禁止行为。

2) 为保证物业管理区域的环境卫生和公共秩序,业主装修房屋时应当在物业服务企业指定的地点放置装饰装修材料及装修垃圾,业主不得擅自占用物业共用部位和公共场所。同时,由于业主装修房屋会产生不良噪声,因此为不影响其他业主的正常生活或经营,物业服务企业应当规定业主装饰装修房屋的施工时间,并要求业主在其他时间不得施工。如果发生业主装饰装修房屋影响物业共用部位、共用设施设备正常使用的情况,或者发生业主装修房屋侵害相邻业主合法权益的情况,装修业主应当及时恢复原状并承担相应的赔偿责任。

3) 业主应当按照设计预留的位置安装空调,没有预留设计位置的,应当按照物业服务企业指定的位置安装,并按照物业服务企业的安装要求做好噪声及冷凝水的处理。

(3) 共用部位共用设施设备的使用规定

物业共用部位共用设施设备的使用规定主要应包括以下内容:

1) 业主应按有关规定合理使用水、电、气、暖等共用设施设备,不得擅自拆改。

2) 业主及物业使用人使用电梯,应遵守本物业管理区域的电梯使用管理规定。

3) 在物业管理区域内行驶和停放车辆,应遵守本物业管理区域的车辆行驶和停车规则。

(4) 使用物业的禁止性规定

针对物业管理中业主经常出现的违规行为,临时管理规约应当规定业主使用物业过程中禁止出现以下行为:

1) 损坏房屋承重结构、主体结构,破坏房屋外貌,擅自改变房屋设计用途。

2) 占用或损坏物业共用部位、共用设施设备及相关场地,擅自移动物业共用设施设备。

3) 违章搭建、私设摊点。

4) 在非指定位置倾倒或抛弃垃圾、杂物。

5) 违反有关规定堆放易燃、易爆、剧毒、放射性物品,排放有毒有害物质,发出超标噪声。

6) 擅自在物业共用部位和相关场所悬挂、张贴、涂改、刻画。

7) 违反物业管理区域内饲养动物的有关约定。

8) 利用物业从事危害公共利益和侵害他人合法权益的活动。

本章小结

管理规约是由全体业主共同制定的,规定业主在物业管理区域内有关物业使用、维护、管理等涉及业主共同利益事项的，对全体业主具有普遍约束力的自律性规范。管理规约是物业管理法律法规和政策的一种有益补充，是物业管理顺利进行的重要保证。《物业管理条例》中具体规定了管理规约包含的四项内容：有关物业的使用、维护、管理事项，业主的共同利益，业主应当履行的义务和违反管理规约应当承担的责任。管理规约对业主和物业使用人、业主继受人均发生效力。

在业主大会制定管理规约之前，由建设单位制定的，适用于前期物业管理阶段的临时性管理规约，称为临时管理规约。建设单位制定临时管理规约的时间为物业销售之前。建设单位制定的临时管理规约，不得侵害物业买受人的合法权益；应当在物业销售之前向物业买受人明示，并予以说明；物业买受人需要书面承诺遵守临时管理规约。

> **复习思考题**
>
> 1．简述管理规约的主要内容。
> 2．简述临时管理规约的主要内容。
> 3．简述临时管理规约的主体和制定时间。
> 4．比较临时管理规约和管理规约的异同，并进行说明。
> 5．临时管理规约相关主体的法律义务有哪些？

9 物业管理招标投标制度

> **学习目标**
>
> 熟悉前期物业管理招标投标的概念、意义;掌握物业管理招标投标的原则、形式;熟悉物业管理招标投标的主体,掌握招标文件的编制、项目备案,熟悉开标、评标的流程及规则。

> **知识要点**
>
> 1. 前期物业管理招标投标的概念、意义。
> 2. 物业管理招标投标的原则、形式、主体。
> 3. 招标文件的编制与项目备案。
> 4. 招标、投标程序规则与禁止行为。
> 5. 开标、评标、中标的规则。

9.1 前期物业管理招标投标

9.1.1 前期物业管理招标投标的概念

招标投标是在市场经济条件下,交易双方所采取的一种交易形式,这种交易形式主要在大宗货物买卖、工程建设项目的发包与承包,以及服务项目的采购与提供时采用。物业管理招标投标属于服务项目的采购与提供。

物业管理招标投标是指业主或者建设单位通过招标方式选聘物业服务人,物业服务人通过投标方式竞聘物业管理项目的活动。其中,由建设单位通过招标方式选聘物业服务人的,称为前期物业管理招标投标。

9.1.2 前期物业管理招标投标的意义

采用招标投标方式进行交易活动,最显著的特征就是将有序的竞争机制引入交易过程,与"一对一"的协议选聘相比,通过招标投标方式选聘前期物业服务人的优越性表现在以下两个方面:一方面,建设单位可以对各物业服务人的竞争报价和其他条件进行综合比较,从中选择报价低、技术力量强、管理行为规范、信誉好、服务质量有保障的物业服务人中标。这对于节省业主的物业服务费用,保证物业服务质量,以及减少物业管理争议,都具有显著作用。另一方面,前期物业管理实行招标投标制度,有利于遏制协议选聘物业服务人中的不正当竞争行为,创造公平的物业管理市场竞争环境,促进物业服务企业提高服务质量、改善服务态度,最大限度地满足招标人的合理要求,体现了机会均等的市场原则。

9.1.3　前期物业管理招标投标的原则规定

招标投标活动必须遵守"公开、公平、公正和诚实信用"的原则。《中华人民共和国招标投标法》（以下简称《招标投标法》）和《前期物业管理招标投标管理暂行办法》（以下简称《招标投标暂行办法》）的各项内容和程序规定，都是为了保证这一基本原则的实现。任何单位和个人不得违反法律、行政法规规定，限制或者排斥具备投标资格的物业服务人参与投标，不得以任何形式干涉物业管理招标投标活动。

现实中，住宅物业购买的对象是广大的居民群众，住宅物业管理项目合同的签订和广大居民的公共利益密切相关，在选聘物业服务人和签订物业服务合同的过程中，为了避免发生争议，客观上要求有更高的透明度。因此，《物业管理条例》第二十四条明确规定，住宅物业的建设单位，应当以招标投标的方式选聘物业服务人。

同时，《物业管理条例》第五十六条规定了违反住宅物业前期物业管理招标投标规定的法律责任，住宅物业的建设单位未通过招标投标的方式选聘物业服务人或者未经批准，擅自采用协议方式选聘物业服务人的，由县级以上地方人民政府房地产行政主管部门责令限期改正，给予警告，可以并处 10 万元以下的罚款。

对于规模较小的住宅物业，由于采用招标投标的程序相对复杂，费时较多，费用也较高，《物业管理条例》规定，建设单位可以采用协议的方式选聘物业服务人；同时，投标人少于 3 个的，由于缺乏足够的竞标主体，进行招标投标的意义不大，也可以采用协议的方式选聘物业服务人。但是，《物业管理条例》特别规定，以协议方式选聘物业服务人的，应当经过物业所在地的区、县房地产行政主管部门的批准。

前期物业管理招标投标应遵循以下原则：

（1）公开原则，是指招标投标的程序应透明，招标信息、招标规则、中标结果都应公开。采用公开招标方式，应当发布招标公告。公开原则有助于提高投标人参与投标的积极性，防止暗箱操作等违规现象的发生。

（2）公平原则，是指参与投标人的法律地位平等，权利与义务相对应，所有投标人的机会平等，不得实行歧视。招标人不得以任何方式限制或者排斥本地区、本系统以外的法人或者其他组织参加投标。

（3）公正原则，是指投标人及评标委员会必须按统一标准进行评审，市场监管机构对各参与方都应依法监督，一视同仁。

以上"三公"原则中，公开是基础，只有完全公开才能做到公平和公正。

（4）诚实信用原则，是指招标人、投标人都应诚实、守信、善意、实事求是，不得欺诈他人，损人利己。诚实守信原则在西方常被称为债法中的"帝王原则"，也是《民法典》的基本原则。

9.2 物业管理招标规则

9.2.1 招标原则与招标形式

招标由招标人依法组织实施，前期物业管理招标人是指依法进行前期物业管理招标的物业建设单位。

1．招标原则

（1）不得以不合理条件限制或者排斥潜在投标人。例如，采取地方保护主义，限制外地物业服务人参加投标。这些以不合理条件限制或者排斥潜在投标人的做法，不仅违背公开、公平、公正和诚实信用的招标投标原则，而且违背物业管理市场竞争规则。

（2）不得对潜在投标人实行歧视待遇。对潜在投标人按三、六、九等区别对待，违背公开、公平、公正和诚实信用的招标投标原则。例如，对某些潜在投标人详尽介绍招标项目并允许查验项目，而对其他潜在投标人则隐瞒项目真实情况或不给予同等、合理的投标准备时间等。这些做法不仅损害了受歧视投标人的合法权益，而且必然导致不公正的招标结果。

（3）不得对潜在投标人提出与招标物业管理项目实际不符的资格要求。物业管理项目招标应当实事求是，符合物业管理项目的资质要求和招标市场行情。如果向潜在投标人提出不切实际的投标条件或要求，不仅会导致招标失败，而且也会给投标方造成损害。

2．招标形式

前期物业管理招标分为公开招标和邀请招标。

（1）公开招标

公开招标要求招标人在公共媒介上发布招标公告，例如在报纸、广播、电视、网站上发布公告，邀请不特定的物业服务人参加投标。招标人发布的招标公告，应当载明招标人的名称、地址、招标项目的基本情况以及获取招标文件的办法等事项。

（2）邀请招标

邀请招标也称定向招标，是指招标人有选择地向物业服务人发出投标邀请书，邀请特定物业服务人参加投标，主要适用对物业管理有特定要求的物业管理项目。例如，有复杂专业设备设施的物业管理项目、有保密要求的物业管理项目等。采取邀请招标方式的，招标人应当向3个以上物业服务人发出投标邀请书，投标邀请书内容与公开招标的招标公告相同。

【案例 9-1】

招标选聘物业服务人应依法、合规进行

　　A 小区由 B 物业公司提供前期物业服务。2021 年 11 月 1 日，A 小区业主委员会发出选聘决议：根据北京市业主一卡通业主投票的授权，终止前期物业服务合同，签订新的物业服务合同，业主委员会委托第三方招标投标公司，用公开邀请招标的方式将投标物业公司排出前三名，向全体业主公示后，业主委员会再组织召开本小区业主大会，选出最终中标物业公司，并与之签订新的物业服务合同。2021 年 11 月 5 日，A 小区业主委员会与 C 招标公司签订招标委托合同，约定由 C 公司承担 A 小区物业服务项目的招标工作。

　　A 小区业主陆某认为，A 小区业主委员会在未召开业主大会、未经业主大会授权的情况下，擅自违规实施了选聘新物业公司的招标投标，侵害了业主的投票表决权、提案建议权、知情权和决定权等合法权益。于是上诉至法院，请示依法认定选聘决议无效。

　　【解析】 法院经审理认为，A 小区业主大会投票通过了"终止前期物业服务合同，签订新的物业服务合同"的决定，但对于选聘新物业公司的方式和具体实施者、物业服务合同的主要内容等事项并未作出决定。A 小区业主委员会自行决定了选聘新物业公司的方式为"邀请招标"、具体实施者为其委托的"招标投标公司"。而新物业公司的选聘方式、具体实施者属于业主大会而非业主委员会的决议事项，且业主大会未就上述事项授权业主委员会作出决定。因此，A 小区业主委员会在未经业主大会决定亦未事先取得业主大会授权的情况下于 2021 年 11 月 1 日作出的选聘决议，侵犯了陆某作为小区业主所享有的共同管理权，依法予以撤销。

9.2.2 物业管理招标投标的主体

1. 物业管理招标的主体

　　物业管理招标的主体（招标人）可以是物业建设单位、业主大会或物业所有权人。在业主、业主大会选聘物业服务人之前，由物业建设单位负责物业管理权的招标组织工作。业主大会已经成立的，由业主大会负责实施物业管理权的招标组织工作。一些重点基础设施或大型公用设施的物业（如机场、码头、医院、学校、口岸、政府办公楼等），其产权人多为国有资产管理部门，此类物业的招标投标必须经国有资产管理部门或相关产权部门的批准，一般由产权人或管理使用单位、政府采购中心等作为招标人组织招标。

2. 物业管理投标的主体

　　物业管理投标的主体（投标人）一般是指符合招标条件的物业服务人或专业服务公司。就项目整体物业管理活动而言，投标的主体必须是符合投标条件的物业服务人。但市场上也存在将一个整体的物业管理项目按内容进行分项投标的情况，参与投标的不仅有物业服务人，也有相应的专业服务公司。

3．招标代理机构

招标代理机构是依法设立、从事招标代理业务并提供相关服务的社会中介组织。从事物业管理的招标代理机构应当具备下列条件：

(1) 有从事招标代理业务的营业场所和相应资金。

(2) 有能够编制招标文件和组织评标的相应专业力量。

(3) 有房地产行政主管部门建立的物业管理评标专家名册。

9.2.3 招标文件的编制与招标项目备案

1．招标文件的编制

《招标投标暂行办法》规定，招标人应当根据物业管理项目的特点和需要，在招标前完成招标文件的编制。前期物业管理招标文件应包括以下内容：

(1) 招标人及招标项目简介：包括招标人名称、地址、联系方式、项目基本情况、物业管理用房的配备情况等。

(2) 物业管理服务内容及要求：包括物业服务项目、服务内容和应当达到的标准等。

(3) 对投标人及投标书的要求：包括投标人资格、投标书形式、主要内容等。

(4) 评标标准和评标方法。

(5) 招标活动方案：包括招标组织机构情况、开标时间和地点等。

(6) 物业服务合同的签订说明。

(7) 其他事项的说明及法律法规规定的其他内容。

【案例 9-2】

A 项目前期物业服务招标文件

第一部分 投标人须知

一、目的

本次招标的目的是通过公开招标方式选聘物业服务人，为 B 房地产开发有限公司开发的 A 项目提供前期物业服务。

二、招标人情况

招标人：B 房地产开发有限公司

三、招标项目基本情况

项目简介：A 项目总建筑面积 66788.68m^2，其中住宅建筑面积为 42525.29m^2，公共建筑配套面积为 1426.94m^2，地下机动车停车场面积为 14436.69m^2，地下室面积为 8399.76m^2。

四、物业服务内容、收费形式及标准

(一) 基础物业服务内容

1. 房屋管理服务；
2. 设施设备维修养护服务；
3. 公共秩序维护服务；
4. 保洁服务；
5. 绿化养护服务；
6. 综合管理服务；
7. 服务标准中规定的其他服务。

（二）投标人参照《石家庄市区住宅区前期物业服务等级指导标准》《石家庄市区住宅区前期物业服务等级基准价》，确定本单位为该项目物业提供的物业服务费。

（三）物业服务收费形式

本项目采取包干制。投标人对合同内容的费用、质量、安全、文明服务等实行全面承包。

五、对投标人的要求

（一）具有独立法人资格的物业服务人。

（二）在石家庄市或鹿泉区物业管理系统信息登记准确完好，信用良好，本次招标不接受联合体投标。

（三）对拟派项目负责人的要求：应取得物业管理相关专业本科学历。

六、对投标文件的要求

（一）投标文件的构成

投标文件分为综合文件、技术文件和电子文件三部分。

（二）投标文件的密封

综合文件和技术文件均应以标准 A4 白色打印纸打印完成，分别胶装成册，与电子文件统一包封在一个封套中。封套外皮使用 A4 幅面的白纸打印完成，应注明招标编号、投标项目名称及投标人名称、地址和邮编，并加盖投标单位公章。

（三）综合文件要求

综合文件应按照招标文件给出的格式编制，以宋体字打印，投标文件中字体、图标一律使用规范打印，包括投标函、商务部分和资信部分；需要在投标文件相应位置附营业执照副本、业绩证明材料、拟派驻项目负责人的身份证、学历证书的复印件（黑白、彩色均可）。综合文件须按照给出的格式要求加盖公章、法人印鉴和签字。

（四）技术文件采用暗标形式，要求如下：

1. 技术文件封皮、隔页纸、识别卡和目录由招标代理提供，不得自行编制或修改。
2. 技术文件正文均使用 A4 幅面的白纸，不得出现彩色内容；标题及正文字体统一使用仿宋体四号字打印（不得加粗）；不得有涂改痕迹和行间插字，不得使用页眉、页脚、页码及文字修饰。

3. 技术文件封面、封底、正文内容均不能体现单位名称、人员姓名、在管项目等投标人信息，不得加盖公章、印鉴等；技术标表格和图表格式，包括页边距、行间距、字体大小、空行、插入点可自行设置，不作统一要求；图片、照片也应为黑白色打印，不能体现投标人信息。

4. 技术文件内容必须按照招标文件给出的技术文件目录顺序进行编写，各项内容之间用隔页纸分开，其他内容不得增加。识别卡作为技术文件的最后一页胶装进技术文件，否则按无效处理。

（五）投标有效期

1. 投标有效期60日，自提交投标文件截止之日起计算。

2. 要求投标人同意延长有效期，要求与答复均应为书面形式。投标人可以拒绝上述要求而其投标保证金不被没收。对于同意该要求的投标人，既不要求也不允许其修改投标文件，但将要求其相应延长投标保证金的有效期，有关退还和没收投标保证金的规定在投标有效期的延长期内继续有效。

七、投标保证金

（一）投标保证金为投标文件的组成部分。

（二）投标人向招标代理提交人民币500元的投标保证金，用于保护本次招标免受投标人的行为而引起的风险。

（三）投标保证金的形式：电汇或转账。

（四）投标保证金必须在递交投标文件截止时间前由投标人的基本账户一次性汇入招标代理指定账户（到账时间以银行出具的进账单为准），否则视为未提交保证金。

（五）未按规定时间或形式提交投标保证金的投标，在开标现场将被拒收。

（六）投标人的投标保证金在签订合同协议书后5个工作日内退还。

八、投标程序

（一）招标文件的获取

报名时间：2021年12月6日至2021年12月12日，每日上午9：00—11：00，下午14：00—16：30（北京时间，法定节假日除外）。

报名地点：××区公共资源交易中心。

投标人报名时领取招标文件等有关资料。

（二）现场踏勘：投标人可派代表于2021年12月15日9：30到项目地集合参加招标人统一组织的现场踏勘。每个投标人到现场踏勘人员不得超过2人，踏勘时听从招标人领勘人指挥，按照指定路线考察，注意安全。现场踏勘逾期未到，视为主动放弃，招标人不再另行组织。

（三）招标文件的澄清

投标人应仔细阅读和检查招标文件的全部内容。如发现缺页或附件不全，应及时向招标人提出，以便补齐。投标人对招标文件如有疑点，可要求澄清，应在投标截止日 10 天前，要求招标人对招标文件予以澄清。

招标文件的澄清将以书面形式发给所有购买招标文件的投标人。如果澄清发出的时间距投标截止时间不足 15 日，将相应延长投标截止时间。

投标人在收到澄清后，应以书面形式通知招标人，确认已收到该澄清。

（四）招标文件的修改

在投标截止时间 15 日前，招标人可以书面形式修改招标文件，并通知所有已购买招标文件的投标人。如果修改招标文件的时间距投标截止时间不足 15 日，将相应延长投标截止时间。

投标人收到修改内容后，应以书面形式通知招标人，确认已收到该修改。

澄清或修改内容为招标文件的组成部分。

（五）投标文件递交截止时间为 2022 年 1 月 9 日 9：00，投标人应当在此时间之前将投标文件递送至××区公共资源交易中心。

九、开标

（一）开标时间和地点

开标时间：2022 年 1 月 9 日 9：00（北京时间）。

开标地点：××区公共资源交易中心。

所有投标人的法定代表人或其委托代理人应携带投标保证金缴纳凭证原件和基本账户开户许可证复印件（核对原件）准时参加。法定代表人参加开标会时需提供法定代表人身份证明书原件或营业执照副本原件及身份证复印件（核对原件）；被授权人参加开标会时需提供授权委托书原件及被授权人的身份证复印件（核对原件）。

（二）开标程序

1. 宣布开标纪律；
2. 介绍参会的招标人和监标人；
3. 投标人代表检查投标文件的密封情况；
4. 公开唱标，宣读投标人名称、投标保证金的递交情况、投标报价及其他内容，并记录在案；
5. 投标人代表、招标人代表、监标人、记录人等有关人员在开标记录上签字确认；
6. 开标结束。

（三）开标异议

投标人对开标有异议的，应当在开标现场提出，招标人当场作出答复，并进行记录。

（四）开标时，投标文件有下列情况之一者将被拒收：

1. 投标文件未按规定密封；
2. 投标保证金未按规定的时间或形式递交；

3. 开标现场投标人未携带招标文件中要求携带的各项资料；

4. 投标截止时间以后送达的投标文件。

十、评标办法和评标标准

（一）评标办法

评标办法采用综合评估法。评标委员会按各投标人综合得分由高到低的顺序推荐不超过3名中标候选人，得分最高者为第一中标候选人，依此类推。招标人委托评标委员会确定第一中标候选人为中标人。若通过初步评审的投标文件为2份时，由评标委员会决定是否继续进行评审。若通过初步评审的投标文件仅为1份时，评标委员会否决所有投标。

（二）首先，评标委员会对各投标文件进行初步评审，投标文件有下列情形之一的，由评标委员会初审后按废标处理：

1. 未按规定的格式填写，内容不全或字迹模糊辨认不清；

2. 投标文件附有招标人不能接受条件的；

3. 投标文件未逐页盖章，投标函、开标一览表、授权委托书无法定代表人印鉴或签字，或其他未按招标文件规定格式签字、盖章的；

4. 投标文件技术文件做明显标记的，透露投标人信息的，这些信息包括：企业名称、工作人员姓名、地址、电话、网址、邮箱、目前在管项目名称、与这次招标项目名称不一致的项目名称、企业英文名称及缩写、企业名称拼音及缩写，或其他特殊标记；

5. 投标文件没有对招标文件的实质性要求和条件作出响应的；

6. 提供虚假资料的；

7. 招标文件中规定的其他废标情况。

（三）详细评审及打分

1. 详细评审分为商务部分、技术部分、资信部分、现场答辩四个部分，评标委员会对投标人各部分打分的平均值汇总即为该投标人的综合得分。评标委员会成员应实事求是进行打分，打分过高或过低，需说明理由，最终由评标委员会确定该项打分是否有效。拒不说明理由的，其所打分数视为无效。

2. 采取百分制，商务部分、技术部分、资信部分、现场答辩评分比例为30∶40∶15∶15。

3. 评审前招标人须提供电子项目资料（PPT），并由招标人代表进行本项目概况介绍，评委以此为依据进行评审，评审过程中招标人代表有权对评委提出的疑问作出解答。

（1）商务部分评分标准（共30分）。

车位报价不计入商务部分报价打分范畴，报价打分以高层住宅报价为依据。

所有通过初步评审的投标人住宅基础物业服务费投标报价之和的平均值，即为终定标底（保留三位小数，小数点第四位四舍五入），投标人报价等于该终定标底得标准分（30分），每比终定标底高1%扣0.3分，每比终定标底低1%扣0.2分，扣完为止，报价得分保留两位小数，小数点第三位四舍五入。

(2) 技术部分评分标准（共40分）：若缺该项描述，则该项得零分。具体见表9-1。

技术部分评分标准 表9-1

序号	评审内容	标准分	分值区间
1	管理方式及理念	3分	科学先进得2.1~3分
			一般得1.1~2分
			较差得0~1分
2	管理服务人员的配备及培训	3分	人员配备合理、培训方法得当得2.1~3分
			一般得1.1~2分
			较差得0~1分
3	规章制度的建立及完善	4分	制度完善、切实可行得3.1~4分
			一般得1.1~3分
			较差得0~1分
4	收支预算方案	5分	预算方案合理、细项齐全完善得3.1~5分
			一般得1.1~3分
			较差得0~1分
5	档案的建立及管理	3分	档案分类科学、齐全完善得2.1~3分
			一般得1.1~2分
			较差得0~1分
6	各项指标的承诺及为完成承诺指标采取的措施	8分	各项指标深入细致、措施得力得6.1~8分
			一般得3.1~6分
			较差得0~3分
7	做好管理服务工作的设想及措施	5分	设想先进、能努力做到并措施有利得3.1~5分
			一般得1.1~3分
			较差得0~1分
8	便民服务措施	3分	便民服务措施内容丰富得2.1~3分
			一般得1.1~2分
			较差得0~1分
9	社区文化活动	3分	文化活动丰富多彩得2.1~3分
			一般得1.1~2分
			较差得0~1分
10	愿意承担的违约责任	3分	承担责任较多得2.1~3分
			一般得1.1~2分
			较差得0~1分

(3) 企业资信部分评分标准（共15分）：

A. 已接管单个建筑面积达到20万 m^2 项目加2分，每增加一个20万～30万 m^2 项目增加2分，每增加一个30万 m^2 以上项目增加3分，最高分值为10分。

B. 每有一个住宅类项目获得省优及以上称号加1分，每有一个住宅类项目获得市优称号加0.5分，最高分值为5分。

(4) 现场答辩部分评分标准（共15分）：

投标人拟定的项目负责人应为本单位人员，若在物业企业档案中查验后发现该人员注册在其他单位，则按废标处理；必须携带本人身份证原件参加现场答辩。如投标人拟定的项目负责人未到场，则现场废标。

A. 答辩顺序按开标现场投标人的签到顺序确定，答辩人可以为两人，其中一人应为本项目的项目负责人。

B. 现场答辩包括个人陈述和评委提问两部分。

C. 个人陈述时间不超过5分钟，答辩人须按照下述打分标准的内容进行脱稿答辩，不得携带纸质材料或PPT电子文档等参考资料，不得缺项、漏项，否则该项得0分。

个人陈述打分标准：评委打分保留两位小数，满分7分。

a. 物业服务企业情况介绍；(0～0.5分)

b. 项目基本情况的了解及分析；(0～1.5分)

c. 财务预算的合理性和合法性；(0～1.5分)

d. 管理工作的流程；(0～1.5分)

e. 人力资源问题；(0～1分)

f. 做好物业管理服务工作的设想、措施。(0～1分)

D. 评委提问时间不超过7分钟。评委提问打分保留两位小数，满分8分。(0～8分)

针对答辩人陈述和回答提问的表现，对政策不清楚、项目不熟悉、方案不熟知等情况，评标委员会有权对答辩人及其公司提出能力质疑，该质疑将与中标结果一并网上公示，由此产生的后果由答辩人及其公司自行承担。

评标过程中的澄清：

投标文件中有含义不明确的内容、明显文字或者计算错误，评标委员会认为需要投标人作出必要澄清、说明的，应当书面通知该投标人。投标人的澄清、说明应当采用书面形式，并不得超出投标文件的范围或者改变投标文件的实质性内容。

评标委员会不得暗示或者诱导投标人作出澄清、说明，不得接受投标人主动提出的澄清、说明。

十一、物业服务合同的签订

招标人和中标人应当自中标通知书发出之日起30日内，根据招标文件和中标人的投标文件订立书面合同。中标人无正当理由拒签合同的，招标人取消其中标资格，其投标保证金不予退还；给招标人造成的损失超过投标保证金数额的，中标人还应当对超过部分予以赔偿。招标人因上述原因取消中标人的中标资格的，可将合同授予下一个中标候选人，或者按规定重新组织招标。

十二、其他事项的说明

（一）保密

投标人无论中标与否，均有义务对招标人的情况进行保密。同时，招标人对投标人的投标文件保密。

（二）公平竞争

1. 本招标文件发出后，除非有特殊原因，投标人的任何电话、来访均不予接待。同时，我们抵制投标人采取非正常手段获得有关本次招标活动的一切信息资料，一经发现立即取消投标资格。

2. 投标人中标后不得以任何形式、理由转让管理权，如经发现，招标人有权取消中标单位资格或解除委托合同，由此引起的一切法律、经济责任全部由中标单位承担。

3. 招标人不提供该项目的物业管理开办费。

第二部分 投标文件格式（略）

第三部分 招标项目基本情况（招标人提供）（略）

2．招标项目备案

招标人应当在发布招标公告或者发出投标邀请书的 10 日前，向物业项目所在地的县级以上地方人民政府房地产行政主管部门备案。备案应向房地产行政主管部门提交以下材料：

（1）与物业管理有关的物业项目开发建设的政府批件。

（2）招标公告或者投标邀请书。

（3）招标文件。

（4）法律、法规规定的其他材料。

房地产行政主管部门发现招标有违反法律、法规规定的，应当及时责令招标人改正。

9.2.4 招标程序规则

（1）实行投标资格预审的物业管理项目，招标人应当在招标公告或者投标邀请书中载明资格预审的条件和获取资格预审文件的办法。经资格预审后，招标人应当向资格预审合格的投标申请人发出资格预审合格通知书，告知获取招标文件的时间、地点和方法，并同时向不合格的投标申请人告知资格预审结果。

（2）招标人应当确定投标人编制投标文件所需的合理时间。公开招标的物业管理项目,自招标文件发出之日起至投标人提交投标文件截止之日止,最短不得少于 20 日。

(3) 招标人对已发出的招标文件,进行必要的澄清或者修改的,应当在招标文件要求提交投标文件截止时间至少 15 日前,以书面形式通知所有的招标文件收受人,该澄清或者修改的内容为招标文件的组成部分。

(4) 招标人根据物业管理项目的具体情况,可以组织潜在的投标申请人踏勘物业项目现场,并提供隐蔽工程图纸等详细资料。对投标申请人提出的疑问应当予以澄清并以书面形式发送给所有的招标文件收受人。

(5) 通过招标投标方式选择物业服务人的,招标人应当按照以下规定时限完成物业管理招标投标工作:①现售商品房项目应当在现售前 30 日完成;②预售商品房项目应当在取得《商品房预售许可证》之前完成;③非出售的新建物业项目应当在交付使用前 90 日完成。

9.2.5 招标禁止行为

为了保证公平竞争,《招标投标暂行办法》规定了以下招标禁止行为:

(1) 招标人不得向他人透露已获取招标文件的潜在投标人的名称、数量以及可能影响公平竞争的有关招标投标的其他情况。

(2) 招标人不得泄露标底的信息。

(3) 招标人在确定中标前,不得与投标人就投标价格、投标方案等实质内容进行谈判。

9.3 物业管理投标规则

9.3.1 投标要求与投标文件

物业管理投标人是指响应前期物业管理招标、参与投标竞争的物业服务人,应当具有招标文件要求的条件。由于物业管理项目的规模、性质、设备情况、质量要求不同,相关政策和招标人对投标人的要求也不同。因此,投标人必须达到政策或招标文件要求。

招标文件根据物业管理项目的特殊需要,可以对物业服务人的经验和业绩提出特殊要求,如对物业项目设备有经管经验并有良好业绩等,因此投标人还应当具有招标文件提出的其他条件。投标人对招标文件有疑问需要澄清的,应当以书面形式向招标人提出。

投标人应当按照招标文件要求的内容编制投标文件,投标文件应当对招标文件提出的实质性要求和条件作出响应。投标文件应当包括以下内容:①投标函;②投标报价;③物业管理方案;④招标文件要求提供的其他材料。

9.3.2 投标程序规则

1. 投标文件的送达

投标人应当在招标文件要求提交投标文件的截止日期前,将投标文件密封送达投标地点。招标人收到投标文件后,应当向投标人出具标明签收人和签收时间的凭证,并妥善保存投标文件。在开标前,任何单位和个人均不得开启投标文件。在招标文件要求提交投标文件的截止时间后送达的投标文件,为无效的投标文件,投标人应当拒收。

2. 投标文件的补充、修改或撤回

投标文件送达后,投标人可以补充、修改或撤回投标文件,但必须在招标文件要求提交投标文件的截止时间前进行。投标人补充、修改或者撤回已提交的投标文件的,应当将补充、修改的内容作为投标文件的组成部分,并书面通知招标人。在招标文件要求提交投标文件的截止时间后送达的,补充或者修改的内容无效。

9.3.3 投标禁止行为

为防止投标人以非法手段骗取中标,《招标投标暂行办法》规定了以下投标禁止行为:

(1) 投标人不得以他人名义投标或者以其他方式弄虚作假,骗取中标。

(2) 投标人不得相互串通投标,不得排挤其他投标人的公平竞争,不得损害投标人或者其他投标人的合法权益。

(3) 投标人不得与招标人串通投标,损害国家利益、社会公共利益或者他人的合法权益。

(4) 禁止投标人以向招标人或者评标委员会成员行贿等不正当手段谋取中标。

【案例 9-3】

政府采购严重违法失信行为受罚

公布截止日期:2023-06-27

企业名称:××物业发展有限公司

严重违法失信行为的具体情形:提供虚假材料谋取中标。

处罚结果:罚款74993.4元,列入不良行为记录名单,一年内禁止参加政府采购活动。

处罚依据:《中华人民共和国政府采购法》第七十七条第一款第(一)项。

公布日期:2022-07-08

处罚日期:2022-06-28

执法单位：财政部

——据《中国政府采购网公开数据》修改

9.4 开标、评标和中标规则

9.4.1 开标规则

（1）开标时间应当为招标文件确定的提交投标文件的截止时间。

（2）开标地点应当在招标文件中预先确定，如变更开标地点，招标人应当事先通知投标人，以保证全体投标人准时到场后开标。

（3）开标应当邀请所有投标人参加，在招标人、监标人、投标人和评标人到齐后公开进行。

（4）开标由招标人主持，由投标人或者其推选的代表检查投标文件的密封情况，也可以由招标人委托的公证机构进行检查并公证。经确认无误后，由工作人员当众拆封，宣读投标人名称、投标价格和投标文件的主要内容。其中，招标人在招标文件要求提交投标文件的截止时间前收到的所有投标文件，包括投标人对投标书的补充、修改文件，开标时都必须当众拆封。

（5）开标过程应当做好记录，由招标人存档备查。

9.4.2 评标规则

1．评标专家名册

房地产行政主管部门应当建立评标的专家名册，应当对进入专家名册的专家进行有关法律和业务的培训，对其评标能力、廉洁公正等进行综合考评，及时取消不称职或者违法违规人员的评标专家资格。被取消评标专家资格的人员，不得再参加任何评标活动。

2．评标委员会

评标活动由招标人依法组建的评标委员会负责。评标委员会由招标人代表和评标专家共同组成，成员为5人以上单数，其中招标人代表以外的物业管理方面的专家不得少于成员总数的2/3。评标委员会的专家成员，由招标人从房地产行政主管部门建立的专家名册中采取随机抽取的方式确定。招标人代表和评标专家与投标人有利害关系的，不得进入相关项目的评标委员会。

3．评标程序

（1）评标委员会可以用书面形式要求投标人对投标文件中含义不明确的内容作必要的澄清或者说明。投标人应当采用书面形式进行澄清或者说明，其澄清或者说明不得超出投标文件的范围或者改变投标文件的实质性内容。

（2）在评标过程中，召开现场答辩会的，应当事先在招标文件中说明，并注明所占的评分比例。评标委员会应当按照招标文件的评标要求，根据标书评分、现场答辩等情况进行综合评标。除现场答辩外，评标活动应当在保密的情况下进行。

（3）评标委员会应当按照招标文件确定的评标标准和方法，对投标文件进行评审和比较，然后对评标结果签字确认。评标委员会经评审，认为所有投标文件都不符合招标文件要求的，可以否决所有投标。依法必须进行招标的物业管理项目的所有投标被否决的，招标人应当重新招标。

（4）评标委员会完成评标后，应当向招标人提出书面评标报告，阐明评标委员会对各投标文件的评审和比较意见，并按照招标文件规定的评标标准和评标方法，推荐不超过 3 名有排序的合格的中标候选人。

4．评标禁止行为

为保证评标委员会认真、公正、诚实、廉洁地履行职责，《招标投标暂行办法》规定了以下评标禁止行为：

（1）评标委员会成员不得与任何投标人或者与招标结果有利害关系的人进行私下接触，不得收受投标人、中介人、其他利害关系人的财物或者其他好处。

（2）评标委员会成员和与评标活动有关的工作人员不得透露对投标文件的评审和比较、中标候选人的推荐情况以及与评标有关的其他情况。

9.4.3 中标规则

（1）招标人应当按照中标候选人的排序先后确定中标人。当确定中标的中标候选人放弃中标，或者因不可抗力提出不能履行合同的，招标人才可以依序确定其他中标候选人为中标人。

（2）招标人应当在投标有效期截止时限 30 日前确定中标人。投标有效期是招标人向投标人告知并承诺完成招标、投标活动的期限，投标有效期应当在招标文件中载明。

（3）招标人确定中标人后，应当向中标人发出中标通知书，同时应将中标结果通知所有未中标的投标人，并应当返还其投标书。

（4）招标人应当自确定中标人之日起 15 日内，向物业项目所在地的县级以上地方人民政府房地产行政主管部门备案。备案资料应当包括开标评标过程、确定中标人的方式及理由、评标委员会的评标报告、中标人的投标文件等资料。委托代理招标的，还应当附招标代理委托合同。

（5）招标人和中标人应当自中标通知书发出之日起 30 日内，按照招标文件和中标人的投标文件订立书面合同；招标人和中标人不得再行订立背离合同实质性内容的其他协议。

（6）招标人无正当理由不与中标人签订合同，或中标人无正当理由不与招标人签订合同，应当赔偿给对方造成的损失。

【案例 9-4】
A 项目前期物业服务中标公示

发布时间：2022 年 10 月 19 日

截止时间：2022 年 10 月 21 日

建设单位：河北××开发有限公司

招标代理单位：河北××招标有限公司

A 项目前期物业服务于 2022 年 11 月 18 日在河北××招标有限公司会议室裕华区翟营大街××大厦开标、评标，经过评标委员会的评比、打分，确定中标结果如下：

中标单位：河北××物业服务有限公司

现将该项目的中标结果予以公示，接受社会各界监督。特此公告！

——摘自《石家庄物业管理网》改编

本章小结

物业管理招标投标是指业主或者建设单位通过招标方式选聘物业服务人，物业服务人通过投标方式竞聘物业管理项目的活动。其中，由建设单位通过招标方式选聘物业服务人的，称为前期物业管理招标投标。招标投标活动必须遵守"公开、公平、公正和诚实信用"的原则。前期物业管理招标分为公开招标和邀请招标。

物业管理投标人是指响应前期物业管理招标、参与投标竞争的物业服务人，应当具有招标文件要求的条件。投标人应当按照招标文件要求的内容编制投标文件，投标文件应当对招标文件提出的实质性要求和条件作出响应。

开标时间、开标地点应当在招标文件中预先确定；开标应当邀请所有投标人参加；开标由招标人主持，由投标人或者其推选的代表检查投标文件的密封情况，也可以由招标人委托的公证机构进行检查并公证；开标过程应当做好记录，由招标人存档备查。

评标活动由招标人依法组建的评标委员会负责。评标委员会由招标人代表和评标专家共同组成，成员为 5 人以上单数，其中招标人代表以外的物业管理方面的专家不得少于成员总数的 2/3。

招标人应当按照中标候选人的排序先后确定中标人；招标人应当在投标有效期截止时限 30 日前确定中标人；招标人确定中标人后，应当向中标人发出中标通知书，同时应将中标结果通知所有未中标的投标人；招标人应当自确定中标人之日起 15 日内，向物业项目所在地的县级以上地方人民政府房地产行政主管部门备案；招标人无正当理由不与中标人签订合同，或中标人无正当理由不与招标人签订合同，应当赔偿给对方造成的损失。

复习思考题

1. 招标投标的概念是什么？
2. 如何认识前期物业管理招标投标活动的意义与原则？
3. 物业管理招标的形式包括哪些？
4. 招标文件如何编制？
5. 投标文件应包括哪些内容？
6. 简述招标的主要程序。
7. 简述投标的主要程序。
8. 投标禁止行为有哪些？
9. 简述开标、评标和中标的规则。
10. 物业管理招标投标备案的有关规定是什么？

10 物业承接查验制度

> **学习目标**
>
> 熟悉物业承接查验的定义、必要性,掌握物业承接查验的基本原则和指导思想;熟悉物业承接查验的依据、条件,掌握物业承接查验的内容、程序;了解建设单位在承接查验中的义务和责任,了解物业服务人在承接查验中的义务和责任;掌握物业承接查验的记录,了解物业承接查验的协议、备案。

> **知识要点**
>
> 1. 物业承接查验的定义、必要性。
> 2. 物业承接查验的基本原则和指导思想。
> 3. 物业承接查验的依据、条件、内容、程序。
> 4. 建设单位在承接查验中的义务和责任。
> 5. 物业服务人在承接查验中的义务和责任。
> 6. 物业承接查验记录、协议与备案。

10.1 物业承接查验概述

10.1.1 物业承接查验的定义

《物业承接查验办法》第二条规定:物业承接查验,是指承接新建物业前,物业服务人和建设单位按照国家有关规定和前期物业服务合同的约定,共同对物业共用部位、共用设施设备进行检查和验收的活动。物业管理早期实践中,将物业承接查验混同于工程竣工验收的情况较为常见,有必要对二者进行明确的区分。

物业承接查验是指物业服务人在承接物业时,对物业共用部位、共用设施设备的配置标准、外观质量和使用功能的再检验,是物业服务人接受建设单位委托开展前期物业管理工作的前提条件。

工程竣工验收是指建设工程项目竣工后,开发建设单位会同设计、监理、施工、设备供应等单位,对该工程项目是否符合规划设计要求以及建筑施工和设备安装质量进行的全面检验,是承包单位向建设单位交付工程项目的前提条件。

10.1.2 物业承接查验的必要性

1. 物业承接查验是规范前期物业服务合同行为的需要

物业承接查验活动是履行前期物业服务合同的一个主要内容和关键环节,

目前政府之所以应当监管物业承接查验活动,主要基于以下两个方面的原因:一方面,物业管理活动具有准公共性,前期物业服务合同的主体,表面上是建设单位和物业服务人双方,但合同的内容、履行和结果涉及物业管理区域内全体业主的利益,对物业承接查验这一合同行为进行规范和监督,有利于维护社会公共利益;另一方面,在竞争性的物业服务市场中,物业服务人与建设单位处于不平等的缔约地位,迫于建设单位的选择权压力,物业服务人往往不得不接受不公平的合同条件,前期物业服务合同双方权益失衡的情况较为普遍,其中的一个主要现象就是物业承接查验活动的缺失或者流于形式。因此,有必要通过规范合同行为来平衡双方当事人的利益,以维护物业管理的市场秩序。

2. 物业承接查验是保护业主物权的需要

物业管理活动的出发点和归宿,是业主物权利益的最大化。虽然物业承接查验行为由建设单位和物业服务人共同实施,但该合同行为的结果却与物业的主人——业主密切相关。现代物业分割销售的开发模式和建筑物区分所有的产权模式,决定了建筑物的共有物权和共同管理权必须由全体业主来行使。在前期物业管理阶段,由于不具备业主大会成立的法定条件或者现实条件,在业主共同利益代表者缺位的情况下,物业服务人的选择权由建设单位代为行使,物业共有部分的承接查验权由物业服务人代为行使,这种双重被代理的角色,决定了业主在前期物业管理阶段的弱势地位。因此,从防止建设单位和物业服务人利用优势地位侵害业主的权利出发,从保护在前期物业管理阶段业主的物权出发,都有必要规范建设单位和物业服务人的承接查验行为。

3. 物业承接查验是促进物业服务行业发展的需要

物业承接查验制度,通过强化建设单位在承接查验工作中的义务和责任,通过加强对物业服务人在承接查验工作中的指导和协助,最大限度地减少开发建设遗留问题,为前期物业管理活动创造有利条件,以促进物业服务行业的健康发展。物业承接查验制度,是《物业管理条例》"发展为重、平衡利益、保护弱者"立法理念的贯彻落实。在物业承接查验活动中,"发展为重"与"平衡利益"和"保护弱者"是相辅相成、互为因果和互为促进的共生关系。一方面,只有物业管理行业在摆脱生存困境的基础上发展壮大,只有物业服务人与建设单位在前期物业管理市场中处于平等缔约和竞价的地位,才能保证前期物业管理资源得到公平、合理和有效的配置,才能从根本上保护作为前期物业服务合同第三方的业主的利益;另一方面,只有前期物业管理活动各方的利益得以平衡,只有处于弱势地位的业主的权益得以保护,才能为物业管理的市场培育营造一个良好的法律环境,才能促进物业管理行业的长期可持续发展。

【案例 10-1】

河南省住房和城乡建设厅印发《河南省物业承接查验办法》

2020 年 4 月 23 日,河南省住房和城乡建设厅印发《河南省物业承接查验办法》（以下简称《办法》），明确建设单位、物业服务人的责任义务，规范物业承接查验行为，维护业主的合法权益。

小区交付 15 日前要承接查验，邀业主代表参加。

《办法》规定，建设单位应当按照国家有关规定和商品房买卖合同约定，向物业服务人移交权属明确、资料完整、质量合格、功能完备、配套齐全的物业，并在物业交付使用 15 日前，与选聘的物业服务企业完成物业共用部位、共用设施设备的承接查验工作。

《办法》明确，物业承接查验活动，业主享有知情权和监督权。建设单位应当邀请物业项目所在地县（市、区）物业管理行政主管部门工作人员、业主代表参加物业承接查验，见证承接查验活动。物业承接查验档案属于全体业主所有，业主有权免费查询。

未经查验小区使用维修资金受影响。

《办法》要求，建设单位应当按照国家规定的保修期限和保修范围，承担物业共用部位、共用设施设备的保修责任。建设单位不得以物业交付期限届满为由，要求物业服务人承接不符合交用条件或者未经查验的物业。

自物业交接之日起，物业服务人应当全面履行前期物业服务合同约定的、法律法规规定的以及行业规范确定的维修、养护和管理义务，承担因管理服务不当致使物业共用部位、共用设施设备毁损或者灭失的责任。

物业服务人擅自承接未经查验或者承接不符合条件的物业，因物业共用部位、共用设施设备缺陷给业主造成损害的，应当承担相应的赔偿责任。因维护物业共用部位、共用设施设备缺陷已使用维修资金的，应当予以返还。

10.1.3 物业承接查验的基本原则和指导思想

物业承接查验应当遵循诚实信用、客观公正、权责分明以及保护业主共有财产的原则。物业承接查验制度的指导思想是：

（1）以《民法典》和《物业管理条例》为依据，尊重业主的物权，尊重物业服务人与建设单位的契约自由；以维护业主的共同利益和物业管理市场秩序为目标，明确房地产行政主管部门的指导和监督职能。

（2）正视前期物业服务合同双方权利义务失衡的现实，平衡建设单位与物业服务人在物业承接查验中的利益；正视前期物业管理阶段业主大会缺失的现实，发挥物业服务人在物业承接查验工作中的专业优势。

（3）规范建设单位在物业承接查验中的责任和义务，督促建设单位提高物业共用部位、共用设施设备的建设质量；规范物业服务人在物业承接查验中的权利和义务，为前期物业管理活动顺利开展创造条件。

（4）强化物业承接查验工作的针对性和实用性，根据以往物业承接查验中存在的问题，有针对性地进行相关制度设计；强化物业承接查验工作的程序性和可操作性，通过具体详细的程序规定和操作规范，指导相关主体在实践中适用实施。

10.2 物业承接查验的主要内容

10.2.1 物业承接查验的依据

实施物业承接查验，主要依据下列文件：①物业买卖合同；②临时管理规约；③前期物业服务合同；④物业规划设计方案；⑤建设单位移交的图纸资料；⑥建设工程质量法规、政策、标准和规范。

为了保证物业承接查验工作有约可依和有据可查，《物业承接查验办法》明确规定，应当约定物业承接查验相关内容的三个契约性文件：

（1）建设单位与物业买受人签订的物业买卖合同，应当约定其所交付物业的共用部位、共用设施设备的配置和建设标准。

（2）建设单位制定的临时管理规约，应当对全体业主同意授权物业服务人代为查验物业共用部位、共用设施设备的事项作出约定。

（3）建设单位与物业服务人签订的前期物业服务合同，应当包含物业承接查验的内容。

10.2.2 物业承接查验的条件

在各地取消综合性验收的大背景下，为保证物业硬件符合交付使用条件，为实施物业管理创造有利条件，《物业承接查验办法》规定实施承接查验的物业应当具备以下条件：

（1）建设工程竣工验收合格，取得规划、消防、环保等主管部门出具的认可或者准许使用文件，并经建设行政主管部门备案。

（2）供水、排水、供电、供气、供热、通信、公共照明、有线电视等市政公用设施设备按规划设计要求建成，供水、供电、供气、供热已安装独立计量表具。

（3）教育、邮政、医疗卫生、文化体育、环卫、社区服务等公共服务设施已按规划设计要求建成。

（4）道路、绿地和物业服务用房等公共配套设施按规划设计要求建成，并满足使用功能要求。

（5）电梯、二次供水、高压供电、消防设施、压力容器、电子监控系统等共用设施设备取得使用合格证书。

（6）物业使用、维护和管理的相关技术资料完整齐全。

（7）法律、法规规定的其他条件。

10.2.3 物业承接查验的内容

物业服务人应当对下列物业共用部位、共用设施设备进行检查和验收：

（1）共用部位。一般包括建筑物的基础、承重墙体、柱、梁、楼板、屋顶以及外墙、门厅、楼梯间、走廊、楼道、扶手、护栏、电梯井道、架空层及设备间等。

（2）共用设备。一般包括电梯、水泵、水箱、避雷设施、消防设备、楼道灯、电视天线、发电机、变配电设备、给水排水管线、电线、供暖及空调设备等。

（3）共用设施。一般包括道路、绿地、人造景观、围墙、大门、信报箱、宣传栏、路灯、排水沟、渠、池、污水井、化粪池、垃圾容器、污水处理设施、机动车（非机动车）停车设施、休闲娱乐设施、消防设施、安防监控设施、人防设施、垃圾转运设施以及物业服务用房等。

建设单位应当依法移交有关单位的供水、供电、供气、供热、通信和有线电视等共用设施设备，不作为物业服务人现场检查和验收的内容。

现场查验应当综合运用核对、观察、使用、检测和试验等方法，重点查验物业共用部位、共用设施设备的配置标准、外观质量和使用功能。

10.2.4 物业承接查验的程序

物业承接查验按照下列程序进行：①确定物业承接查验方案；②移交有关图纸资料；③查验共用部位、共用设施设备；④解决查验发现的问题；⑤确认现场查验结果；⑥签订物业承接查验协议；⑦办理物业交接手续。

10.3 建设单位、物业服务人的义务和责任

10.3.1 建设单位在承接查验中的义务和责任

1．建设单位在承接查验中的义务

为了加强对建设单位的约束，督促建设单位切实做到诚实信用，《物业承接查验办法》规定建设单位在物业承接查验中，应当履行以下义务：

（1）建设单位应当按照国家有关规定和物业买卖合同的约定，移交权属明确、资料完整、质量合格、功能完备、配套齐全的物业。

（2）建设单位应当在物业交付使用 15 日前，与选聘的物业服务人完成物业共用部位、共用设施设备的承接查验工作。

（3）建设单位应当在现场查验 20 日前，向物业服务人移交下列资料：

1）竣工总平面图，单体建筑、结构、设备竣工图，配套设施、地下管网工程竣工图等竣工验收资料。

2) 共用设施设备清单及其安装、使用和维护保养等技术资料。
3) 供水、供电、供气、供热、通信、有线电视等准许使用文件。
4) 物业质量保修文件和物业使用说明文件。
5) 承接查验所必需的其他资料。

未能全部移交上述所列资料的,建设单位应当列出未移交资料的详细清单并书面承诺补交的具体时限。

(4) 建设单位应当根据物业服务人的书面通知,及时解决现场查验中发现的物业共用部位、共用设施设备数量和质量不符合规定的问题,并组织物业服务人复验。

(5) 建设单位应当委派专业人员参与现场查验,与物业服务人共同确认现场查验的结果,签订物业承接查验协议。

(6) 建设单位应当在物业承接查验协议签订后 10 日内办理物业交接手续,向物业服务人移交物业服务用房以及其他物业共用部位、共用设施设备。

(7) 建设单位不得凭借关联关系滥用股东权利,在物业承接查验中免除自身责任,加重物业服务人的责任,损害物业买受人的权益。

(8) 建设单位不得以物业交付期限届满为由,要求物业服务人承接不符合交用条件或者未经查验的物业。

2. 建设单位在承接查验中的责任

为了督促建设单位履行物业承接查验义务,《物业承接查验办法》明确规定了建设单位的四项法律责任:

(1) 物业交接后,建设单位未能按照物业承接查验协议的约定,及时解决物业共用部位、共用设施设备存在的问题,导致业主人身、财产安全受到损害的,应当依法承担相应的法律责任。

(2) 物业交接后,发现隐蔽工程质量问题,影响房屋结构安全和正常使用的,建设单位应当负责修复;给业主造成经济损失的,建设单位应当依法承担赔偿责任。

(3) 建设单位应当按照国家规定的保修期限和保修范围,承担物业共用部位、共用设施设备的保修责任。

(4) 建设单位不移交有关承接查验资料的,由物业所在地房地产行政主管部门责令限期改正;逾期仍不移交的,对建设单位予以通报,并按照《物业管理条例》第五十八条的规定处罚。

10.3.2 物业服务人在承接查验中的义务和责任

1. 物业服务人在承接查验中的义务

为了加强对物业服务人的指导,督促物业服务人切实做到客观公正,《物业承接查验办法》规定,物业服务人在物业承接查验中应当履行以下义务:

(1) 物业服务人应当通过参与建设工程的设计、施工、分户验收和竣工验收等活动，向建设单位提供有关物业管理的建议，为实施物业承接查验创造有利条件。

（2）物业服务人应当对建设单位移交的资料进行清点和核查，重点核查共用设施设备出厂、安装、试验和运行的合格证明文件。

（3）物业服务人应当在现场查验中，将物业共用部位、共用设施设备的数量和质量不符合约定或者规定的情况，书面通知建设单位。

（4）物业服务人应当将承接查验有关的文件、资料和记录建立档案并妥善保管。前期物业服务合同终止，业主大会选聘新的物业服务人的，原物业服务人应当在前期物业服务合同终止之日起 10 日内，向业主委员会移交物业承接查验档案。

2．物业服务人在承接查验中的责任

为了督促物业服务人履行物业承接查验义务，《物业承接查验办法》明确规定了物业服务人的三项法律责任：

（1）自物业交接之日起，物业服务人应当全面履行前期物业服务合同约定的、法律法规规定的以及行业规范确定的维修、养护和管理义务，承担因管理服务不当致使物业共用部位、共用设施设备毁损或者灭失的责任。

（2）物业服务人应当将承接查验有关的文件、资料和记录建立档案并妥善保管。

（3）物业服务人擅自承接未经查验的物业，因物业共用部位、共用设施设备缺陷给业主造成损害的，物业服务人应当承担相应的赔偿责任。

10.4 物业承接查验记录、协议与备案

10.4.1 物业承接查验记录

（1）现场查验应当形成书面记录。查验记录应当包括查验时间、项目名称、查验范围、查验方法、存在问题、修复情况以及查验结论等内容，查验记录应当由建设单位和物业服务人参加查验的人员签字确认。

（2）交接工作应当形成书面记录。交接记录应当包括移交资料明细、物业共用部位、共用设施设备明细、交接时间、交接方式等内容。交接记录应当由建设单位和物业服务人共同签章确认。

10.4.2 物业承接查验协议

在物业承接查验全过程中，签订物业承接查验协议是最为关键的核心环节。签订物业承接查验协议，既是对现场查验结果的确认，也是物业服务人接收物业共用部位、共用设施设备的先决条件。为发挥物业承接查验协议在物业承接查验活动中的核心作用，《物业承接查验办法》明确规定了物业承接查验

协议的内容、效力和违约责任。

（1）物业承接查验协议的内容应当包括物业承接查验基本情况、存在问题、解决方法及其时限、双方权利义务、违约责任等。

（2）物业承接查验协议是前期物业服务合同的补充协议，与前期物业服务合同具有同等法律效力。

（3）物业承接查验协议生效后，当事人一方不履行协议约定的交接义务，导致前期物业服务合同无法履行的，应当承担违约责任。

10.4.3 物业承接查验备案

为了加强日常监管工作，《物业承接查验办法》明确规定了物业承接查验备案制度，要求物业所在地区、县（市）房地产行政主管部门在物业交接后30日内，根据物业服务人提交的文件资料办理备案手续。申请办理物业承接查验备案手续，物业服务人应当提交以下文件资料：①前期物业服务合同；②临时管理规约；③物业承接查验协议；④建设单位移交资料清单；⑤查验记录；⑥交接记录；⑦其他承接查验有关的文件。

10.5 保护业主权益的相关规定

为防止前期物业服务合同终止后物业服务人拒交物业承接查验档案，《物业承接查验办法》明确规定物业承接查验档案属于全体业主所有；为发挥业主在物业承接查验中的主观能动性，《物业承接查验办法》明确规定业主的知情权和监督权，并要求建设单位和物业服务人应当将物业承接查验备案情况书面告知业主；为保障物业承接查验的经费来源，《物业承接查验办法》规定由建设单位和物业服务人在前期物业服务合同中约定物业承接查验费用的承担，没有约定或者约定不明确的，由建设单位承担；为发挥各方主体的监督作用，《物业承接查验办法》规定物业承接查验可以邀请业主代表以及物业所在地房地产行政主管部门参加，可以聘请相关专业机构协助进行，物业承接查验的过程和结果可以公证，物业所在地房地产行政主管部门应当及时处理业主对建设单位和物业服务人承接查验行为的投诉。

【案例 10-2】

南京浦口区承接查验评估工作的实施

为了解决新建小区物业承接查验"走过场"，导致交房质量差、问题多，建设单位和物业服务企业相互推诿扯皮，继而引发业主 12345 投诉不断的痛点，南京市浦口区住房保障和房产局（以下简称"浦口房产局"）于 2017 年开展了省内创新物业承接查验评估工作，并在全区新建住宅小区（含商品房及保障房）推行，同时委托南京市浦口区物业管理行业协会（以下简称"浦口物协")具体实施。经过五年的积极实践，浦口物协已累计完成63个住宅小区的物业承接查验评估工作，评估总面积为1198.2万 m^2，总户数70114余户，查验问题整改项共计7571条，综合整改率达81%，极大地提升了交房质量，降低后期管理隐患及维修成本，切实提高了小区业主的居住品质。

浦口房产局作为新建小区物业承接查验评估的主导方，委托浦口物协具体组织和实施承接查验评估工作，既可以更好地把握行业的发展方向、保证评估工作的公信力，又可以充分发挥行业协会的资源优势。在实践探索中，双方积极配合，不断细化评估标准、完善评估程序，形成了一套完整的评估体系。

1. 制定物业承接查验标准

评估工作需要完善细致的查验标准，围绕这个关键点，浦口物协组织协会专家库各端口专家、行业专业测评机构、行业主管部门领导、院校教授等组建专项小组，在协会会员单位南京某物业公司自行探索的承接查验标准的基础上，结合国家及各地方标准及其他企业的经验，共同研讨评估工作标准，形成一定成果后在不同的试点项目上实践，完成再论证、再修订的过程，最终在浦口房产局的大力支持下制定了《南京市浦口区物业承接查验技术标准》。标准中将住宅小区物业承接查验分为单体建筑、地下车库、电梯、消防给水、火灾自动报警及联动、弱电、道闸、变配电、园林景观、室外排水共十大系统，对每个系统的查验标准都作了明确规定。标准的出台使得评估工作有规可依、有章可循。

2. 制定物业承接查验评估方案

浦口物协根据浦口房产局下达的工作目标，结合现场实践，制定了《物业承接查验评估方案及流程》，将评估工作分为项目启动会、组建评估专家团队、专家培训及项目情况交底、专家现场查验、专家技术评审会、下发整改通知单、专家复验、拟定《项目物业承接查验评估报告》、评估报告评审会等多项流程，确保评估过程专业、完整，评估结果真实、有效。同时，评估整改意见根据问题程度将查验项分为"立即整改"项、"建议整改"项、"品质提升整改"项三类，对评估项目的建设单位及物业服务企业起到指导、培训功效。协会出具的《项目物业承接查验评估报告》成为浦口房产局为该项目做承接查验备案的重要依据。

3. 建立物业承接查验评估专家库

浦口物协根据承接查验评估工作的实施情况，将参与评估的专家进行工作分组，分别为图纸资料组、水电组、暖通组、土建结构组、园林绿化组共5组，同时进场查验评估。为了确保评估专家的专业性和公正性，除了在浦口物协专家库里梳理出各条线专业能力强的专家外，又从南京市专家库内吸纳部分专家共同组成浦口区物业承接查验评估专家团队。进入团队的专家都将接受《物业承接查验技术标准》《物业承接查验评估方案及流程》的系统培训，在为每个项目安排评估专家时会根据分工专业进行配置，并且确保每位专家与本项目均无关联关系。每一个项目评估结束后，还会组织参与的专家进行复盘研讨，不断完善评估方案。

4. 研发物业承接查验智慧系统

浦口物协于2019年与一家科技公司共同研发了"南京浦口区物业管理协会——物业承接查验评估系统"，建立了承接查验Pad端口：实现承接查验专家电子化签到，确保数据真实性；实现承接查验标准逐条显示，确保现场查验不疏漏；实现现场查验整体问题录入、反馈、复验全流程管理；实现查验数据系统自动多维度分析；对所有新建项目的承接查验情况建立永久电子档案，形成智慧化管理，为后续的成果输出、问题统计、对比分析提供完整数据，也为政府管控提供信息技术支撑。

——原载于《中国物业管理》杂志2022年第11期

本章小结

物业承接查验是指物业服务人在承接物业时，对物业共用部位、共用设施设备的配置标准、外观质量和使用功能的再检验，是物业服务人接受建设单位委托开展前期物业管理工作的前提条件。物业承接查验是规范前期物业服务合同行为的需要，是保护业主物权的需要，是促进物业服务行业发展的需要。物业服务人应当对物业共用部位、共用设施设备进行检查和验收。

实施物业承接查验，主要依据下列文件：①物业买卖合同；②临时管理规约；③前期物业服务合同；④物业规划设计方案；⑤建设单位移交的图纸资料；⑥建设工程质量法规、政策、标准和规范。

物业承接查验按照下列程序进行：①确定物业承接查验方案；②移交有关图纸资料；③查验共用部位、共用设施设备；④解决查验发现的问题；⑤确认现场查验结果；⑥签订物业承接查验协议；⑦办理物业交接手续。

物业服务人在现场查验应当形成书面记录，交接工作也应当形成书面记录。

复习思考题

1. 简述物业承接查验制度的必要性。
2. 物业承接查验的条件是什么？
3. 简述物业承接查验的内容。
4. 物业承接查验的主要程序是什么？
5. 简述建设单位、物业服务人在物业承接查验中的义务和责任。

11 住宅专项维修资金制度

> **学习目标**
>
> 熟悉住宅专项维修资金的定义,掌握住宅专项维修资金的管理原则;熟悉住宅专项维修资金的缴存主体、缴存金额,掌握住宅专项维修资金的缴存方式;掌握住宅专项维修资金的使用程序;熟悉住宅专项维修资金的监督管理。

> **知识要点**
>
> 1. 住宅专项维修资金的定义、管理原则。
> 2. 住宅专项维修资金的缴存主体、金额、方式。
> 3. 住宅专项维修资金的使用原则、分摊原则。
> 4. 住宅专项维修资金的使用程序。
> 5. 住宅专项维修资金的过户和返还。
> 6. 住宅专项维修资金违法行为的法律责任。

11.1 住宅专项维修资金概述

11.1.1 住宅专项维修资金的定义

住宅专项维修资金是指专项用于住宅共用部位、共用设施设备保修期满后的维修和更新、改造的资金。

共用部位是指根据法律、法规和房屋买卖合同,由单幢住宅内业主或者单幢住宅内业主及与之结构相连的非住宅业主共有的部位,一般包括:住宅的基础、承重墙体、柱、梁、楼板、屋顶以及户外的墙面、门厅、楼梯间、走廊通道等。

共用设施设备是指根据法律、法规和房屋买卖合同,由住宅业主或者住宅业主及有关非住宅业主共有的附属设施设备,一般包括电梯、天线、照明、消防设施、绿地、道路、路灯、沟渠、池、井、非经营性车场车库、公益性文体设施和共用设施设备使用的房屋等。

11.1.2 管理原则

住宅专项维修资金管理实行专户存储、专款专用、所有权人决策、政府监督的原则。

11.1.3 监管部门

国务院住房和城乡建设部门会同国务院财政部门负责全国住宅专项维修资

金的指导和监督工作。县级以上地方人民政府建设（房地产）主管部门会同同级财政部门负责本行政区域内住宅专项维修资金的指导和监督工作。

11.2 住宅专项维修资金的缴存

11.2.1 住宅专项维修资金的缴存主体

住宅专项维修资金的缴存主体主要包括以下三类：

(1) 住宅的业主，但一个业主所有且与其他物业不具有共用部位、共用设施设备的除外。

(2) 住宅小区内的非住宅或者住宅小区外与单幢住宅结构相连的非住宅的业主。

(3) 涉及公有住房出售的，售房单位应当按照规定缴存住宅专项维修资金。业主缴存的住宅专项维修资金属于业主所有，从公有住房售房款中提取的住宅专项维修资金属于公有住房售房单位所有。

11.2.2 住宅专项维修资金的缴存金额

(1) 商品住宅的业主、非住宅的业主按照所拥有物业的建筑面积缴存住宅专项维修资金，每平方米建筑面积缴存首期住宅专项维修资金的数额为当地住宅建筑安装工程每平方米造价的 5%~8%。每平方米建筑面积缴存的首期住宅专项维修资金的数额，由直辖市、市、县人民政府建设（房地产）主管部门根据本地区情况确定并公布。

(2) 出售公有住房的，业主按照所拥有物业的建筑面积缴存住宅专项维修资金，每平方米建筑面积缴存首期住宅专项维修资金的数额为当地房改成本价的 2%。售房单位按照多层住宅不低于售房款的 20%、高层住宅不低于售房款的 30%，从售房款中一次性提取住宅专项维修资金。

11.2.3 住宅专项维修资金的缴存方式

(1) 商品住宅的业主应当在办理房屋入住手续前，将首期住宅专项维修资金存入住宅专项维修资金专户。

(2) 已售公有住房的业主应当在办理房屋入住手续前，将首期住宅专项维修资金存入公有住房住宅专项维修资金专户或者交由售房单位存入公有住房住宅专项维修资金专户。公有住房售房单位应当在收到售房款之日起 30 日内，将提取的住宅专项维修资金存入公有住房住宅专项维修资金专户。

(3) 未按规定缴存首期住宅专项维修资金的，开发建设单位或者公有住房售房单位不得将房屋交付购买人。

(4) 业主分户账面住宅专项维修资金余额不足首期缴存额 30% 的，应当及时续缴。成立业主大会的,续缴方案由业主大会决定。未成立业主大会的,续缴按照直辖市、市、县人民政府建设(房地产)主管部门会同同级财政部门制定的具体管理办法实施。

11.3 住宅专项维修资金的管理

11.3.1 业主大会成立前住宅专项维修资金的管理

按照2007年建设部和财政部颁发的《住宅专项维修资金管理办法》第十条规定:业主大会成立前,商品住宅业主、非住宅业主缴存的住宅专项维修资金,由物业所在地直辖市、市、县人民政府建设(房地产)主管部门代管。直辖市、市、县人民政府建设(房地产)主管部门应当委托所在地一家商业银行,作为本行政区域内住宅专项维修资金的专户管理银行,并在专户管理银行开立住宅专项维修资金专户。开立的住宅专项维修资金专户,以物业管理区域为单位设账,按房屋户门号设分户账,未划定物业管理区域的,以幢为单位设账,按房屋户门号设分户账。

业主大会成立前,已售公有住房住宅专项维修资金,由物业所在地直辖市、市、县人民政府财政部门或者建设(房地产)主管部门负责管理。负责管理公有住房住宅专项维修资金的部门应当委托所在地一家商业银行,作为本行政区域内公有住房住宅专项维修资金的专户管理银行,并在专户管理银行开立公有住房住宅专项维修资金专户。开立公有住房住宅专项维修资金专户,应当按照售房单位设账,按幢设分账;其中,业主缴存的住宅专项维修资金,按房屋户门号设分户账。专户管理银行、代收住宅专项维修资金的售房单位应当出具由财政部或者省、自治区、直辖市人民政府财政部门统一监制的住宅专项维修资金专用票据。

11.3.2 业主大会成立后住宅专项维修资金的划转和管理

《住宅专项维修资金管理办法》第十五条规定,业主大会成立后,应当按照下列规定划转业主缴存的住宅专项维修资金:

(1)业主大会应当委托所在地一家商业银行作为本物业管理区域内住宅专项维修资金的专户管理银行,并在专户管理银行开立住宅专项维修资金专户。开立住宅专项维修资金专户,应当以物业管理区域为单位设账,按房屋户门号设分户账。

(2)业主委员会应当通知所在地直辖市、市、县人民政府建设(房地产)主管部门;涉及已售公有住房的,应当通知负责管理公有住房住宅专项维修资金的部门。

(3)直辖市、市、县人民政府建设(房地产)主管部门或者负责管理公有住房住宅专项维修资金的部门在收到通知之日起 30 日内，通知专户管理银行将该物业管理区域内业主缴存的住宅专项维修资金账面余额划转至业主大会开立的住宅专项维修资金账户，并将有关账目等移交业主委员会。

住宅专项维修资金划转后的账目管理单位，由业主大会决定。业主大会应当建立住宅专项维修资金管理制度。业主大会开立的住宅专项维修资金账户，应当接受所在地直辖市、市、县人民政府建设（房地产）主管部门的监督。

11.4 住宅专项维修资金的使用

11.4.1 住宅专项维修资金的使用原则

住宅专项维修资金专项用于住宅共用部位、共用设施设备保修期满后的维修和更新、改造。住宅专项维修资金的使用应当遵循方便快捷、公开透明、受益人和负担人相一致的原则。

11.4.2 住宅专项维修资金的分摊规则

住宅共用部位、共用设施设备的维修、更新、改造费用，按照下列规定分摊：

（1）商品住宅之间或者商品住宅与非住宅之间共用部位、共用设施设备的维修和更新、改造费用，由相关业主按照各自拥有物业建筑面积的比例分摊。

（2）售后公有住房之间共用部位、共用设施设备的维修和更新、改造费用，由相关业主和公有住房售房单位按照所缴存住宅专项维修资金的比例分摊；其中，应由业主承担的，再由相关业主按照各自拥有物业建筑面积的比例分摊。

（3）售后公有住房与商品住宅或者非住宅之间共用部位、共用设施设备的维修和更新、改造费用，先按照建筑面积比例分摊到各相关物业。其中，售后公有住房应分摊的费用，再由相关业主和公有住房售房单位按照所缴存住宅专项维修资金的比例分摊。

（4）住宅共用部位、共用设施设备的维修和更新、改造，涉及尚未售出的商品住宅、非住宅或者公有住房的，开发建设单位或者公有住房单位应当按照尚未售出商品住宅或者公有住房的建筑面积分摊维修和更新、改造费用。

11.4.3 住宅专项维修资金的使用程序

1．划转业主大会管理前的使用程序

住宅专项维修资金划转业主大会管理前，需要使用住宅专项维修资金的，按照下列程序办理：

（1）物业服务人根据维修和更新、改造项目提出使用建议；没有物业服务人的，由相关业主提出使用建议。

（2）住宅专项维修资金列支范围内专有部分占建筑物总面积 2/3 以上的业主且占总人数 2/3 以上的业主讨论通过使用建议。

（3）物业服务人或者相关业主组织实施使用方案。

（4）物业服务人或者相关业主持有关材料，向所在地直辖市、市、县人民政府建设（房地产）主管部门申请列支。其中，动用公有住房住宅专项维修资金的，向负责管理公有住房住宅专项维修资金的部门申请列支。

（5）直辖市、市、县人民政府建设（房地产）主管部门或者负责管理公有住房住宅专项维修资金的部门审核同意后，向专户管理银行发出划转住宅专项维修资金的通知。

（6）专户管理银行将所需住宅专项维修资金划转至维修单位。

2．划转业主大会管理后的使用程序

住宅专项维修资金划转业主大会管理后，需要使用住宅专项维修资金的，按照下列程序办理：

（1）物业服务人提出使用方案，使用方案应当包括拟维修和更新、改造的项目、费用预算、列支范围、发生危及房屋安全等紧急情况以及其他需临时使用住宅专项维修资金的情况的处置办法等。

（2）业主大会依法通过使用方案。

（3）物业服务人组织实施使用方案。

（4）物业服务人持有关材料向业主委员会提出列支住宅专项维修资金。其中，动用公有住房住宅专项维修资金的，向负责管理公有住房住宅专项维修资金的部门申请列支。

（5）业主委员会依据使用方案审核同意，并报直辖市、市、县人民政府建设（房地产）主管部门备案；动用公有住房住宅专项维修资金的，经负责管理公有住房住宅专项维修资金的部门审核同意；直辖市、市、县人民政府建设（房地产）主管部门或者负责管理公有住房住宅专项维修资金的部门发现不符合有关法律、法规、规章和使用方案的，应当责令改正。

（6）业主委员会、负责管理公有住房住宅专项维修资金的部门向专户管理银行发出划转住宅专项维修资金的通知。

（7）专户管理银行将所需住宅专项维修资金划转至维修单位。

3．紧急使用程序

发生危及房屋安全等紧急情况，需要立即对住宅共用部位、共用设施设备进行维修和更新、改造的，按照以下规定列支住宅专项维修资金：

（1）住宅专项维修资金划转业主大会管理前，由物业服务人或者相关业主持有关材料，向所在地直辖市、市、县人民政府建设（房地产）主管部门申请列支。其中，动用公有住房住宅专项维修资金的，向负责管理公有住房住宅专项维修资金的部门申请列支。直辖市、市、县人民政府建设（房地产）主管部门或者负责管理公有住房住宅专项维修资金的部门审核同意后,向专户管理银行发出划转住宅专项维修资金的通知;专户管理银行将所需住宅专项维修资金划转至维修单位。

(2) 住宅专项维修资金划转业主大会管理后,由物业服务人持有关材料向业主委员会提出列支住宅专项维修资金。其中,动用公有住房住宅专项维修资金的,向负责管理公有住房住宅专项维修资金的部门申请列支。业主委员会依据使用方案审核同意,并报直辖市、市、县人民政府建设(房地产)主管部门备案。另外,动用公有住房住宅专项维修资金的,需经负责管理公有住房住宅专项维修资金的部门审核同意。直辖市、市、县人民政府建设(房地产)主管部门或者负责管理公有住房住宅专项维修资金的部门发现不符合有关法律、法规、规章和使用方案的,应当责令改正。业主委员会、负责管理公有住房住宅专项维修资金的部门向专户管理银行发出划转住宅专项维修资金的通知;专户管理银行将所需住宅专项维修资金划转至维修单位。

(3) 发生上述情况后,未按规定实施维修和更新、改造的,直辖市、市、县人民政府建设(房地产)主管部门可以组织代修,维修费用从相关业主住宅专项维修资金分户账中列支。其中,涉及已售公有住房的,还应当从公有住房住宅专项维修资金中列支。

11.4.4 住宅专项维修资金的使用禁止和限制

1. 禁止列支使用的范围

《住宅专项维修资金管理办法》第二十五条明确规定,下列费用不得从住宅专项维修资金中列支:

(1) 依法应当由建设单位或者施工单位承担的住宅共用部位、共用设施设备维修、更新和改造费用。

(2) 依法应当由相关单位承担的供水、供电、供气、供热、通信、有线电视等管线和设施设备的维修、养护费用。

(3) 应当由当事人承担的因人为损坏住宅共用部位、共用设施设备所需的修复费用。

(4) 根据物业服务合同约定,应当由物业服务人承担的住宅共用部位、共用设施设备的维修和养护费用。

2. 购买国债的限制条件

根据《住宅专项维修资金管理办法》第二十六条的规定,利用住宅专项维修资金购买国债,应当遵守以下规定:

(1) 必须保证住宅专项维修资金的正常使用。

(2) 应当在银行间债券市场或者商业银行柜台市场购买一级市场新发行的国债,并持有到期。

(3) 应当经业主大会同意;未成立业主大会的,应当经专有部分占建筑物总面积 2/3 以上的业主且占总人数 2/3 以上业主同意。

（4）应当根据售房单位的财政隶属关系，报经同级财政部门同意。

（5）禁止利用住宅专项维修资金从事国债回购、委托理财业务或者将购买的国债用于质押、抵押等担保行为。

3．应当转入住宅专项维修资金的收益

《住宅专项维修资金管理办法》第二十七条规定，下列收益应当转入住宅专项维修资金滚存使用：①住宅专项维修资金的存储利息；②利用住宅专项维修资金购买国债的增值收益；③利用住宅共用部位、共用设施设备进行经营的，业主所得收益，但业主大会另有决定的除外；④住宅共用设施设备报废后回收的残值。

11.5　住宅专项维修资金的监督管理

11.5.1　住宅专项维修资金的过户和返还

房屋所有权转让时，业主应当向受让人说明住宅专项维修资金缴存和结余情况并出具有效证明，该房屋分户账中结余的住宅专项维修资金随房屋所有权同时过户。受让人需要持住宅专项维修资金过户的协议、房屋权属证书、身份证等到专户管理银行办理分户账更名手续。

房屋灭失的，房屋分户账中结余的住宅专项维修资金返还业主；售房单位缴存的住宅专项维修资金账面余额返还售房单位；售房单位不存在的，按照售房单位财务隶属关系，收缴同级国库。

11.5.2　相关主体的义务和职责

1．管理单位的义务

直辖市、市、县人民政府建设（房地产）主管部门，负责管理公有住房住宅专项维修资金的部门及业主委员会，每年至少一次与专户管理银行核对住宅专项维修资金账目，并向业主、公有住房售房单位公布下列情况：

（1）住宅专项维修资金缴存、使用、增值收益和结存的总额。

（2）发生列支的项目、费用和分摊情况。

（3）业主、公有住房售房单位分户账中住宅专项维修资金缴存、使用、增值收益和结存的金额。

（4）其他有关住宅专项维修资金使用和管理的情况。业主、公有住房售房单位对公布的情况有异议的，可以要求复核。

2．专户管理银行的义务

（1）专户管理银行应当每年至少一次向直辖市、市、县人民政府建设（房地产）主管部门，负责管理公有住房住宅专项维修资金的部门及业主委员会发送住宅专项维修资金对账单。

(2) 专户管理银行应当根据直辖市、市、县建设(房地产)主管部门,负责管理公有住房住宅专项维修资金的部门及业主委员会的要求,对资金账户变化情况进行复核。

(3) 专户管理银行应当建立住宅专项维修资金查询制度,接受业主、公有住房售房单位对其分户账中住宅专项维修资金使用、增值收益和账面余额的查询。

3. 审计、财政部门的监督管理

住宅专项维修资金的管理和使用,应当依法接受审计部门的审计监督。住宅专项维修资金的财务管理和会计核算应当执行财政部有关规定。财政部门应加强对住宅专项维修资金收支财务管理和会计核算制度执行情况的监督。住宅专项维修资金专用票据的购领、使用、保存、核销管理,应当按照财政部以及省、自治区、直辖市人民政府财政部门的有关规定执行,并接受财政部门的监督检查。

【案例 11-1】

成都实现全国首个住宅专项维修资金"线上+线下"晒账

2020 年 5 月,成都市在全国率先推出维修资金"线上+线下"全平台晒账,业主不仅能在小区醒目位置看到公示海报,还能通过 App 和微信公众号两个入口对接"智慧物业管理服务系统"(以下简称"智慧物业系统")查询名下房屋维修资金详情。

"线上+线下"晒出 300 亿明白账

维修资金是在业主购房时归集的一笔资金,由业主和开发建设单位共同缴存,专项用于住宅共用部位、共用设施设备保修期满后的维修、更新和改造,可谓房屋"养老金",但过去维修资金总额多少、使用多少、保值增值情况,很少有人能说清楚。近年来,依托技术手段的优化升级,在维修资金"智慧治理"方面,成都市走在了全国前列。

"线上+线下"全平台晒账

线上通过"智慧物业系统"对接 App、微信公众号,为市民开通维修资金查询通道。

线下,专户管理银行派遣员工进入小区张贴海报,对小区上年度维修资金余额、使用明细等进行公示,海报上还留有电话和二维码,方便业主查询监督。

专户管理银行深入参与基层治理

除了数据清理和平台建设之外,线下晒账工作也并不轻松。2020 年线下晒账涉及成都市 6382 个小区,覆盖了所有的区(市)县。三家专户管理银行的工作人员做了大量工作,在海报实地张贴过程中,对 500 余个有误的建筑区划名称、地址等信息在系统中进行了完善。

维修资金如何能便利地用起来，防止被滥用

专户管理银行向业主免费提供了维修资金招标选取施工单位代理服务、工程造价审核服务、施工过程监理服务、第三方检测服务等第三方监督服务。

除了引入第三方评估机构外，还推出了维修资金个人线上交款并向业主出具维修资金电子交款凭证的功能；引入维修资金第三方工程造价审核服务，为维修工程提供可靠依据，帮助业主管好"钱袋子"，审减不必要、不合理的费用开支，2018—2019年审减金额超7000万元。

11.6　住宅专项维修资金违法行为的法律责任

公有住房售房单位未按规定缴存住宅专项维修资金的，或将房屋交付未按规定缴存首期住宅专项维修资金的买受人的，以及未按规定分摊维修、更新和改造费用的，由县级以上地方人民政府财政部门会同同级建设（房地产）主管部门责令限期改正。

开发建设单位在业主按照规定缴存首期住宅专项维修资金前，将房屋交付买受人的，由县级以上地方人民政府建设（房地产）主管部门责令限期改正；逾期不改正的，处以3万元以下的罚款。开发建设单位未按规定分摊维修、更新和改造费用的，由县级以上地方人民政府建设（房地产）主管部门责令限期改正；逾期不改正的，处以1万元以下的罚款。

业主大会利用住宅专项维修资金购买国债，违反《住宅专项维修资金管理办法》规定的，由直辖市、市、县人民政府房地产主管部门责令改正。

物业服务人挪用住宅专项维修资金的，由县级以上地方人民政府建设（房地产）主管部门追回挪用的住宅专项维修资金，没收违法所得，可以并处挪用金额2倍以下的罚款；构成犯罪的，依法追究直接负责的主管人员和其他直接责任人员的刑事责任。

直辖市、市、县人民政府建设（房地产）主管部门挪用住宅专项维修资金的，由上一级人民政府建设（房地产）主管部门追回挪用的住宅专项维修资金，没收违法所得，可以并处挪用金额2倍以下的罚款，对直接负责的主管人员和其他直接责任人员依法给予处分；构成犯罪的，依法追究刑事责任。

直辖市、市、县人民政府建设（房地产）主管部门违反住宅专项维修资金投资规定的，由上一级人民政府建设（房地产）主管部门责令限期改正，对直接负责的主管人员和其他直接责任人员依法给予处分；造成损失的，依法赔偿；构成犯罪的，依法追究刑事责任。

直辖市、市、县人民政府财政部门挪用住宅专项维修资金的，由上一级人民政府财政部门追回挪用的住宅专项维修资金，没收非法所得，可以并处挪用金额2倍以下的罚款，对直接负责的主管人员和其他直接责任人员依法给予处分；构成犯罪的，依法追究刑事责任。

直辖市、市、县人民政府财政部门违反住宅专项维修资金投资规定的，由上一级人民政府财政部门责令限期改正，对直接负责的主管人员和其他直接责任人员依法给予处分；造成损失的，依法赔偿；构成犯罪的，依法追究刑事责任。

县级以上人民政府建设（房地产）主管部门、财政部门及其工作人员利用职务上的便利，收受他人财物或者其他好处，不依法履行监督管理职责，或者发现违法行为不予查处的，依法给予处分；构成犯罪的，依法追究刑事责任。

本章小结

住宅专项维修资金是指专项用于住宅共用部位、共用设施设备保修期满后的维修和更新、改造的资金。住宅专项维修资金管理实行专户存储、专款专用、所有权人决策、政府监督的原则。

住宅专项维修资金的缴存主体主要包括以下三类：①住宅的业主，但一个业主所有且与其他物业不具有共用部位、共用设施设备的除外；②住宅小区内的非住宅或者住宅小区外与单幢住宅结构相连的非住宅的业主；③涉及公有住房出售的，售房单位应当按照规定缴存住宅专项维修资金。

业主大会成立前，商品住宅业主、非住宅业主缴存的住宅专项维修资金，由物业所在地直辖市、市、县人民政府建设（房地产）主管部门代管；业主大会成立后，应当划转业主缴存的住宅专项维修资金。

住宅专项维修资金的使用应当遵循方便快捷、公开透明、受益人和负担人相一致的原则。

发生危及房屋安全等紧急情况，需要立即对住宅共用部位、共用设施设备进行维修和更新、改造的，按照以下规定列支住宅专项维修资金：①住宅专项维修资金划转业主大会管理前，由物业服务人或者相关业主持有关材料，向所在地直辖市、市、县人民政府建设（房地产）主管部门申请列支；②住宅专项维修资金划转业主大会管理后，由物业服务人持有关材料向业主委员会提出列支住宅专项维修资金。

住宅专项维修资金的过户和返还：①房屋所有权转让时，业主应当向受让人说明住宅专项维修资金缴存和结余情况并出具有效证明，该房屋分户账中结余的住宅专项维修资金随房屋所有权同时过户；②房屋灭失的，房屋分户账中结余的住宅专项维修资金返还业主；售房单位缴存的住宅专项维修资金账面余额返还售房单位；售房单位不存在的，按照售房单位财务隶属关系，收缴同级国库。

复习思考题

1. 住宅专项维修资金的定义和管理原则是什么？
2. 住宅专项维修资金的监管部门有哪些？
3. 使用住宅专项维修资金的程序是什么？
4. 哪些情况下可以应急使用住宅专项维修资金？
5. 哪些费用禁止从住宅专项维修资金中列支？
6. 住宅专项维修资金的监督管理包括哪些内容？
7. 住宅专项维修资金违法行为的法律责任包括哪些内容？

12 物业项目财务管理

> **学习目标**
>
> 掌握物业服务收费的原则；熟悉物业服务收费的收费标准、定价形式，掌握物业服务收费的计费方式；了解物业服务收费的管理制度；掌握物业服务定价成本的构成，熟悉物业服务定价成本测算的原则。

> **知识要点**
>
> 1. 物业服务收费原则。
> 2. 物业服务收费的收费标准、定价形式、计费方式。
> 3. 物业服务费的明码标价。
> 4. 物业服务收费的管理。
> 5. 物业服务定价成本的构成。
> 6. 物业服务定价成本测算的原则、标准。

与传统房屋管理的无偿福利制相比，物业管理遵循等价有偿的市场规则，其基本表现形式是，物业服务企业在向业主提供服务的同时收取相应的费用。《物业管理条例》第四十条对物业服务收费作出原则规定："物业服务收费应当遵循合理、公开以及费用与服务水平相适应的原则，区别不同物业的性质和特点，由业主和物业服务企业按照国务院价格主管部门会同国务院建设行政主管部门制定的物业服务收费办法，在物业服务合同中约定。"2003年11月，国家发展改革委与建设部联合颁布了《物业服务收费管理办法》(发改价格〔2003〕1864号)。该办法对物业服务收费的定价形式、收费形式、费用构成、相关主体的权利义务以及监管措施等均作出了具体规定。2004年7月，国家发展改革委与建设部联合印发《物业服务收费明码标价规定》(发改价检〔2004〕1428号)，从提高物业服务收费透明度的角度进一步对物业服务收费行为进行规范。2007年9月，国家发展改革委与建设部又联合下发《物业服务定价成本监审办法(试行)》(发改价格〔2007〕2285号)，以提高政府制定物业服务收费的科学性，合理核定物业服务定价成本。2014年12月，国家发展改革委下发《关于放开部分服务价格意见的通知》(发改价格〔2014〕2755号)，放开非保障性住房物业服务费用。2016年3月，财政部、国家税务总局下发《关于全面推开营业税改征增值税试点的通知》(财税〔2016〕36号)，自2016年5月1日起，在全国范围内全面推开营业税改征增值税（以下简称"营改增"），房地产业、生活服务业等全部营业税纳税人纳入范围，由缴纳营业税改为缴纳增值税，开始执行《营业税改征增值税试点实施办法》《营业税改征增值税试点有关事项的规定》。2022年9月16日，中国物业管理协会发布团体标准《住宅物业服务收费信息公示规范》T/CPMI 013—2022，对实行物业管理的住宅小区、实行物业费用公示进行了重新修订。

12.1 物业服务收费的原则

物业案例分析之
物业费纠纷

物业服务收费是指物业服务人按照物业服务合同的约定，对房屋及配套的设施设备和相关场地进行维修、养护、管理，维护相关区域内的环境卫生和秩序，向业主所收取的费用。《物业服务收费管理办法》规定，物业服务收费应当遵循合理、公开以及费用与服务水平相适应的原则。

12.1.1 合理原则

物业服务收费水平应当与我国经济发展状况和群众现实生活水平协调一致，既不能超出业主的实际承受能力，也不能一味降低收费水平，进而造成业主房屋财产的贬损，影响群众生活水平的提高。因此，研究和确定物业服务收费标准，应当面向实际、客观决策。

12.1.2 公开原则

《中华人民共和国价格法》（以下简称《价格法》）规定："经营者销售、收购商品和提供服务，应当按照政府价格主管部门的规定明码标价，注明商品的品名、产地、规格、等级、计价单位、价格或者服务的项目、收费标准等有关情况。经营者不得在标价之外加价出售商品，不得收取任何未予标明的费用。"《物业服务收费明码标价规定》明确规定，物业服务收费属于《价格法》的调整范围，应当明码标价，物业服务人应当在物业管理区域内的显著位置，依法向业主公示物业服务人名称、物业服务内容、服务标准、收费项目、收费计价方式和收费标准。

公开透明物业管理的价格信息，除了应当按照政策要求做到物业服务收费明码标价以外，对于包干制的物业管理项目，物业服务人还应当公开与收费标准相对应的物业服务标准；对于酬金制的物业管理项目，物业服务人还应当明示物业服务支出的各项成本构成以及定期财务审计的结果。推行物业服务价格的定期公示制度，有助于业主进行服务价格的市场比较，消除价格信息的不对称，提高业主物业服务费用的竞价能力；推行物业服务价格的定期公示制度，有利于业主理解物业管理的真实价值，增强对物业服务企业的价格认同，减少价格认识的误解，降低价格冲突的风险。

12.1.3 收费与服务水平相适应原则

要求物业服务收费与服务水平相适应，就是要求质价相符。业主花钱买服务必须买的公平合理，符合等价交换原则。物业服务企业的经营作风必须诚实信用，提供的服务质量必须货真价实，同时还应当接受消费者的监督。

确立物业服务收费与服务水平相适应原则，是住房制度改革政策在住房消费领域的具体体现，有利于培育业主的住房消费观念。

需要指出的是，对于保障性住房以及老旧住宅小区（包括棚户区）改造后实施物业管理的，一定要充分考虑到这些小区内有不少业主的收入较低，物业管理消费能力有限，提供的服务和收取的费用应当以不超越他们的承受能力为原则。在探索建立物业管理市场机制的同时，政府应当注意从民生关怀的角度，既保障此类物业的业主能够享受到最基本的物业管理服务，同时物业服务的提供方又能收取相应水平的物业服务费用。

12.2 物业服务收费的标准

12.2.1 物业服务收费的定价形式

1．《价格法》规定的定价形式

《价格法》对于商品价格和服务价格的管理，规定了以下三种定价形式：

（1）政府定价，是指由政府价格主管部门或者其他有关部门，按照定价权限和范围制定的价格。

（2）政府指导价，是指由政府价格主管部门或者其他有关部门，按照定价权限和范围规定基准价及其浮动幅度，指导经营者制定的价格。

（3）市场调节价，是指由经营者自主制定，通过市场竞争形成的价格。

2．现行物业服务收费的定价方式

《物业服务收费管理办法》不再规定政府定价形式，仅采取政府指导价和市场调节价对物业服务收费进行管理。该办法规定："物业服务收费应当区分不同物业的性质和特点分别实行政府指导价和市场调节价。具体定价形式由省、自治区、直辖市人民政府价格主管部门会同房地产行政主管部门确定。"

物业服务收费实行政府指导价的具体方式是，由房地产行政主管部门根据物业管理服务的实际情况和管理要求，制定物业管理服务的等级标准，然后由有定价权限的价格主管部门会同房地产行政主管部门，测算出各个等级标准的物业管理服务基准价格及其浮动幅度。各物业管理服务项目的具体收费标准，由业主与物业服务人根据规定的基准价和浮动幅度，结合物业项目的服务等级标准和调整因素，在物业服务合同中约定。可以看出，采取政府指导价收费的物业服务项目，价格主管部门不再针对具体物业项目审批收费标准，而是针对物业管理主管部门制定的服务标准制定价格幅度，以便指导业主与物业服务人根据具体服务情况协商服务价格。

【案例 12-1】

石家庄市区住宅前期物业服务收费等级基准价见表12-1。

石家庄市区住宅前期物业服务收费等级基准价　　　表 12-1

单位：元/建筑平方米/月

服务等级	基准价	电梯费	二次加压费
等级	2.80	0.30	0.05
一级	1.60	0.30	0.05
二级	1.20	0.30	0.05
三级	0.90	0.30	0.05
四级	0.60	0.30	0.05

备注：
1. 以上标准为最高限价，下浮不限。
2. 以上标准不含物业共用部位、共用设施设备等公众责任保险费用。
3. 供水企业已接管物业服务区域内供水设施的，二次加压运行费用按 0.05 元/m^2 从物业费中扣除。

实行市场调节价的物业服务收费，则完全由业主与物业服务人按照市场原则自由协商价格并在物业服务合同中约定，政府不予干预。

3．物业服务定价形式的适用范围

《物业服务收费管理办法》只规定了物业服务收费实行政府指导价和市场调节价两种定价方式，并未对两种方式的适用范围加以界定。我国开展物业管理以来，各地政府价格主管部门和房地产主管部门，对高档公寓、别墅和非住宅的物业服务收费管理，一般都实行市场调节价，由业主与物业服务人根据不同的服务项目和标准协商议定物业服务费的标准。对普通住宅的物业服务收费一般都采取政府指导价的管理方式。

【案例 12-2】

河北省物业服务价格适当调整

2022 年 10 月 27 日，河北省发展改革委发布了《关于公开征求河北省物业服务收费管理办法意见的通告》。

为加强河北省物业服务收费管理，进一步规范物业服务收费行为，维护业主和物业服务人的切身利益，促进河北省物业服务行业健康发展，根据《中华人民共和国民法典》《中华人民共和国价格法》《物业管理条例》《物业服务收费管理办法》等法律法规和政策规定，河北省发展改革委员会同河北省住房和城乡建设厅共同起草了《河北省物业服务收费管理办法》（征求意见稿），并开始向社会公开征求意见。

《河北省物业服务收费管理办法》（征求意见稿）在收费性质中明确，业主大会成立之前的普通住宅区物业服务收费实行政府指导价；别墅以及业主大会成立之后的普通住宅区及其他非住宅物业服务收费实行市场调节价；物业服务人接受业主委托提供公共性物业服务合同以外服务的特约服务收费实行市场调节价。

2014年12月，为使市场在资源配置中起决定性作用，促进相关服务行业发展，国家发展改革委《关于放开部分服务价格意见的通知》（发改价格〔2014〕2755号）指出："保障性住房、房改房、老旧住宅小区和前期物业管理服务收费，由各省级价格主管部门会同住房城乡建设行政主管部门根据实际情况决定实行政府指导价。"

结合《关于放开部分服务价格意见的通知》（发改价格〔2014〕2755号），物业服务费两种定价方式的适用范围可以总结如下：

（1）业主大会成立之前的住宅区（别墅除外）的公共性物业服务收费实行政府指导价。

（2）别墅、业主大会成立之后的住宅区及其他非住宅物业服务收费实行市场调节价。

（3）物业服务人接受业主委托提供公共性物业服务合同以外服务的特约服务收费实行市场调节价。

【案例12-3】

北京物业服务收费实行市场调节价并适时调整

2020年5月1日，《北京市物业管理条例》（以下简称《条例》）正式施行。在多项突破性新规定中，"物业服务收费实行市场调节价并适时调整"成为大家最关心的内容之一。

为何调？有小区物业费30年未变

很多老住宅小区，物业费多年来都保持纹丝不动。以建成于1998年的某老旧小区为例，其二手房部分物业费的价格是多层约0.6元$/m^2$、高层约1.7元$/m^2$，房改房部分则是每年每户约80元的保洁费。"小区全年物业支出在1400万左右，业主缴费和补贴费用总计约1000万元，收支差在400万元。"小区物业负责人表示，人工成本是近年来上涨最快的部分。原地踏步的物业费和不断上涨的服务成本，一动一静下，物业公司闹亏空，物业服务质量也跟不上业主的要求，不少纠纷也由此产生。

《条例》提出，相关主体应当遵守权责一致、质价相符、公平公开的物业服务市场规则，物业服务收费实行市场调节价并适时调整。

怎么调？自主定价的前提是与业主协商

有业主担忧，允许适时调整是否意味着物业公司有了"尚方宝剑"，想调就调？

"《条例》所提及的市场调节价与适时调整这两个词，并不意味着物业服务企业可以强势的坐地起价，业主只能被动接受。"某律师表示，市场调节价是指由经营者自主制定，通过市场竞争形成的价格。一方面，物业服务企业对物业费确实具有自主定价权，但另一方面，这个定价并不是单方的，而是要受到市场竞争这只无形之"手"的制约。"你有定价权，但业主也有性价比最优的选择权，是供需双方协商自愿的结果。"至于适时调整，是指根据当时的服务成本与市场供需关系而进行的动态、良性的调整。"由官方机构建立实时的物业成本信息保障机制，这次也明确写入条例"，该律师指出。

《条例》第七十三条："物业服务收费实行市场调节价并适时调整。市住房和城乡建设主管部门应当发布住宅小区物业服务项目清单，明确物业服务内容和标准。物业管理行业协会应当监测并定期发布物业服务项目成本信息和计价规则，供业主和物业服务人在协商物业费时参考。"

怎么做？物业公司按时"晒"账单

北京物业管理行业协会秘书长提出，对于实行市场调节价的物业项目，物业公司要有三个做到：做好物业服务的规定动作；按时"晒"账单；按规定的程序合理调整物业费。《条例》明确：物业服务人应当在物业管理区域内的显著位置如实、及时公示的信息中，就包括物业服务内容和标准、收费标准和方式；上一年度物业服务合同履行及物业服务项目收支情况、本年度物业服务项目收支预算；上一年度公共水电费用分摊情况、物业费、公共收益收支与专项维修资金使用情况。

12.2.2　物业服务计费方式

根据《物业服务收费管理办法》的规定，物业服务的计费方式有包干制和酬金制两种。

1. 包干制

包干制是指由业主向物业服务人支付固定物业服务费用，盈余或者亏损均由物业服务人享有或者承担的物业服务计费方式。实行物业服务收费包干制的，物业服务费的构成包括物业服务成本、法定税费和物业服务企业的利润。即：

$$物业服务费 = 成本 + 法定税费 + 利润$$

包干制是目前我国住宅物业服务收费普遍采用的计费方式。在包干制计费方式下，业主按照物业服务合同支付固定的物业服务费用后，物业服务人必须按照物业服务合同要求和标准完成物业管理服务。换句话说，就是物业服务人的盈亏自负，无论收费率高低或物价波动，物业服务人都必须按照合同约定的服务标准提供相应的服务。

包干制的优点是：易于操作，简单便捷；有利于物业服务人强化成本意识，提高内控水平。包干制的缺点是：交易透明度不够，容易导致交易信息不对称，企业难以取得客户的信任；在收费率偏低的情况下，容易导致亏损，企业的经营风险较大；在市场不规范时，个别物业服务人可能通过降低物业服务成本来保证企业利润，业主的权益可能因此受到侵害。

2. 酬金制

酬金制是指在预收的物业服务资金中按约定比例或者约定数额提取酬金支

付给物业服务人，其余全部用于物业服务合同约定的支出，结余或者不足均由业主享有或者承担的物业服务计费方式。实行物业服务收费酬金制的，预收的物业服务资金包括物业服务支出和物业服务人的酬金。即：

$$物业服务资金（预收）＝支出＋酬金$$

酬金制也称佣金制，这种物业服务计费方式在非住宅物业管理项目中较多采用，目前，不少高档住宅物业管理也已采用。酬金制的物业服务支出由业主负担，物业服务人受业主委托，运用自身的管理知识、经验和专业技能组织实施物业管理服务，并取得事前约定比例或者数额的酬金。

酬金制的优点是：以服务成本作为定价基础，财务收支公开透明，减少交易双方的信息不对称，有利于消除服务买卖双方的误解和矛盾；对于物业服务人来说，有利于保证酬金收益和降低经营风险。酬金制的缺点是：对交易双方的专业能力要求较高，业主监督物业服务人的成本较高；对于物业服务人来说，该模式下缺乏服务成本控制的内在动力，难以取得超额利润和实现快速增长。

为保证实施物业管理服务所需费用，酬金制要求业主按照经过审议的预算和物业服务合同的约定，先行向物业服务人预付物业服务支出。物业服务支出为所缴纳的业主所有，物业服务人对所收的物业服务支出仅属代管性质，不得将其用于物业服务合同约定以外的支出。实行物业服务收费酬金制的物业服务人，应当履行以下义务：

（1）应当向业主大会或者全体业主公布物业服务资金年度预决算，并每年不少于一次公布物业服务资金的收支情况。

（2）业主或者业主大会对公布的物业服务资金年度预决算和物业服务资金的收支情况提出质询时，物业服务人应当及时答复。

（3）物业服务人应配合业主大会按照物业服务合同约定聘请专业机构对物业服务资金年度预决算和物业服务资金的收支情况进行审计。

12.3 物业服务收费的管理

12.3.1 物业服务收费的明码标价

物业服务人向业主提供物业服务合同约定的物业服务及物业服务合同约定以外的服务，应当按照《物业服务收费明码标价规定》实行明码标价。物业服务人实行明码标价，应当遵循公开、公平和诚实信用的原则，遵守国家价格法律、法规、规章和政策。

物业服务收费明码标价的内容包括：物业服务人名称、收费对象、服务内容、服务标准、计费方式、计费起始时间、收费项目、收费标准、价格管理形式、收费依据、价格举报电话等。实行包干制收费方式的，应当公布物业共用部位、共用设施设备以及相关场地经营所得的收支情况；实行酬金制收费方式的，应当公布物业管理各项资金的收支情况。

物业服务人接受委托代收供水、供电、供气、供热、通信、有线电视等有关费用的，也应当依照规定实行明码标价。物业服务人根据业主委托提供的物业服务合同约定以外的服务项目，其收费标准在双方约定后应当以适当的方式向业主进行明示。物业服务人实行明码标价应当做到价目齐全，内容真实，标示醒目，字迹清晰。

实行明码标价的物业服务收费的标准等发生变化时，公示时间应当满足业主大会议事规则或物业服务合同约定的时长，将所标示的相关内容进行调整，并应标示新标准开始实行的日期。物业服务人在其服务区域内的显著位置或收费地点，可采取公示牌、电子屏、收费表、收费清单、收费手册、多媒体终端查询等方式进行公示；停车场相关收费应单独于停车场出入口显著位置，采取公示牌、收费表、收费清单等方式进行单独公示。

【案例 12-4】

中国物业管理协会于 2022 年 9 月发布了《住宅物业服务收费信息公示规范》，并给出了物业服务收费公示模板，见表 12-2。

物业服务收费公示模板　　　　　　表 12-2

收费类别	收费项目	收费业态	收费标准	收费依据	备注
基础物业费	物业费	高层	面积×业态单价×月	《前期物业服务合同》/《物业服务合同》	
		别墅	面积×业态单价×月		
		商铺	面积×业态单价×月		
		（其他）业态	面积×业态单价×月		
	车位服务费	普通车位	单价/月		
		子母车位	单价/月		
		机械车位	单价/月		
		（其他）车位	单价/月		
车辆停放服务费和车位租金	车位租金	地面租金	元/月	《前期物业服务合同》/《物业服务合同》	
		地下租金	元/月		
	机动车临停	地面停车	元/每小时		
		地下停车	元/每小时		
	非机动车临停	摩托车收费	元/月		
		电动车充电	元/小时	双方约定	
其他服务收费	代收费用	代收水费	按照专营公司国家核定标准代收		
		代收电费			
		代收供暖费			
		（其他）代收			

续表

收费类别	收费项目	收费业态	收费标准	收费依据	备注
其他服务收费	共用设施设备	分摊(电梯)	公布实际费用和分摊情况		
		分摊(其他)			
	装修费用	装修垃圾清运费	元/m²	双方约定	
		装修(其他费用)	—		
	工本费	门禁卡	元/个	《物业服务合同》	
		出入证	元/个		
		(其他)工本费	元/个		

注：某项业务不在物业服务合同约定范围内或缺少某项合同约定的业务，应按实际收费业务进行增减。

物业服务人不得利用虚假的或者使人误解的标价内容、标价方式进行价格欺诈。不得在标价之外，收取任何未予标明的费用。政府价格主管部门应当会同同级房地产主管部门对物业服务收费明码标价进行管理，政府价格主管部门对物业服务人执行明码标价规定的情况实施监督检查。对物业服务人不按规定明码标价或者利用标价进行价格欺诈的行为，由政府价格主管部门依照《价格法》《价格违法行为行政处罚规定》《关于商品和服务实行明码标价的规定》《禁止价格欺诈行为的规定》等进行处罚。

12.3.2 物业服务费的缴纳和督促

1．业主的缴费义务

《物业管理条例》明确规定，业主有按时缴纳物业服务费用的义务。在物业管理活动中，物业服务人受业主委托，对业主的物业进行管理，为业主提供服务，因此，业主理所当然应当按照物业服务合同的约定向物业服务人支付相应服务费用。

《民法典》第二百七十一条规定，业主对建筑物内的住宅、经营性用房等专有部分享有所有权，对专有部分以外的共有部分享有共有和共同管理的权利。物业管理过程中，常常会遇到业主以不使用电梯为由拒缴电梯维护费、以未居住为由不缴纳物业服务费等情况。对此，《最高人民法院关于审理物业服务纠纷案件适用法律若干问题的解释》（2020年12月23日修订）第一条专门作出了解释：业主违反物业服务合同，实施妨碍物业服务与管理的行为，物业服务人请求业主承担停止侵害、排除妨碍恢复原状等相应民事责任的，人民法院应予支持。

2．非业主使用人的缴费责任

在现实生活中，业主拥有的物业，不一定为业主所占有和使用。当业主将其物业出租给他人或者出借给他人使用时，业主可以和物业使用人约定，由物业使用人缴纳物业服务费用。实际上，这种情况下，物业使用人是代业主履行物业服务合同的义务。鉴于物业使用人实际占有和使用物业，是真正享受物业服务的人，《物业管理条例》规定业主与物业使用人约定由物业使用人缴纳物业服务费用的，从其约定。同时，考虑到业主毕竟是缴纳物业服务费用的第一责任人，业主的身份相对固定，而物业使用人并不是物业服务合同的当事人，而且相对容易变化，为了保障全体业主和物业服务企业的合法权益，《物业管理条例》进一步规定，即使存在由物业使用人缴费的约定，业主仍然负连带缴纳责任。所谓连带缴纳责任，是指当物业使用人不履行或者不完全履行与业主关于物业服务费用缴纳的约定时，业主仍负缴纳物业服务费用的义务，物业服务人可以直接请求业主支付物业服务费用。

3．建设单位的缴费责任

作为商品房出售的新建物业，物业管理区域内房屋的出售和交付需要一个过程。在销售物业之前，建设单位是唯一的业主。如果建设单位聘请了物业服务人实施前期物业管理服务的，应当支付物业管理服务费用。在物业全部出售并交付给业主之前，建设单位仍然需要就没有售出的物业以及没有交付给业主的物业缴纳物业服务费用；已经出售并交付给业主的物业，物业服务费用由业主缴纳。由于已竣工没有售出物业的产权仍然属于建设单位，作为产权人当然有义务缴纳服务费用；对于没有交付给物业买受人的物业而言，物业的实际占有人还是建设单位，物业的产权也还没有转移给买受人，买受人也没有享受到相应的物业服务，所以也应由建设单位缴纳物业服务费用。因此，《物业管理条例》第四十一条规定，已竣工但尚未出售或者尚未交给物业买受人的物业，物业服务费用由建设单位缴纳。

4．业主委员会对欠费业主的督促义务

按时足额缴纳物业服务费用，应当是业主自觉履行的义务。但现实中，业主违反物业服务合同约定，逾期不缴纳物业服务费用的情况客观存在，特别在一些老旧小区中更为普遍。

为维护业主的共同利益，《民法典》第二百八十六条规定，业主大会或者业主委员会，对任意弃置垃圾、排放污染物或者噪声、违反规定饲养动物、违章搭建、侵占通道、拒付物业费等损害他人合法权益的行为，有权依照法律、法规以及管理规约，请求行为人停止侵害、排除妨碍、消除危险、恢复原状、赔偿损失。为维护物业管理活动的交易秩序，《物业管理条例》和《物业服务收费管理办法》均明确规定：对于欠费业主，业主委员会应当督促其限期缴纳；逾期仍不缴纳的，物业服务人可以向人民法院起诉。需要强调的是，业主委员会督促欠费业主缴纳物业管理服务费，并不是物业服务人通过司法途径追索的前置条件。业主欠缴物业管理服务费用，必然影响物业管理服务的质量，因此，业主欠费行为不仅侵害了物业服务人的合法权益，而且也损害了其他缴费业主的合法权益，业主委员会有责任也有义务代表缴费业主，督促欠费业主限期缴纳物业管理服务费。对拒不缴费的业主，物业服务人有权依法追索，但

不得采取停水、停电等违法措施胁迫业主缴费。依法追索的方式，就是依据物业服务合同关于解决争议条款的约定，通过仲裁或者向人民法院起诉解决。

【案例 12-5】

河南省郑州市上街区人民法院民事判决书

原告：河南××物业服务有限公司（以下简称"××物业"），委托诉讼代理人：白某，男，公司员工。

被告：黑某，男，汉族，住河南省荥阳市；高某，男，汉族，住山东省菏泽市；黄某，男，汉族，住河南省平顶山市。

案由：物业服务合同纠纷

原告××物业与被告黑某、高某、黄某分别签订的《前期物业管理服务协议》系双方真实意思表示，且不违反法律法规的强制性规定，合法有效。原告××物业向三被告提供了物业服务，三被告应按约定向原告缴纳物业费。根据物业管理服务协议中关于物业费收费标准、缴纳时间的约定及三被告房屋面积、欠缴物业费期间，被告高某应向原告××物业缴纳 2021 年 1 月 1 日至 2022 年 12 月 31 日期间的物业费 5096 元，被告黑某应向原告××物业缴纳 2021 年 1 月 1 日至 2022 年 12 月 31 日期间的物业费 5302 元，被告黄某应向原告××物业缴纳 2020 年 1 月 1 日至 2022 年 12 月 31 日期间的物业费 7635 元。被告黑某辩称的房屋问题，被告黑某可与原告××物业协商处理或另诉处理，被告高某和被告黄某提到的原告××物业在提供物业服务过程中存在的问题，原告××物业应予以改进，但并不能以此为由拒缴物业费。

原告河南××物业服务有限公司与被告黑某、高某、黄某物业服务合同纠纷一案，于 2022 年 8 月 16 日立案后，依法适用小额诉讼程序，公开开庭进行了审理。原告××物业的委托诉讼代理人白某、被告黑某、被告高某到庭参加了诉讼，被告黄某经传票传唤无正当理由未到庭参加诉讼。本案现已缺席审理终结。

最终，被告黄某经传票传唤无正当理由未到庭参加诉讼，视为对其诉讼权利的放弃，应承担相应的法律后果。依照《民法典》第五百零九条、第九百四十四条，《民事诉讼法》第十六条、第一百四十七条、第一百六十五条规定，判决如下：

一、被告高某应于本判决生效后 10 日内支付原告河南××物业服务有限公司物业费 5096 元；

二、被告黑某应于本判决生效后 10 日内支付原告河南××物业服务有限公司物业费 5302 元；

三、被告黄某应于本判决生效后 10 日内支付原告河南××物业服务有限公司物业费 7635 元。

如果未按本判决指定的期间履行给付金钱义务，应当依照《民事诉讼法》第二百六十条规定，加倍支付迟延履行期间的债务利息。

案件受理费 75 元（已减半收取），由被告黑某、高某、黄某各负担 25 元。本判决为终审判决。

——摘自《中国裁判文书网》

12.3.3 代收代缴费用

通常情况下，业主与供水、供电、供气、供热、通信、有线电视等公用事业单位之间，是一种合同关系。作为合同当事人，双方都应当按照法律的规定和合同的约定，各自行使合同权利和履行合同义务。这些单位有权利向业主收取相应的水、电、气、热、通信、有线电视等费用。物业服务人并不是合同的当事人，没有义务向公用事业单位支付这些费用，也没有权利向业主收取这些费用。在物业管理实践中，上述单位经常会委托物业服务人代其向业主收取相关费用，以节省时间和劳务费用，提高办事效率。物业服务人有权根据自身经营状况，决定是否接受委托，这些单位无权强制要求物业服务人代收有关费用。

实际上，公用事业单位与业主及物业服务人之间存在三个合同关系：业主与公用事业单位之间是水、电、气、热、通信和有线电视的供用合同关系；业主与物业服务人之间是物业服务合同关系；物业服务人和公用事业单位之间是委托合同关系。

《物业管理条例》明确规定，物业管理区域内，供水、供电、供气、供热、通信、有线电视等单位应当向最终用户收取有关费用。物业服务人接受委托代收上述费用的，不得向业主收取手续费等额外费用。《物业服务收费管理办法》进一步明确，物业服务人接受委托代收上述费用的，可向委托单位收取手续费。

其中，"最终用户"是指水、电、气、热、通信、有线电视的最终使用人，即业主或者非业主使用人。"手续费"是指公用事业单位与物业服务人，应当按照市场原则与委托合同的约定，在平等、自愿、协商、等价有偿的基础上，由公用事业单位支付给物业服务人的代理费。

12.4 物业服务定价成本的构成

物业服务定价成本是指价格主管部门核定的物业服务社会平均成本。

根据《物业服务收费管理办法》和《物业服务定价成本监审办法（试行）》的相关规定，包干制的物业服务成本或者酬金制的物业服务支出一般包括以下十项内容：

（1）管理服务人员的工资、社会保险和按规定提取的福利费等。

（2）物业共用部位、共用设施设备的日常运行、维护费用。

（3）物业管理区域清洁卫生费用。

（4）物业管理区域绿化养护费用。
（5）物业管理区域秩序维护费用。
（6）办公费用。
（7）管理费分摊。
（8）物业服务企业固定资产折旧。
（9）物业共用部位、共用设施设备及公众责任保险费用。
（10）经业主同意的其他费用。

12.5 物业服务定价成本的测算

12.5.1 物业服务定价成本测算的原则

根据《物业服务定价成本监审办法（试行）》的相关规定，物业服务定价成本的测算应当遵循以下几项原则：

（1）合法性原则。计入定价成本的费用应当符合有关法律、行政法规和国家统一的会计制度的规定。

（2）相关性原则。计入定价成本的费用应当为与物业服务直接相关或者间接相关的费用。

（3）对应性原则。计入定价成本的费用应当与物业服务内容及服务标准相对应。

（4）合理性原则。影响物业服务定价成本各项费用的主要技术、经济指标应当符合行业标准或者社会公允水平。

12.5.2 物业服务定价成本测算的标准

（1）人员费用，包括管理服务人员的工资、按规定提取的工会经费、职工教育经费，以及根据政府有关规定应当由物业服务人缴纳的住房公积金和养老、医疗、失业、工伤、生育保险等社会保险费用。其中，工会经费、职工教育经费、住户公积金以及医疗保险费、养老保险费、失业保险费、工伤保险费、生育保险费等社会保险费的计提基数按照核定的相应工资水平确定。工会经费、职工教育经费的计提比例按国家统一规定的比例确定，住户公积金和社会保险费的计提比例按当地政府规定比例确定，超过规定比例的不计入定价成本。医疗保险费用应在社会保险费中列支，不得在其他项目重复列支；其他应在工会经费和职工教育经费中列支的费用，也不得在相关费用项目中重复列支。

【案例12-6】

2022年12月14日，河北省人力资源和社会保障厅发布了《关于调整最低工资标准的通知》，通知中明确，自2023年1月1日起，河北省内月最低工资标准三档分别为2200元、2000元、1800元，小时最低工资标准三档分别为

22 元、20 元、18 元。

本次调整的最低工资标准适用于全省行政区域内的企业、民办非企业单位、有雇工的个体工商户和与之形成劳动关系的劳动者。国家机关、事业单位、社会团体和与之建立劳动合同关系的劳动者依照执行。

各级人力资源社会保障部门、雄安新区要采取有力措施，加大宣传力度，抓好落实工作，及时跟踪用人单位，特别是小微企业、劳动密集型企业最低工资制度执行情况，对违反最低工资制度的行为依法查处。

——摘自《河北省人力资源和社会保障厅关于调整最低工资标准的通知》

（2）物业共用部位、共用设施设备日常运行及维护费用，是指为保障物业管理区域内共用部位、共用设施设备的正常使用和运行、维护保养所需的费用。不包括保修期内应由建设单位履行保修责任而支出的维修费、应由住宅专项维修资金支出的维修和更新、改造费用。根据《住宅专项维修资金管理办法》的规定，住宅共用部位、共用设施设备保修期满后的维修和更新、改造费用，应当通过专项维修资金予以列支，不计入物业服务支出或者物业服务成本。

（3）物业管理区域清洁卫生费用，是指保持物业管理区域内环境卫生所需的购置工具费、消杀防疫费、化粪池清理费、管道疏通费、清洁用料费、环卫所需费用等。

（4）物业管理区域绿化养护费用，是指管理、养护绿化所需的绿化工具购置费、绿化用水费、补苗费、农药化肥费等，不包括应由建设单位支付的种苗种植费和前期维护费。

（5）物业管理区域秩序维护费用，是指维护物业管理区域秩序所需的器材装备费、安全防范人员人身保险费及由物业服务人支付的服装费等。其中器材装备不包括共用设备中已包括的监控设备。

物业服务人将专业性较强的服务内容外包给有关专业公司的，该项服务的成本按照外包合同所确定的金额核定。

（6）办公费用，是指物业服务人为维护管理区域正常的物业管理活动所需的办公用品费、交通费、房租、水电费、取暖费、通信费、书报费及其他费用。

（7）管理费分摊，是指物业服务人在管理多个物业项目的情况下，为保证相关的物业服务正常运转而由各物业服务小区承担的管理费用。物业服务人只从事物业服务的，其所发生费用按其所管辖的物业项目的物业服务计费面积或者应收物业服务费加权分摊；物业服务人兼营其他业务的，应先按实现收入的比例在其他业务和物业服务之间分摊，然后按上述方法在所管辖的各物业项目之间分摊。

（8）物业服务人固定资产折旧，是指按规定折旧方法计提的物业服务固定资产的折旧金额。物业服务固定资产指在物业服务小区内由物业服务经营者拥有的、与物业服务直接相关的、使用年限在一年以上的资产。固定资产折旧采用年限平均法，折旧年限根据固定资产的性质和使用情况合理确定。企业确定的固定资产折旧年限明显低于实际可使用年限的，成本监审时应当按照实际可使用年限调整折旧年限。固定资产残值率按3‰~5‰计算；个别固定资产残值较低或者较高的，按照实际情况合理确定残值率。

（9）物业共用部位、共用设施设备及公众责任保险费用，是指物业服务人购买物业共用部位、共用设施设备及公众责任保险所支付的保险费用，以物业服务人与保险公司签订的保险单和所缴纳的保险费为准。

（10）经业主同意的其他费用，是指业主或者业主大会按规定同意由物业服务费开支的费用。

【案例 12-7】

2021年1月25日，哈尔滨市发展改革委下发了《关于优化我市物业服务收费管理工作有关事宜的通知》（哈发改规〔2021〕1号文）（以下简称《通知》）。

《通知》中明确规定，已成立业主大会的，物业服务收费由业主委员会与物业服务企业根据项目特点和要求，可参考《哈尔滨市住宅前期物业服务指导标准》和《哈尔滨市住宅前期物业服务收费指导标准》协商确定或自行约定物业服务标准和收费标准后，提交业主大会会议表决通过。

未成立业主大会的，依法由社区居委会代行业主委员会职责，按照上述规定与物业服务企业协商确定物业服务标准和收费标准后，提交业主大会会议表决通过。

通过协商无法确定物业服务收费标准的，可暂按原物业服务合同约定执行，再由所在区政府指定相关部门组织有关各方进行协商后，确定新的物业服务标准和收费标准。

物业服务企业与业主委员会（或社区居委会）应按照确定的物业服务标准和物业服务收费标准，签订物业服务合同。

哈尔滨市住宅电梯收费指导价格见表12-3。

哈尔滨市住宅电梯收费指导价格 表12-3

单位：元/月·户

基准价格\收费项目 每梯用户数	基础费用	运行电费					备注
		11层	21层	31层	41层	51层	
用户数≤30	30	30	60	90			运行电费每增减一层3元/月·户
30＜用户数≤60	25	20	40	60	80	100	运行电费每增减一层2元/月·户
60＜用户数≤90	20	10	20	30	40	50	运行电费每增减一层1元/月·户
90＜用户数≤120	15	10	20	30	40	50	运行电费每增减一层1元/月·户
用户数＞120	10	10	20	30	40	50	运行电费每增减一层1元/月·户

说明：1. 基础费用包括：维护保养费、维修材料费、年安检费、综合保险费、人工费等。
2. 基准价格＝基础费用＋运行电费。基础费用采取按户均摊原则，运行电费采取按层分摊原则。
3. 电梯费＝基准价格×(1±浮动幅度)，浮动幅度≤10%。
4. 电梯起始层为地面一层的住户，原则上不收电梯费，其余情况可由业主和物业服务企业根据具体情况协商确定。
5. 每梯用户数原则上不包括地面一层住户。

本章小结

物业服务收费是指物业服务人按照物业服务合同的约定，对房屋及配套的设施设备和相关场地进行维修、养护、管理，维护相关区域内的环境卫生和秩序，向业主所收取的费用。物业服务收费应当遵循合理、公开以及费用与服务水平相适应的原则。

物业服务收费应当区分不同物业的性质和特点分别实行政府指导价和市场调节价。具体定价形式由省、自治区、直辖市人民政府价格主管部门会同房地产行政主管部门确定。物业服务的计费方式有包干制和酬金制两种。

物业服务人向业主提供物业服务合同约定的物业服务及物业服务合同约定以外的服务，应当按照《物业服务收费明码标价规定》实行明码标价。物业服务收费明码标价的内容包括：物业服务人名称、收费对象、服务内容、服务标准、计费方式、计费起始时间、收费项目、收费标准、价格管理形式、收费依据、价格举报电话等。《物业管理条例》明确规定，业主有按时缴纳物业服务费用的义务。

物业服务定价成本是指价格主管部门核定的物业服务社会平均成本。物业服务成本或者支出，一般包括：管理服务人员的工资、社会保险和按规定提取的福利费等；物业共用部位、共用设施设备的日常运行、维护费用；物业管理区域清洁卫生费用；物业管理区域绿化养护费用；物业管理区域秩序维护费用；办公费用；管理费分摊；物业服务企业固定资产折旧；物业共用部位、共用设施设备及公众责任保险费用；经业主同意的其他费用。

物业服务定价成本的测算应当遵循以下几项原则：合法性原则、相关性原则、对应性原则和合理性原则。

复习思考题

1. 物业服务收费原则和定价形式有哪些？
2. 比较分析包干制和酬金制两种计费方式。
3. 物业服务收费公示的内容包括哪些？
4. 物业服务收费明码标价的规定有哪些？
5. 物业服务定价成本的构成有哪些？
6. 审核物业服务定价成本的方法和标准是什么？

13 物业的使用与维护

> **学习目标**
>
> 学习和掌握物业管理服务的特点和主要内容，了解不同等级的服务标准；熟悉关于改变公共建筑和共用设施规划用途的规定，关于占用与挖掘物业管理区域内道路场地的规定，公用事业单位应当依法履行的维修养护责任，关于利用共用部位、共用设施设备经营的规定，关于存在安全隐患物业的维修义务等知识要点；掌握装饰装修房屋行为的相关规定。

> **知识要点**
>
> 1．物业管理服务的特点。
> 2．物业管理服务的内容。
> 3．不同等级物业管理服务的标准。
> 4．占用与挖掘物业管理区域内道路场地的规定。
> 5．公用事业单位应当依法履行的维修养护责任。
> 6．利用共用部位、共用设施设备经营的规定。
> 7．存在安全隐患物业的维修义务。
> 8．装饰装修行为的规范。

13.1 物业管理服务标准

13.1.1 物业管理服务的特点

1．物业管理服务的公共性和综合性

物业管理服务是物业服务提供人和业主基于物业服务合同形成交易关系，交易的标的物是物业服务。在建筑物区分所有的情况下，物业的共用部位和共用设施设备不为单一的业主所有，而是由物业管理区域内的全体业主或部分业主共同所有，使得物业管理服务有别于为单一客户提供的个别服务，具有为某一特定社会群体提供服务产品的公共性。物业管理服务具有一定的公共物品的属性，对于生活在同一个物业区域的居民来说，物业服务具有非竞争性和非排他性。例如，小区良好的生活秩序每个居民都可以享受，即使他拒绝为此向物业公司付费，物业公司也很难在技术上将其排除在服务范围之外。

从物业服务合同的内容来看，物业服务企业与业主约定的物业管理事项具有综合性，不仅包括对物业共用部位和共用设施设备进行维修、养护，而且包括对物业管理区域内绿化、清洁、交通等秩序的维护，这就使得物业管理服务有别于业主与专业公司之间的专项服务业务委托，具有综合性。

2．物业管理服务受益主体的广泛性和差异性

物业管理服务受益主体具有广泛性和差异性，这是物业服务合同区别于一般委托合同的一个显著特点。广泛性体现在，物业服务合同中的具体内容是全体业主的合意。差异性体现在，对于业主群体来讲，业主的认识和要求是有差异的，很难实现所有业主认识完全一致，因此，必须从业主整体利益出发，按照少数服从多数的原则决定物业管理服务事项，然后再以全体业主的名义，与物业服务企业签订物业服务合同。此外，每个业主对物业服务企业履行物业服务合同的认识也是不一致的，有的业主对服务表示满意，有的业主则不满意，这就给客观评价物业服务质量带来一定困难。

在此情况下，物业服务合同成为衡量物业服务企业是否正确履行义务的检验标准，这就要求物业服务企业和业主尽可能细化物业服务合同，对服务项目、服务标准、违约责任等方面的约定尽可能具体、明确、完备。同时，物业服务企业还应当经常进行客户调查，及时掌握大多数业主的普遍需求，客观评价服务效果，不断提升服务质量，以保证受益群体满意度的最大化。

3．物业管理服务的即时性和无形性

物业管理服务作为服务产品具有即时性和无形性。物业管理服务的即时性体现在物业服务企业必须随时满足业主客观上存在的物业服务需求，一旦相关服务不能及时满足业主的消费需求，就很难有效地予以纠正和弥补。

由于服务的无形性，使得作为物业服务消费者的业主，难以像有形产品的消费者那样感到物业服务的真实存在，对于服务消费意识较薄弱的部分业主，难以产生物有所值的感觉。物业服务的无形性还使物业服务的质量评价变得困难和复杂，因为物业服务企业的服务品质难以用精确标准去衡量，更多依赖于业主的主观评判。

4．物业管理服务的持续性和长期性

物业管理服务的提供是一个持续的过程，合同有效期一般短则一年，长则若干年。在物业服务合同有效期内，物业服务企业必须保证物业共用部位的长时间完好和共用设施设备的全天候运行，任何服务中断都有可能导致业主的投诉和违约的追究。而且在现行法律制度下，业主解聘和选聘物业服务企业的程序较为复杂，物业服务合同的解约难度较大。

物业管理服务的持续性和更换物业服务企业的巨大成本，使得物业服务合同的期限一般较长，这对保持物业服务质量的稳定和改善客户关系较有利，同时也要求物业服务企业必须长时间接受客户的监督和考验。

13.1.2 物业管理服务的内容

1．物业管理服务

物业管理服务是指业主与物业服务企业通过物业服务合同约定的公共性基

础服务。概括地说,包括以下两个方面的内容:一是对房屋及配套的设施设备和相关场地进行维修、养护、管理;二是维护相关区域内的环境卫生和秩序。

具体地说,物业管理服务主要包括以下内容:

(1) 房屋共用部位的维修、养护与管理。
(2) 房屋共用设施设备的维修、养护与管理。
(3) 物业管理区域内共用设施设备的维修、养护与管理。
(4) 物业管理区域内的环境卫生与绿化管理服务。
(5) 物业管理区域内公共秩序、消防、交通等协管事项服务。
(6) 物业装饰装修管理服务。
(7) 特约服务和延伸服务。
(8) 物业服务合同中约定的其他服务。

2. 物业服务合同约定以外的服务

物业服务合同的标的是物业服务企业提供的公共性物业服务,物业服务的对象是物业管理区域内的全体业主。对每一个业主而言,依据物业服务合同享受的服务应当是统一的。然而,由于每个业主都是独立的民事主体,除了全体业主的共同需求之外,单个业主自然会有自身的特殊需求。例如,业主想要物业服务企业为家里提供保洁服务。由于这一需求无法通过业主大会与物业服务企业订立的物业服务合同解决,业主可以与物业服务企业就该事项另行订立协议,物业服务企业为其提供物业服务合同之外的特约服务项目,通常为有偿服务,接受服务的业主一般需要支付一定的服务报酬。《物业管理条例》第四十三条规定:物业服务企业可以根据业主委托提供物业服务合同约定以外的服务,服务报酬由双方约定。理解这条规定,需注意以下几点:

(1) 提供物业服务合同约定以外的服务,并不是物业服务企业的法定义务。《物业管理条例》规定,物业服务企业"可以"而不是"应当"提供相关服务,是因为物业服务企业是按照物业服务合同的约定来为物业管理区域内的全体业主提供公共性物业服务的专业化机构。合同约定之外的服务事项,由于当事人未作约定,按照契约自由原则,业主不能强行要求物业服务企业提供。当然,提供物业服务合同以外的服务,对业主而言,可以满足自身需求,提高生活质量;对物业服务企业而言,可以增强业主的亲和力和认同感,同时获得一定的经济利益。因此,虽然提供相关服务不是物业服务企业的合同义务,但对于业主提出的特殊服务要求,有条件的物业服务企业应当尽可能地满足;无法满足的,尽量予以说明,以获得业主的理解。

(2) 合同以外的服务事项,需由特定的业主和物业服务企业另行约定。需要此项服务的业主,应当与物业服务企业另行协商,签订委托合同,约定双方的权利和义务。该委托合同与物业服务合同在主体、内容等方面并不一致,不能混为一谈。

(3) 物业服务合同约定以外的服务是一种有偿服务。有偿服务意味着接受服务者需为服务提供者支付对价——服务报酬。服务报酬的数额、支付方式、支付时间等由双方当事人自主约定。当然,一些物业服务企业出于经营策略考虑,也可能无偿地为业主提供某些服务。但一般情况下,该类服务协议与物业服务合同一样,属于双务合同的范畴,以有偿为原则。

13.1.3 物业管理服务标准

由于地域条件、物业状态和业主需求等方面的差异,加上物业服务产品的无形性、差异性和互动性,都决定了制定并执行全国性的物业管理服务标准,在普适性和可操作性上存在一定的困难。《物业管理条例》实施后,各地先后根据实际情况相应制定并发布了本地特色的物业服务标准,对本地区指导和规范物业管理工作发挥了积极作用。

为了规范住宅小区物业管理服务的内容和标准,中国物业管理协会根据我国物业管理现实情况,于2004年印发了《普通住宅小区物业管理服务等级标准(试行)》(以下简称《标准》),从物业管理服务的基本要求、房屋管理、共用设施设备维修养护、协助维护公共秩序、保洁服务、绿化养护管理六个方面界定物业管理服务的内容,制定了三个等级的服务标准,作为物业服务企业与建设单位或业主大会签订物业服务合同,确定物业服务等级,约定物业服务项目、内容、标准以及测算物业服务价格的参考依据。《标准》为普通商品住房、经济适用住房、房改房、集资建房、廉租住房等普通住宅小区物业服务的试行标准,实行市场调节价的高档商品住宅不适用本标准。《标准》的具体规定如下:

1. 一级服务标准

(1) 基本要求

1) 服务与被服务双方签订规范的物业服务合同,双方权利义务关系明确。

2) 承接项目时,对住宅小区共用部位、共用设施设备进行认真查验,验收手续齐全。

3) 管理人员、专业操作人员按照国家有关规定取得物业管理职业资格证书或者岗位证书。

4) 有完善的物业管理方案,质量管理、财务管理、档案管理等制度健全。

5) 管理服务人员统一着装、佩戴标志,行为规范,服务主动、热情。

6) 设有服务接待中心,公示24小时服务电话。急修半小时内、其他报修按双方约定时间到达现场,有完整的报修、维修和回访记录。

7) 根据业主需求,提供物业服务合同之外的特约服务和代办服务的,公示服务项目与收费价目。

8) 按有关规定和合同约定公布物业服务费用或者物业服务资金的收支情况。

9) 按合同约定规范使用住房专项维修资金。

10) 每年至少 1 次征询业主对物业服务的意见，满意率达 80% 以上。

(2) 房屋管理

1) 对房屋共用部位进行日常管理和维修养护，检修记录和保养记录齐全。

2) 根据房屋实际使用年限，定期检查房屋共用部位的使用状况，需要维修，属于小修范围的，及时组织修复；属于大、中修范围的，及时编制维修计划和住房专项维修资金使用计划，向业主大会或者业主委员会提出报告与建议，根据业主大会的决定，组织维修。

3) 每日巡查 1 次小区房屋单元门、楼梯通道以及其他共用部位的门窗、玻璃等，做好巡查记录，并及时维修养护。

4) 按照住宅装饰装修管理有关规定和业主公约（业主临时公约）要求，建立完善的住宅装饰装修管理制度。装修前，依规定审核业主（使用人）的装修方案，告知装修人有关装饰装修的禁止行为和注意事项。每日巡查 1 次装修施工现场，发现影响房屋外观、危及房屋结构安全及拆改共用管线等损害公共利益现象的，及时劝阻并报告业主委员会和有关主管部门。

5) 对违反规划私搭乱建和擅自改变房屋用途的行为及时劝阻，并报告业主委员会和有关主管部门。

6) 小区主出入口设有小区平面示意图，主要路口设有路标。各组团、栋及单元（门）、户和公共配套设施、场地有明显标志。

(3) 共用设施设备维修养护

1) 对共用设施设备进行日常管理和维修养护（依法应由专业部门负责的除外）。

2) 建立共用设施设备档案（设备台账），设施设备的运行、检查、维修、保养等记录齐全。

3) 设施设备标志齐全、规范，责任人明确；操作维护人员严格执行设施设备操作规程及保养规范；设施设备运行正常。

4) 对共用设施设备定期组织巡查，做好巡查记录，需要维修，属于小修范围的，及时组织修复；属于大、中修范围或者需要更新改造的，及时编制维修、更新改造计划和住房专项维修资金使用计划，向业主大会或业主委员会提出报告与建议，根据业主大会的决定，组织维修或者更新改造。

5) 载人电梯 24 小时正常运行。

6) 消防设施设备完好，可随时启用；消防通道畅通。

7) 设备房保持整洁、通风，无跑、冒、滴、漏和鼠害现象。

8) 小区道路平整，主要道路及停车场交通标志齐全、规范。

9) 路灯、楼道灯完好率不低于 95%。

10) 容易危及人身安全的设施设备有明显警示标志和防范措施；对可能发生的各种突发设备故障有应急方案。

(4) 协助维护公共秩序

1) 小区主出入口 24 小时站岗值勤。

2) 对重点区域、重点部位每 1 小时至少巡查 1 次；配有安全监控设施的，实施 24 小时监控。

3) 对进出小区的车辆实施证、卡管理，引导车辆有序通行、停放。

4) 对进出小区的装修、家政等劳务人员实行临时出入证管理。

5) 对火灾、治安、公共卫生等突发事件有应急预案，事发时及时报告业主委员会和有关部门，并协助采取相应措施。

（5）保洁服务

1) 高层按层、多层按幢设置垃圾桶，每日清运 2 次。垃圾袋装化，保持垃圾桶清洁、无异味。

2) 合理设置果壳箱或者垃圾桶，每日清运 2 次。

3) 小区道路、广场、停车场、绿地等每日清扫 2 次；电梯厅、楼道每日清扫 2 次，每周拖洗 1 次；一层共用大厅每日拖洗 1 次；楼梯扶手每日擦洗 1 次；共用部位玻璃每周清洁 1 次；路灯、楼道灯每月清洁 1 次。及时清除道路积水、积雪。

4) 共用雨、污水管道每年疏通 1 次；雨、污水井每月检查 1 次，视检查情况及时清掏；化粪池每月检查 1 次，每半年清掏 1 次，发现异常及时清掏。

5) 二次供水水箱按规定清洗，定时巡查，水质符合卫生要求。

6) 根据当地实际情况定期进行消毒和灭虫除害。

（6）绿化养护管理

1) 有专业人员实施绿化养护管理。

2) 草坪生长良好，及时修剪和补栽补种，无杂草、杂物。

3) 花卉、绿篱、树木应根据其品种和生长情况，及时修剪整形，保持观赏效果。

4) 定期组织浇灌、施肥和松土，做好防涝、防冻工作。

5) 定期喷洒药物，预防病虫害。

2．二级服务标准

（1）基本要求

1) 服务与被服务双方签订规范的物业服务合同，双方权利义务关系明确。

2) 承接项目时，对住宅小区共用部位、共用设施设备进行认真查验，验收手续齐全。

3) 管理人员、专业操作人员按照国家有关规定取得物业管理职业资格证书或者岗位证书。

4) 有完善的物业管理方案，质量管理、财务管理、档案管理等制度健全。

5) 管理服务人员统一着装、佩戴标志，行为规范，服务主动、热情。

6) 公示 16 小时服务电话。急修 1 小时内、其他报修按双方约定时间到达现场，有报修、维修和回访记录。

7) 根据业主需求,提供物业服务合同之外的特约服务和代办服务的,公示服务项目与收费价目。

8) 按有关规定和合同约定公布物业服务费用或者物业服务资金的收支情况。

9) 按合同约定规范使用住房专项维修资金。

10) 每年至少 1 次征询业主对物业服务的意见,满意率达 75% 以上。

(2) 房屋管理

1) 对房屋共用部位进行日常管理和维修养护,检修记录和保养记录齐全。

2) 根据房屋实际使用年限,适时检查房屋共用部位的使用状况,需要维修,属于小修范围的,及时组织修复;属于大、中修范围的,及时编制维修计划和住房专项维修资金使用计划,向业主大会或者业主委员会提出报告与建议,根据业主大会的决定,组织维修。

3) 每 3 日巡查 1 次小区房屋单元门、楼梯通道以及其他共用部位的门窗、玻璃等,做好巡查记录,并及时维修养护。

4) 按照住宅装饰装修管理有关规定和业主公约(业主临时公约)要求,建立完善的住宅装饰装修管理制度。装修前,依规定审核业主(使用人)的装修方案,告知装修人有关装饰装修的禁止行为和注意事项。每 3 日巡查 1 次装修施工现场,发现影响房屋外观、危及房屋结构安全及拆改共用管线等损害公共利益现象的,及时劝阻并报告业主委员会和有关主管部门。

5) 对违反规划私搭乱建和擅自改变房屋用途的行为及时劝阻,并报告业主委员会和有关主管部门。

6) 小区主出入口设有小区平面示意图,各组团、栋及单元(门)、户有明显标志。

(3) 共用设施设备维修养护

1) 对共用设施设备进行日常管理和维修养护(依法应由专业部门负责的除外)。

2) 建立共用设施设备档案(设备台账),设施设备的运行、检查、维修、保养等记录齐全。

3) 设施设备标志齐全、规范,责任人明确;操作维护人员严格执行设施设备操作规程及保养规范;设施设备运行正常。

4) 对共用设施设备定期组织巡查,做好巡查记录,需要维修,属于小修范围的,及时组织修复;属于大、中修范围或者需要更新改造的,及时编制维修、更新改造计划和住房专项维修资金使用计划,向业主大会或业主委员会提出报告与建议,根据业主大会的决定,组织维修或者更新改造。

5) 载人电梯早 6 点至晚 12 点正常运行。

6) 消防设施设备完好,可随时启用;消防通道畅通。

7) 设备房保持整洁、通风,无跑、冒、滴、漏和鼠害现象。

8) 小区主要道路及停车场交通标志齐全。

9) 路灯、楼道灯完好率不低于90%。

10) 容易危及人身安全的设施设备有明显警示标志和防范措施；对可能发生的各种突发设备故障有应急方案。

（4）协助维护公共秩序

1) 小区主出入口24小时值勤。

2) 对重点区域、重点部位每2小时至少巡查1次。

3) 对进出小区的车辆进行管理，引导车辆有序通行、停放。

4) 对进出小区的装修等劳务人员实行登记管理。

5) 对火灾、治安、公共卫生等突发事件有应急预案，事发时及时报告业主委员会和有关部门，并协助采取相应措施。

（5）保洁服务

1) 按幢设置垃圾桶，生活垃圾每天清运1次。

2) 小区道路、广场、停车场、绿地等每日清扫1次；电梯厅、楼道每日清扫1次，半月拖洗1次；楼梯扶手每周擦洗2次；共用部位玻璃每月清洁1次；路灯、楼道灯每季度清洁1次。及时清除区内主要道路积水、积雪。

3) 小区内公共雨、污水管道每年疏通1次；雨、污水井每季度检查1次，并视检查情况及时清掏；化粪池每2个月检查1次，每年清掏1次，发现异常及时清掏。

4) 二次供水水箱按规定定期清洗，定时巡查，水质符合卫生要求。

5) 根据当地实际情况定期进行消毒和灭虫除害。

（6）绿化养护管理

1) 有专业人员实施绿化养护管理。

2) 对草坪、花卉、绿篱、树木定期进行修剪、养护。

3) 定期清除绿地杂草、杂物。

4) 适时组织浇灌、施肥和松土，做好防涝、防冻工作。

5) 适时喷洒药物，预防病虫害。

3．三级服务标准

（1）基本要求

1) 服务与被服务双方签订规范的物业服务合同，双方权利义务关系明确。

2) 承接项目时，对住宅小区共用部位、共用设施设备进行认真查验，验收手续齐全。

3) 管理人员、专业操作人员按照国家有关规定取得物业管理职业资格证书或者岗位证书。

4) 有完善的物业管理方案，质量管理、财务管理、档案管理等制度健全。

5) 管理服务人员佩戴标志，行为规范，服务主动、热情。

6）公示 8 小时服务电话。报修按双方约定时间到达现场，有报修、维修记录。

7）按有关规定和合同约定公布物业服务费用或者物业服务资金的收支情况。

8）按合同约定规范使用住房专项维修资金。

9）每年至少 1 次征询业主对物业服务的意见，满意率达 70% 以上。

（2）房屋管理

1）对房屋共用部位进行日常管理和维修养护，检修记录和保养记录齐全。

2）根据房屋实际使用年限，检查房屋共用部位的使用状况，需要维修，属于小修范围的，及时组织修复；属于大、中修范围的，及时编制维修计划和住房专项维修资金使用计划，向业主大会或者业主委员会提出报告与建议，根据业主大会的决定，组织维修。

3）每周巡查 1 次小区房屋单元门、楼梯通道以及其他共用部位的门窗、玻璃等，定期维修养护。

4）按照住宅装饰装修管理有关规定和业主公约（业主临时公约）要求，建立完善的住宅装饰装修管理制度。装修前，依规定审核业主（使用人）的装修方案，告知装修人有关装饰装修的禁止行为和注意事项。至少两次巡查装修施工现场，发现影响房屋外观、危及房屋结构安全及拆改共用管线等损害公共利益现象的，及时劝阻并报告业主委员会和有关主管部门。

5）对违反规划私搭乱建和擅自改变房屋用途的行为及时劝阻，并报告业主委员会和有关主管部门。

6）各组团、栋、单元（门）、户有明显标志。

（3）共用设施设备维修养护

1）对共用设施设备进行日常管理和维修养护（依法应由专业部门负责的除外）。

2）建立共用设施设备档案（设备台账），设施设备的运行、检修等记录齐全。

3）操作维护人员严格执行设施设备操作规程及保养规范；设施设备运行正常。

4）对共用设施设备定期组织巡查，做好巡查记录，需要维修，属于小修范围的，及时组织修复；属于大、中修范围或者需要更新改造的，及时编制维修、更新改造计划和住房专项维修资金使用计划，向业主大会或业主委员会提出报告与建议，根据业主大会的决定，组织维修或者更新改造。

5）载人电梯早 6 点至晚 12 点正常运行。

6）消防设施设备完好，可随时启用；消防通道畅通。

7）路灯、楼道灯完好率不低于 80%。

8) 容易危及人身安全的设施设备有明显警示标志和防范措施；对可能发生的各种突发设备故障有应急方案。

(4) 协助维护公共秩序

1) 小区 24 小时值勤。

2) 对重点区域、重点部位每 3 小时至少巡查 1 次。

3) 车辆停放有序。

4) 对火灾、治安、公共卫生等突发事件有应急预案，事发时及时报告业主委员会和有关部门，并协助采取相应措施。

(5) 保洁服务

1) 小区内设有垃圾收集点，生活垃圾每天清运 1 次。

2) 小区公共场所每日清扫 1 次；电梯厅、楼道每日清扫 1 次；共用部位玻璃每季度清洁 1 次；路灯、楼道灯每半年清洁 1 次。

3) 小区内公共雨、污水管道每年疏通 1 次；雨、污水井每半年检查 1 次，并视检查情况及时清掏；化粪池每季度检查 1 次，每年清掏 1 次，发现异常及时清掏。

4) 二次供水水箱按规定清洗，水质符合卫生要求。

(6) 绿化养护管理

1) 对草坪、花卉、绿篱、树木定期进行修剪、养护。

2) 定期清除绿地杂草、杂物。

3) 预防花草、树木病虫害。

13.2 共用部位、公共建筑、共用设施和场地的使用与维护

在物业管理过程中，经常会遇到涉及物业的使用与维护的问题。如公共建筑和共用设施改变用途，占用、挖掘物业管理区域内的道路、场地，供水、供电、供气、供热、通信、有线电视等物业管理区域内相关管线和设施设备的维修养护，利用物业共用部位、共用设施设备经营，存在安全隐患物业的维修等。这些问题涉及公共利益和公共安全，如果处理不当，会侵犯多个业主甚至是全体业主的合法权益，严重的还有可能危及居民生命财产安全。物业的使用和维护是事关社会稳定和人民生命财产安全的大事，《物业管理条例》对各主体使用和维护物业的行为作了明确规范。

为正确审理建筑物区分所有权纠纷案件，依法保护当事人的合法权益，2009 年 3 月，最高人民法院审判委员会第 1464 次会议通过《最高人民法院关于审理建筑物区分所有权纠纷案件具体应用法律若干问题的解释》，2020 年 12 月对其进行了修正，名称改为《最高人民法院关于审理建筑物区分所有权纠纷案件适用法律若干问题的解释》，其中对由于共用部位、公共建筑、共用设施

和场地的使用与维护而引发的法律纠纷问题，作出了明确的解释。

13.2.1 公共建筑和共用设施规划用途不得擅自改变

《物业管理条例》第四十九条规定，物业管理区域内按照规划建设的公共建筑和共用设施，不得改变用途。业主依法确需改变公共建筑和共用设施用途的，应当在依法办理有关手续后告知物业服务企业；物业服务企业确需改变公共建筑和共用设施用途的，应当提请业主大会讨论决定同意后，由业主依法办理有关手续。

物业管理区域内按照规划建设的公共建筑和共用设施，是满足业主正常的生产、生活需求所必需的。因此，无论是业主大会和业主委员会，还是业主和物业服务企业，都不得擅自改变物业管理区域内按照规划建设的公共建筑和共用设施用途。但是，因原规划设计不合理或实际需要，存在确需改变公共建筑和共用设施用途的客观情况，为保证城市规划的权威性和防止对公共利益造成侵害，对确需改变公共建筑和共用设施用途的情况，当事人必须依照法律程序进行，通过向规划部门提出申请，经规划部门批准后方可实施。

由于改变公共建筑和共用设施用途可能会影响物业服务企业的正常管理，《物业管理条例》要求，业主确需改变公共建筑和共用设施用途的，应当在依法向规划部门办理有关手续后告知物业服务企业，以便物业服务企业及时调整管理方案。如果改变用途涉及物业服务企业的合同利益，双方还应就有关权益作出相应调整。物业公共建筑和共用设施属于物业管理区域内全体业主所有，物业服务企业无权擅自决定改变公共建筑和共用设施用途，确需改变公共建筑和共用设施用途的，物业服务企业应当提请业主大会讨论决定同意后，由业主委员会依法办理有关行政审批手续。关于改变公共建筑和共用没施用途应当办理的具体手续，其他法律法规已有相应规范，因此《物业管理条例》只是强调业主应当依法办理有关手续。

【案例 13-1】

业主希望将小区的公共健身设施用地变为停车场，需要办理哪些手续？

首先，需要经过业主大会依法定程序表决通过。改建、重建建筑物及其附属设施，应当由专有部分面积占比 2/3 以上的业主且人数占比 2/3 以上的业主参与表决。再者，需要业主委员会代表依法办理相关手续。根据我国《公共文化体育设施条例》的规定，确需改变公共文化体育设施用途的，有关地方人民政府在作出决定前，应当组织专家论证，并征得上一级人民政府文化行政主管部门、体育行政主管部门同意，报上一级人民政府批准。

13.2.2 物业管理区域内的道路场地不得擅自占用与挖掘

物业管理区域内的道路、场地是为业主共同利益建设的，业主和物业服务企业都不得擅自占用或挖掘物业管理区域内的道路和场地。然而，物业管理活动中临时占用、挖掘道路或场地的情况又是客观存在的，有时也是必需的。为了加强管理和保护公共利益，《物业管理条例》第五十条规定，"业主、物业服务企业不得擅自占用、挖掘物业管理区域内的道路、场地，损害业主的共同利益。因维修物业或者公共利益，业主确需临时占用、挖掘道路、场地的，应当征得业主委员会和物业服务企业的同意；物业服务企业确需临时占用、挖掘道路、场地的，应当征得业主委员会的同意。业主、物业服务企业应当将临时占用、挖掘的道路、场地，在约定期限内恢复原状。"

13.2.3 公用单位应当依法履行维修养护责任

物业管理区域内供水、供电、供气、供热、通信、有线电视管线和相关设施设备维修养护责任的承担，至今仍是一个存在争议的问题。在物业管理实践中，各地做法并不相同。《物业管理条例》第五十一条明确规定，供水、供电、供气、供热、通信、有线电视等单位，应当依法承担物业管理区域内相关管线和设施设备维修、养护的责任。这些单位在维修、养护物业管理区域内相关管线和设施设备时，有可能需要临时占用、挖掘道路、场地。为了切实维护全体业主的合法权益，《物业管理条例》明确规定，供水、供电、供气、供热、通信、有线电视等单位，因维修、养护等需要，临时占用、挖掘道路、场地的，应当及时恢复原状。

13.2.4 利用物业共用部位、共用设施设备经营的规定

《物业管理条例》关于利用物业共用部位、共用设施设备进行经营，主要作了三个方面的规定：一是明确利用物业共用部位、共用设施设备进行经营必须事先征得相关业主、业主大会、物业服务企业的同意；二是明确利用物业共用部位、共用设施设备进行经营必须按规定办理手续；三是明确利用物业共用部位、共用设施设备经营所得收益的使用方式。

利用共用部位、共用设施设备经营需要征得相关业主的同意，是因为经营行为可能对利害关系人的权益造成损害。例如，在业主窗户下设置广告牌，就可能会影响业主的采光和安全。这里的相关业主，主要是指直接受到经营行为影响的利害关系人。根据《最高人民法院关于审理建筑物区分所有权纠纷案件适用法律若干问题的解释》第十一条规定，"有利害关系的业主"一般指将住宅改变为经营性用房的同一栋建筑物内的其他业主。建筑区划内，同一栋建筑物之外的业主，主张与自己有利害关系的，应证明其房屋价值、生活质量受到或者可能受到不利影响。

利用共用部位、共用设施设备经营需要征得业主大会的同意，是因为业主大会代表和维护着物业管理区域内全体业主的合法权益。利用共用部位、共用

设施设备经营需要经过物业服务企业的同意,是因为物业服务企业提供的物业服务具有准公共性,物业服务企业应当从维护全体业主合法权益和更好地提供物业管理服务的角度出发,发挥其对物业管理事项、物业管理区域情况比较熟悉和专业能力的特长,全面分析考虑利用共用部位、共用设施设备经营是否可行。

关于利用共用部位、共用设施设备经营所得经营收益的使用问题,各方面的认识比较一致,即应当优先用于补充住房专项维修资金。主要理由有两点:一是收益来源于利用共用部位、共用设施设备经营所得,应该主要用于其维修养护;二是住房专项维修资金是房屋的"养老金",由全体业主按照产权份额分期缴交,一旦急需时所需数量较大,经营所得用于补充住房专项维修资金,有利于减轻业主的经济负担。同时,为尊重全体业主的意愿和满足特殊使用需要,《物业管理条例》规定业主所得收益也可以按照业主大会的决定使用。

13.2.5　存在安全隐患物业的维修义务

《物业管理条例》第五十五条规定:"物业存在安全隐患,危及公共利益及他人合法权益时,责任人应当及时维修养护,有关业主应当给予配合。责任人不履行维修养护义务的,经业主大会同意,可以由物业服务企业维修养护,费用由责任人承担。"

由于现代物业多属集合式建筑,结构相连,供水、供电、供气、供热等基础设施具有系统性等特点,致使物业的局部安全隐患不仅会影响到产权人、使用人自身的安全和正常使用,还会影响到相邻业主(居民),甚至是整个物业管理区域的安全和正常使用,事关公共利益和他人的合法权益。因此,明确存在安全隐患物业的维修养护责任,加强对存在安全隐患物业的及时维修养护非常重要。

存在安全隐患物业维修养护工作的责任人,主要是指房屋的产权人或者按照合同约定承担相关部位维修责任的单位和个人,还包括由于历史等特殊原因形成的房屋的实际使用人或者维修责任的承担人。由于物业结构整体性、系统性的特点,对物业某一部位、设施的安全隐患的维修养护往往会影响相邻居民,甚至造成整个物业管理区域内相关部位、设施的停用、占用等情况,需要有关业主的配合。为了保障及时做好存在安全隐患、危及公共利益及他人合法权益物业的维修养护工作,有关业主应当对维修养护工作给予配合。

此外,考虑到相关责任人无法或者不愿意履行维修养护义务的特殊情形,为了确保物业管理区域内全体业主的公共利益及他人合法权益,及时对存在安全隐患的物业实施维修养护,《物业管理条例》规定,经业主大会同意,可以由物业服务企业维修养护,费用由责任人承担。这样规定,既是发挥全体业主民主决策的作用,鼓励物业服务企业积极主动开展维修养护工作的需要,也是保障物业服务企业合法权益的需要。

13.3 装饰装修房屋的规范

随着人民生活水平不断提高,居民个人的房屋装修活动日益普遍,规模不断扩大。在住宅小区中,住宅单体间存在共用部位,包括内外承重墙体、柱、梁、楼板等主体结构;单幢楼或者小区内有共用设施设备,包括电梯、水、暖、照明、煤气、消防设施等。不当的房屋装饰装修活动,会导致共用部位、共用设施设备的损坏,不仅会影响装修房屋的结构安全和业主自身的生命财产安全,还会影响相邻房屋的结构安全和相邻业主的生命财产安全,甚至影响整幢楼、整个小区的公共安全和公共秩序。因此,为了维护公共安全和公共利益,有必要对房屋装饰装修行为予以规范。

13.3.1 装修人在装饰装修中的一般性禁止行为

物业案例分析之
违规装修

装饰装修房屋是业主的权利,但这一权利的行使应以不损害他人利益和社会公共利益为前提。在一个存在多业主的物业管理区域内,业主装饰装修房屋的行为有可能会对其他业主造成影响。例如,装修噪声可能会影响相邻业主的生活和休息,破坏房屋承重结构的装修行为会对其他业主的人身和财产安全构成威胁,不及时清运装修垃圾会破坏小区环境等。2002年,为加强住宅室内装饰装修管理,保证装饰装修工程质量和安全,维护公共安全和公众利益,建设部第110号令发布了《住宅室内装饰装修管理办法》,对装修人在装饰装修中的禁止性行为作出了一般规定,又于2011年依据《住房和城乡建设部关于废止和修改部分规章的决定》(住房和城乡建设部令第9号)进行了修订。

1. 住宅室内装饰装修活动中禁止的行为

(1) 未经原设计单位或者具有相应资质等级的设计单位提出设计方案,变动建筑主体和承重结构。

(2) 将没有防水要求的房间或者阳台改为卫生间、厨房间。

(3) 扩大承重墙上原有的门窗尺寸,拆除连接阳台的砖、混凝土墙体。

(4) 损坏房屋原有节能设施,降低节能效果。

(5) 其他影响建筑结构和使用安全的行为。

所称建筑主体,是指建筑实体的结构构造,包括屋盖、楼盖、梁、柱、支撑、墙体、连接接点和基础等。

所称承重结构,是指直接将本身自重与各种外加作用力系统地传递给基础地基的主要结构构件和其连接接点,包括承重墙体、立杆、柱、框架柱、支墩、楼板、梁、屋架、悬索等。

2. 装修人从事住宅室内装饰装修活动时未经批准不得有的行为

(1) 搭建建筑物、构筑物。
(2) 改变住宅外立面,在非承重外墙上开门、窗。
(3) 拆改供暖管道和设施。
(4) 拆改燃气管道和设施。

第(1)项、第(2)项行为,应当经城市规划行政主管部门批准;第(3)项行为,应当经供暖管理单位批准;第(4)项行为应当经燃气管理单位批准。

3. 其他行为的规定

(1) 住宅室内装饰装修超过设计标准或者规范增加楼面荷载的,应当经原设计单位或者具有相应资质等级的设计单位提出设计方案。

(2) 改动卫生间、厨房间防水层的,应当按照防水标准制定施工方案,并做闭水试验。

(3) 装修人经原设计单位或者具有相应资质等级的设计单位提出设计方案变动建筑主体和承重结构的,或者前述需要批准的装饰装修行为、超过设计标准或者规范增加楼面荷载的、改动防水层的行为,必须委托具有相应资质的装饰装修企业承担。

(4) 装饰装修企业必须按照工程建设强制性标准和其他技术标准施工,不得偷工减料,确保装饰装修工程质量。

(5) 装饰装修企业从事住宅室内装饰装修活动,应当遵守施工安全操作规程,按照规定采取必要的安全防护和消防措施,不得擅自动用明火和进行焊接作业,保证作业人员和周围住房及财产的安全。

(6) 装修人和装饰装修企业从事住宅室内装饰装修活动,不得侵占公共空间,不得损害公共部位和设施。

13.3.2 物业服务人在业主装饰装修中的告知和监督义务

1. 物业服务人应当将房屋装饰装修中的禁止行为和注意事项告知业主

为了维护业主的共同利益,物业服务人有义务根据物业服务合同的约定,对房屋装饰装修行为进行管理。考虑到业主对《住宅室内装饰装修管理办法》等相关法律法规未必了解,对房屋装饰装修中的禁止行为和注意事项未必清楚,《物业管理条例》第五十二条规定了业主装修房屋前对物业服务企业的告知义务。物业服务企业应当将房屋装饰装修中的禁止行为和注意事项告知业主。这有利于避免出现违章装修或者装修扰民的情况,减少日常装修管理服务的难度。

根据《住宅室内装饰装修管理办法》,装修人在住宅室内装饰装修工程开工前,应当向物业服务企业或者房屋管理机构申报登记。申报登记应当提交下列材料:①房屋所有权证(或者证明其合法权益的有效凭证);②申请人身份证件；③装饰装修方案；④变动建筑主体或者承重结构的，需提交原设计单位或者具有相应资质等级的设计单位提出的设计方案；⑤涉及搭建建筑物、构筑物，改变住宅外立面，在非承重外墙上开门、窗，拆改供暖管道和设施，拆改燃气管道和设施行为的需提交有关部门的批准文件；涉及超过设计标准或者规范增加楼面荷载的，改动卫生间、厨房间防水层的行为的，需提交设计方案或者施工方案；⑥委托装饰装修企业施工的，需提供该企业相关资质证书的复印件；⑦非业主的住宅使用人，还需提供业主同意装饰装修的书面证明。

根据《住宅室内装饰装修管理办法》第十六条规定，装修人，或者装修人和装饰装修企业，应当与物业管理单位签订住宅室内装饰装修管理服务协议。

住宅室内装饰装修管理服务协议应当包括下列内容：①装饰装修工程的实施内容；②装饰装修工程的实施期限；③允许施工的时间；④废弃物的清运与处置；⑤住宅外立面设施及防盗窗的安装要求；⑥禁止行为和注意事项；⑦管理服务费用；⑧违约责任；⑨其他需要约定的事项。

【案例 13-2】

北京某物业管理有限公司的《房屋装饰装修管理服务协议》（节选）

物业公司（甲方）：某物业管理有限公司

业主（乙方）：

装饰装修施工单位（丙方）：

第一章 总则

第一条 房屋基本情况

××号楼××单元××室，建筑面积××m^2。

第二条 根据有关法律规定，甲、乙、丙三方在自愿、平等、协商一致的基础上，订立本协议。

第三条 甲方提供服务的受益人为本小区的全体业主和使用人，甲、乙、丙三方应履行本协议书内容，承担相应的责任。

第二章 装饰装修工程的实施内容和期限

第四条 乙方委托丙方对××号楼××单元××室内进行装饰装修工程，具体内容见施工方案。

第五条 装修装饰工程的实施期限自××年××月××日至××年××月××日。如确实需要延期，需提前10个工作日到物业管理处办理延期手续，核发延期《装修备案证》后方可继续施工。

周一至周五施工时间：上午8：00—12：00，下午14：00—18：00。

周六、周日及国家法定节假日禁止从事敲、凿、刨、钻等产生噪声的装修活动。

第三章 三方的权利与义务

第六条 甲方权利和义务

略

第七条 乙方权利和义务

略

第八条 丙方权利和义务

略

第四章 禁止行为和注意事项

第九条 乙方和丙方须严格执行本小区《房屋装饰装修管理规定》。

第五章 相关费用

第十条 甲方向乙方收取的装饰装修相关费用如下：

略

第六章 违约责任

略

第七章 附则

第十二条 本协议一式叁份，甲、乙、丙三方各执壹份，具有同等法律效力，自签订之日起生效。

第十三条《房屋装饰装修管理规定》为本协议不可分割的有效组成部分，与本协议具有同等法律效力。

第十四条 房屋因装修质量和装修方法、技术等原因，达不到使用功能，造成事故的，由乙方、丙方承担责任并做善后处理。

第十五条 本协议至装修工程结束验收合格后终止。

附件：本小区《房屋装饰装修管理规定》

甲方（签章）：	乙方（签章）：	丙方（签章）：
代表人：	代表人：	代表人：
日期：	日期：	日期：

2．物业服务人的监督管理义务

物业服务人应当按照住宅室内装饰装修管理服务协议实施管理，发现装修人或者装饰装修企业有违反《住宅室内装饰装修管理办法》的行为的，应当立即制止；已造成事实后果或者拒不改正的，应当及时报告有关部门依法处理。对装修人或者装饰装修企业违反住宅室内装饰装修管理服务协议的，追究违约责任。

《住宅室内装饰装修管理办法》第四十二条规定，物业管理单位发现装修人或者装饰装修企业有违反本办法规定的行为不及时向有关部门报告的，由房地产行政主管部门给予警告，可处装饰装修管理服务协议约定的装饰装修管理服务费2~3倍的罚款。

《住宅室内装饰装修管理办法》第四十三条规定，有关部门的工作人员接到物业管理单位对装修人或者装饰装修企业违法行为的报告后，未及时处理，玩忽职守的，依法给予行政处分。

住宅室内装饰装修工程竣工后，物业服务人应当按照装饰装修管理服务协议进行现场检查，对违反法律、法规和装饰装修管理服务协议的，应当要求装修人和装饰装修企业纠正，并将检查记录存档。

现实生活中，少数业主不遵守物业管理公共秩序，给其他业主人身、财产安全造成损害的情况时有发生。在违规业主不听从物业服务企业劝阻的情况下，个别有利害关系的业主从维护物业管理秩序角度执意要求物业服务企业强行制止业主违规行为是缺乏法律依据的。这种情况下，物业服务企业应当向有关业主说明企业实际履行管理服务义务的情况。

13.4 违规的装饰装修行为应承担的法律责任

根据《住宅室内装饰装修管理办法》规定，对违反法规的装饰装修行为，当事人要承担法律责任。

1．装修人应承担的法律责任

因住宅室内装饰装修活动造成相邻住宅的管道堵塞、渗漏水、停水停电、物品毁坏等，装修人应当负责修复和赔偿；属于装饰装修企业责任的，装修人可以向装饰装修企业追偿。

装修人擅自拆改供暖、燃气管道和设施造成损失的，由装修人负责赔偿。

装修人因住宅室内装饰装修活动侵占公共空间，对公共部位和设施造成损害的，由城市房地产行政主管部门责令改正，造成损失的，依法承担赔偿责任。

装修人未申报登记进行住宅室内装饰装修活动的，由城市房地产行政主管部门责令改正，处 500 元以上 1000 元以下的罚款。

装修人将住宅室内装饰装修工程委托给不具有相应资质等级企业的，由城市房地产行政主管部门责令改正，处 500 元以上 1000 元以下的罚款。

2．装饰装修企业应承担的法律责任

装饰装修企业自行采购或者向装修人推荐使用不符合国家标准的装饰装修材料，造成空气污染超标的，由城市房地产行政主管部门责令改正，造成损失的，依法承担赔偿责任。

损坏房屋原有节能设施或者降低节能效果的，对装饰装修企业处 1000 元以上 5000 元以下的罚款。

装饰装修企业违反国家有关安全生产规定和安全生产技术规程，不按照规定采取必要的安全防护和消防措施，擅自动用明火作业和进行焊接作业的，或者对建筑安全事故隐患不采取措施予以消除的，由建设行政主管部门责令改正，并处 1000 元以上 1 万元以下的罚款；情节严重的，责令停业整顿，并处 1 万元以上 3 万元以下的罚款；造成重大安全事故的，降低资质等级或者吊销资质证书。

3．装修人和装饰装修企业共同承担的法律责任

住宅室内装饰装修活动有下列行为之一的，由城市房地产行政主管部门责令改正，并处罚款：

（1）将没有防水要求的房间或者阳台改为卫生间、厨房间的，或者拆除连接阳台的砖、混凝土墙体的，对装修人处 500 元以上 1000 元以下的罚款，对装饰装修企业处 1000 元以上 1 万元以下的罚款。

（2）未经原设计单位或者具有相应资质等级的设计单位提出设计方案，擅自超过设计标准或者规范增加楼面荷载的，对装修人处 500 元以上 1000 元以下的罚款，对装饰装修企业处 1000 元以上 1 万元以下的罚款。

（3）未经城市规划行政主管部门批准，在住宅室内装饰装修活动中搭建建筑物、构筑物的，或者擅自改变住宅外立面、在非承重外墙上开门、窗的，由城市规划行政主管部门按照《中华人民共和国城乡规划法》及相关法规的规定处罚。

（4）装修人或者装饰装修企业违反《建设工程质量管理条例》的，由建设行政主管部门按照有关规定处罚。

本章小结

物业管理服务是指业主与物业服务企业通过物业服务合同约定的公共性基础服务。概括地说，包括以下两个方面的内容：一是对房屋及配套的设施设备和相关场地进行维修、养护、管理；二是维护相关区域内的环境卫生和秩序。物业服务合同的标的是物业服务企业提供的公共性物业服务。物业服务企业可以根据业主委托提供物业服务合同约定以外的服务，服务报酬由双方约定。《标准》从物业管理服务的基本要求、房屋管理、共用设施设备维修养护、协助维护公共秩序、保洁服务、绿化养护管理六个方面界定物业管理服务的内容，制定了三个等级的服务标准。

物业的使用和维护是事关社会稳定和人民生命财产安全的大事，《物业管理条例》及其他法规对各主体使用和维护物业的行为作了明确规范。如公共建筑和共用设施改变用途，占用、挖掘物业管理区域内的道路、场地，供水、供电、供气、供热、通信、有线电视等物业管理区域内相关管线和设施设备的维修养护，利用物业共用部位、共用设施设备经营，存在安全隐患物业的维修等。

装饰装修房屋是业主的权利，但这一权利的行使应以不损害他人利益和社会公共利益为前提。为了维护公共安全和公共利益，《物业管理条例》《住宅室内装饰装修管理办法》对装修人、装修企业、物业服务人各相关主体在房屋装饰装修中的行为和责任予以规范。

> **复习思考题**
>
> 1. 物业管理服务有哪些特点？
> 2. 物业管理服务的内容有哪些？
> 3. 占用与挖掘物业管理区域内道路场地的规定有哪些？
> 4. 简述公用事业单位应当依法履行的维修养护责任。
> 5. 简述利用共用部位、共用设施设备经营的规定。
> 6. 存在安全隐患的物业有哪些维修义务？
> 7. 装修人在装饰装修中有哪些禁止行为？
> 8. 物业服务人在业主装饰装修中的法律义务有哪些？

物业管理基本制度篇自测题

第4篇

房地产相关制度与政策

物业管理实质上是房地产综合开发的延续和完善,是一种社会化和专业化的服务方式。本篇按照房地产开发、房地产交易的管理制度与政策,对房地产业现行法律体系中建设用地、规划设计及工程建设、房地产开发企业、房地产权属登记管理制度与政策以及房地产中介服务的相关概念、管理及法律法规的约束作了详细阐述。

14 房地产开发管理制度与政策

> **学习目标**
>
> 学习和掌握房地产开发相关制度,能依据房地产开发相关制度与政策开展物业管理相关业务,了解制度的意义和作用。

> **知识要点**
>
> 1. 房地产与房地产业,我国房地产法律体系。
> 2. 建设用地使用权出让,建设用地使用权划拨。
> 3. 城乡规划管理制度与政策,勘察设计管理制度与政策,招标投标和建设监理制度与政策,建设工程施工与质量管理制度与政策。
> 4. 房地产开发企业管理,房地产开发项目管理,房地产开发项目转让。

14.1 房地产与房地产业管理制度简介

14.1.1 房地产与房地产业

房地产作为物质实体,即指土地、建筑及建筑附属物,作为权益包括房地产的所有权、占有权、使用权、收益权和处分权,以及以上权益派生出来的承租权、抵押权、典权等。

房地产业,广义上,是指从事房地产投资、开发、经营、服务和管理的行业,包括房地产开发经营、房地产中介服务、物业管理和其他房地产活动,可以分为房地产开发经营业和房地产服务业。狭义上,专指房地产开发经营业,主要是取得待开发房地产,特别是土地,然后进行基础设施建设、场地平整等土地开发或者房屋建设,再转让开发完成后的土地、房地产开发项目或者销售、出租建成后的房屋。在国民经济产业分类中,房地产业属于第三产业,是为生产和生活服务的,是基础性产业,对国民经济发展具有先导作用,是国民经济的支柱产业。

14.1.2 我国房地产法律体系

房地产和房地产业涉及的社会面广、资金量大、产权关系复杂,特别需要法律法规的制度建设,以规范房地产市场行为,建立正常的房地产市场秩序,维护房地产权利人的正当权益。

经过三十多年的发展,我国房地产法律法规体系建设已取得了显著成绩,该体系由法律、行政法规、地方性法规、部门规章、地方性政府规章、规范性文件和技术规范构成。本节主要介绍法律、行政法规和部门规章三部分。

1．法律

房地产领域相关法律主要有：《中华人民共和国民法典》（以下简称《民法典》）、《中华人民共和国城市房地产管理法》（以下简称《城市房地产管理法》）、《中华人民共和国土地管理法》（以下简称《土地管理法》）、《中华人民共和国城乡规划法》（以下简称《城乡规划法》）。

2．行政法规

房地产领域由国务院颁布的行政法规，主要有：《城市房地产开发经营管理条例》《土地管理法实施条例》《国有土地上房屋征收与补偿条例》《城镇国有土地使用权出让和转让暂行条例》《住房公积金管理条例》等。

3．部门规章

房地产领域由国务院房地产行政主管部门颁布的部门规章，主要有：《城市商品房预售管理办法》《商品房销售管理办法》《房地产开发企业资质管理规定》《商品房屋租赁管理办法》《城市房地产抵押管理办法》《闲置土地处置办法》《房地产测绘管理办法》等。

此外，还有《房地产估价师执业资格制度暂行规定》等规范性文件和《房地产登记技术规程》等技术规范。

目前，我国房地产法律法规体系基本建立，为住宅建设和房地产业的健康发展创造了良好的制度环境。本章主要围绕房地产基本制度和政策中与物业管理联系较密切的内容，作简要介绍。

14.2 建设用地制度与政策

《土地管理法》第二条规定："中华人民共和国实行土地的社会主义公有制，即全民所有制和劳动群众集体所有制。"

全民所有，即国家所有土地的所有权由国务院代表国家行使。本节所称的建设用地制度与政策，仅包括国有土地的建设用地制度与政策。

《土地管理法实施条例》第二条进一步明确了国有土地的范围，包括：①城市市区的土地；②农村和城市郊区中已经依法没收、征收、征购为国有的土地；③国家依法征用的土地；④依法不属于集体所有的林地、草地、荒地、滩涂及其他土地；⑤农村集体经济组织全部成员转为城镇居民的，原属于其成员集体所有的土地；⑥因国家组织移民、自然灾害等原因，农民成建制地集体迁移后不再使用的原属于迁移农民集体所有的土地。

现阶段，我国取得建设用地使用权的途径主要有：①通过行政划拨方式（含征收集体土地）取得；②通过国家出让方式取得；③通过房地产转让方式

（如买卖、赠与或者其他合法方式）取得；④通过土地或房地产租赁方式取得。

14.2.1 建设用地使用权出让

建设用地使用权出让，简称土地使用权出让，是指国家将国有土地使用权在一定年限内出让给土地使用者，由土地使用者向国家支付土地使用权出让金的行为。

1．土地使用权出让的主体

土地使用权出让的主体，包括出让方和受让方。《城市房地产管理法》规定，土地使用权出让合同由市、县人民政府土地管理部门与土地使用者签订。因此，土地使用权的出让方是国家，具体由市、县人民政府土地管理部门代表。《城镇国有土地使用权出让和转让暂行条例》规定："中华人民共和国境内外的公司、企业、其他组织和个人，除法律另有规定者外，均可依照本条例的规定取得土地使用权，进行土地开发、利用、经营。"因此，土地使用权受让方是土地使用者，具体可以分为公司、企业、其他组织和个人。

关于土地使用权出让双方的基本权利与义务，《城市房地产管理法》第十六条规定："土地使用者必须按照出让合同约定，支付土地使用权出让金；未按照出让合同约定支付土地使用权出让金的，土地管理部门有权解除合同，并可以请求违约赔偿。"第十七条规定："土地使用者按照出让合同约定支付土地使用权出让金的，市、县人民政府土地管理部门必须按照出让合同约定，提供出让的土地；未按照出让合同约定提供出让的土地的，土地使用者有权解除合同，由土地管理部门返还土地使用权出让金，土地使用者并可以请求违约赔偿。"

2．土地使用权出让的方式

根据《城市房地产管理法》和《招标拍卖挂牌出让国有建设用地使用权规定》的规定，我国现行国有建设用地土地使用权的出让方式有四种：招标、拍卖、挂牌和协议出让。

（1）招标出让

招标出让国有土地使用权，是指市、县人民政府土地行政主管部门（出让人）发布招标公告，邀请特定或者不特定的公民、法人和其他组织参加国有土地使用权投标，在规定的期限内由符合受让条件的单位或者个人（受让人）根据出让方提出的条件，以密封书面投标形式竞标某地块的使用权，由招标小组经过开标、评标，最后根据招标结果择优确定中标的土地使用者的行为。招标出让方式，有利于公平竞争，主要适用于需要优化土地布局，以及重大工程的较大地块的投资项目。

（2）拍卖出让

拍卖出让国有土地使用权，是指出让人发布拍卖公告，由竞买人在指定时间、地点进行公开竞价，根据出价结果确定土地使用者的行为。拍卖出让方式引进了竞争机制,排除了人为干扰,政府也可获得最高收益,有利于增加财政收入。这种方式主要适用于投资环境好、盈利潜力大、竞争性强的商业、金融业、旅游业和娱乐业用地,特别是大中城市的黄金地段。

(3) 挂牌出让

挂牌出让国有土地使用权,是指出让人发布挂牌公告,按公告规定的期限将拟出让宗地的交易条件在指定的土地交易场所挂牌公布,接受竞买人的报价申请并更新挂牌价格,根据挂牌期限截止时的出价结果确定土地使用者的行为。

(4) 协议出让

协议出让国有土地使用权,是指政府作为土地所有人(出让人)与选定的土地使用人(受让人)磋商用地条件及价款,达成协议并签订土地使用权出让合同,有偿出让土地使用权的行为。协议出让方式主要适用于工业项目、市政公益事业项目、非营利项目及政府为调整经济结构、实施产业政策而需要给予扶持、优惠的项目。采取协议出让方式出让土地使用权的出让金,不得低于国家规定的最低价。以协议出让方式出让土地使用权,没有引入竞争机制,不具有公开性,人为因素较多,因此对这种方式有必要加以限制,以免造成不公平竞争、权力寻租及国有资产流失。

招标、拍卖、挂牌、协议是法定的四种使用权的出让方式。在具体实施土地使用权出让时,由国有土地代表按照法律规定,并根据实际情况决定采用何种方式,对地理位置优越、投资环境好、预计投资回报率高的地块,一般应当采用招标、拍卖或者挂牌方式;对于公益性和政策性项目,可适当采用协议方式。

3. 土地使用权出让的年限

土地使用权的最高使用年限,是指法律规定的一次签约出让土地使用权的最高年限。土地使用权年限届满时,土地使用者可以申请续期。具体出让年限由出让方和受让方在签订合同时约定,但不能高于法律规定的最高年限。《城镇国有土地使用权出让和转让暂行条例》按照出让土地的不同用途,规定了各类用地使用权出让的最高年限:①居住用地 70 年;②工业用地 50 年;③教育、科技、文化、卫生、体育用地 50 年;④商业、旅游、娱乐用地 40 年;⑤综合或者其他用地 50 年。

出让土地使用权的最高年限不是唯一年限,具体出让项目的实际年限由国家根据产业特点和用地项目情况确定或与用地者商定,土地使用权出让的实际年限不得高于法律规定的最高年限。

4. 土地使用权出让合同

建设用地使用权出让,应当签订书面出让合同。建设用地使用权出让合同由市、县政府土地管理部门与土地使用者签订。2008 年,国土资源部、国家工商行政管理总局制定了新的《国有建设用地使用权出让合同》示范文本,用于规范和指导国有土地使用权的出让行为。

土地使用权出让合同一般包括以下几方面的内容：①出让土地的位置、面积、界线等土地自然状况；②出让金的数额、支付方式和支付期限；③土地使用期限；④建设规划设计条件，也称使用条件；⑤合同双方的权利和义务；⑥定金及违约责任。

14.2.2 建设用地使用权划拨

1．建设用地使用权划拨的含义

建设用地使用权划拨，简称土地使用权划拨，是指县级以上人民政府依法批准，在土地使用者缴纳补偿、安置等费用后将该幅土地交付其使用，或者将土地使用权无偿交付给土地使用者使用的行为。以划拨方式取得的土地使用权，除法律、行政法规另有规定外，没有使用期限的限制，土地使用权不能进行转让。

2．土地使用权划拨的范围

《国务院关于深化改革严格土地管理的决定》提出，严格控制划拨用地范围，推进土地资源的市场化配置。经营性基础设施用地要逐步实行有偿使用，运用价格机制限制多占、滥占和浪费土地的行为。依据《划拨用地目录》，下列建设用地可由县级以上人民政府依法批准，划拨土地使用权：①国家机关用地；②军事用地；③城市基础设施用地；④公益事业用地；⑤国家重点扶持的能源、交通、水利等基础设施用地；⑥法律、行政法规规定的其他用地。

【案例14-1】

某工厂为扩大生产规模，投资80万元建一分厂，向某县级人民政府申请用地2亩（以出让方式取得土地使有权），经县人民政府批准使用城市规划区内属于A村集体所有的土地（非耕地）2亩。为保证按时使用土地，工厂与A村签订了土地使用权合同。合同规定A村向工厂出让土地2亩，土地所有权出让金30万元，土地用途为工业用地，土地使用权出让年限为70年。有关合同的其他内容均参照国家出让土地使用权的标准合同写明。

据此，请回答以下问题：

(1) 该土地使用权出让合同是否有效？为什么？

(2) 县级人民政府批准的该工厂用地70年是否合法？为什么？

(3) 按照有关法律规定，该工厂应该怎样取得土地使用权？

【解析】(1) 无效。因为按照我国有关法律规定，城市规划区内的集体所有土地，必须先依法征为国有，其土地使用权才能出让。土地所有权的出让方只能是代表政府的土地管理局，本例中由A村直接向工厂出让土地使用权是违法的，违法的合同应确认为无效。

(2) 不合法。依照《城镇国有土地使用权出让和转让暂行条例》的规定，工业用地最高年限为50年。

（3）该工厂取得土地使用权的合法方式应该是：由人民政府依法定权限批准征用 A 村的土地，将集体土地转为国有土地，然后再将土地使用权出让给工厂，由土地管理局代表政府与工厂签订土地使用权出让合同，工厂依合同向政府缴纳土地使用权出让金，并依法登记，领取土地使用权证书后，取得土地使用权。

14.3 规划设计及工程建设管理制度与政策

14.3.1 城市规划管理制度与政策

1. 城市规划管理

（1）城市规划管理的基本概念

城市规划管理是指城市人民政府按照法定程序编制和审批城市规划，并依据国家和各级政府颁布的城市规划管理的有关法规和具体规定，对批准的城市规划采用法制的、行政的、经济的、技术的管理办法，对城市规划区内的各项建设进行统一的安排和控制，使城市的各项建设用地和建设工程活动有计划、有秩序地协调发展，保证城市规划的顺利实施。经依法批准的城市规划是城市建设和规划管理的依据，未经法定程序不得修改。

城市规划管理是一项政府行政职能，它包括城市规划编制审批管理和实施监察管理两部分。

（2）城市规划的基本内容

城市规划分为总体规划和详细规划。详细规划分为控制性详细规划和修建性详细规划。城市总体规划的内容应当包括：城市、镇的发展布局，功能分区，用地布局，综合交通体系，禁止、限制和适宜建设的地域范围，各类专项规划等。规划区范围、规划区内建设用地规模、基础设施和公共服务设施用地、水源地和水系、基本农田和绿化用地、环境保护、自然与历史文化遗产保护以及防灾减灾等内容，应当作为城市总体规划、镇总体规划的强制性内容。城市总体规划的规划期限一般为 20 年。城市总体规划还应当对城市更长远的发展作出预测性安排。

（3）城市规划的编制与审批

城市人民政府组织编制城市总体规划。直辖市的城市总体规划由直辖市人民政府报国务院审批。省、自治区人民政府所在地的城市以及国务院确定的城市的总体规划，省、自治区人民政府审查同意后，报国务院审批。其他城市的总体规划，由城市人民政府报省、自治区人民政府审批。县人民政府组织编制县人民政府所在地镇的总体规划，报上一级人民政府审批。其他镇的总体规划由镇人民政府组织编制，报上一级人民政府审批。

省、自治区人民政府组织编制的省域城镇体系规划，城市、县人民政府组织编制的总体规划,在报上一级人民政府审批前,应当先经本级人民代表大会常务委员会审议,常务委员会组成人员的审议意见交由本级人民政府研究处理。镇人民政府组织编制的镇总体规划,在报上一级人民政府审批前,应当先经镇人民代表大会审议,代表的审议意见交由本级人民政府研究处理。

规划的组织编制机关报送审批省域城镇体系规划、城市总体规划或者镇总体规划的,应当将本级人民代表大会常务委员会组成人员或者镇人民代表大会代表的审议意见和根据审议意见修改规划的情况一并报送。

城市人民政府城乡规划主管部门根据城市总体规划的要求,组织编制城市的控制性详细规划,经本级人民政府批准后,报本级人民代表大会常务委员会和上一级人民政府备案。县人民政府所在地镇的控制性详细规划,由县人民政府城乡规划主管部门根据镇总体规划的要求组织编制,经县人民政府批准后,报本级人民代表大会常务委员会和上一级人民政府备案。镇人民政府根据镇总体规划的要求,组织编制镇的控制性详细规划,报上一级人民政府审批。城市、县人民政府城乡规划主管部门和镇人民政府可以组织编制重要地块的修建性详细规划。修建性详细规划应当符合控制性详细规划。首都的总体规划、详细规划应当统筹考虑中央国家机关用地布局和空间安排的需要。

城乡规划组织编制机关应当委托具有相应资质等级的单位承担城乡规划的具体编制工作。从事城乡规划编制工作的单位应当具备:①有法人资格;②有规定数量的经相关行业协会注册的规划师;③有规定数量的相关专业技术人员;④有相应的技术装备;⑤有健全的技术、质量、财务管理制度。编制城乡规划必须遵守国家有关标准,并经国务院城乡规划主管部门或者省、自治区、直辖市人民政府城乡规划主管部门依法审查合格,取得相应等级的资质证书后,方可在资质等级许可的范围内从事城乡规划编制工作。

(4) 城市规划修改

规划经批准后,应当严格执行,不得擅自改变。当出现某些不能适应城市经济与社会发展要求的情况时,例如由于城市人口规模扩大需要适当扩大城市用地时,在不违背总体布局基本原则的前提下,需要进行适当的修改。省域城镇体系规划、城市总体规划、镇总体规划的组织编制机关,应当组织有关部门和专家定期对规划实施情况进行评估,并采取论证会、听证会或者其他方式征求公众意见。组织编制机关应当向本级人民代表大会常务委员会、镇人民代表大会和原审批机关提供评估报告并附具征求意见的情况。

有下列情形之一的,组织编制机关方可按照规定的权限和程序修改省域城镇体系规划、城市总体规划、镇总体规划:①上级人民政府制定的城乡规划发生变更,提出修改规划要求的;②行政区划调整确需修改规划的;③因国务院批准重大建设工程确需修改规划的;④经评估确需修改规划的;⑤城乡规划的审批机关认为应当修改规划的其他情形。

(5) 城市规划的实施

城市规划经审批颁布后,即具有法律效力。城市规划区内的土地利用和各项建设实质上就是城市规划逐步实施的过程,城市的建设和发展,应当优先安排基础设施以及公共服务设施的建设,妥善处理新区开发与旧区改建的关系,统筹兼顾进城务工人员生活和周边农村经济社会发展、村民生产与生活的需要。城市规划的实施管理主要是报建审批管理和批后管理两部分内容。报建审批管理主要包括对建设项目选址审批核发项目选址意见书,对城市用地审批核发建设用地规划许可证,对建设工程审批核发建设工程规划许可证。批后管理主要是按照规划实施监督检查体系对违章占地和违章建设的查禁工作。

1) 建设项目选址意见书

国家对于建设项目,特别是国家的大、中型建设项目的宏观管理,在可行性研究阶段,主要是通过计划管理和规划管理来实现。将计划管理和规划管理有机结合起来,就能保证各项建设工程有计划并按照规划进行建设。《城乡规划法》规定,按照国家规定需要有关部门批准或者核准的建设项目,以划拨方式提供国有土地使用权的,建设单位在报送有关部门批准或者核准前,应当向城乡规划主管部门申请核发选址意见书。上述规定以外的建设项目不需要申请选址意见书。

《城乡规划法》还规定,在城市、镇规划区内以划拨方式提供国有土地使用权的建设项目,经有关部门批准、核准、备案后,建设单位应当向城市、县人民政府城乡规划主管部门提出建设用地规划许可申请,由城市、县人民政府城乡规划主管部门依据控制性详细规划核定建设用地的位置、面积、允许建设的范围,核发建设用地规划许可证。建设单位在取得建设用地规划许可证后,方可向县级以上地方人民政府土地主管部门申请用地,经县级以上人民政府审批后,由土地主管部门划拨土地。

2) 建设用地规划许可证

以出让方式取得国有土地使用权的建设项目,在签订国有土地使用权出让合同后,建设单位应当持建设项目的批准、核准、备案文件和国有土地使用权出让合同,向城市、县人民政府城乡规划主管部门领取建设用地规划许可证。城市、县人民政府城乡规划主管部门不得在建设用地规划许可证中,擅自改变作为国有土地使用权出让合同组成部分的规划条件。规划条件未纳入国有土地使用权出让合同的,该国有土地使用权出让合同无效;对未取得建设用地规划许可证的建设单位批准用地的,由县级以上人民政府撤销有关批准文件;占用土地的,应当及时退回;给当事人造成损失的,应当依法给予赔偿。

3) 建设工程规划许可证

在城市、镇规划区内进行建筑物、构筑物、道路、管线和其他工程建设的,建设单位或者个人应当向城市、县人民政府城乡规划主管部门或者省、自治区、直辖市人民政府确定的镇人民政府申请办理建设工程规划许可证。申请办理建设工程规划许可证，应当提交使用土地的有关证明文件、建设工程设计方案等材料。需要建设单位编制修建性详细规划的建设项目，还应当提交修建性详细规划。对符合控制性详细规划和规划条件的，由城市、县人民政府城乡规划主管部门或者省、自治区、直辖市人民政府确定的镇人民政府核发建设工程规划许可证。

城市、县人民政府城乡规划主管部门或者省、自治区、直辖市人民政府确定的镇人民政府应当依法将经审定的修建性详细规划、建设工程设计方案的总平面图予以公布。城乡规划主管部门不得在城乡规划确定的建设用地范围以外作出规划许可。

建设单位应当按照规划条件进行建设；确需变更的，必须向城市、县人民政府城乡规划主管部门提出申请。变更内容不符合控制性详细规划的，城乡规划主管部门不得批准。城市、县人民政府城乡规划主管部门应当及时将依法变更后的规划条件通报同级土地主管部门并公示。建设单位应当及时将依法变更后的规划条件报有关人民政府土地主管部门备案。

建设工程规划许可管理的主要内容包括：①建筑管理；②道路管理；③管线管理；④审定设计方案；⑤核发建设工程规划许可证；⑥放线、验线制度；⑦建设工程的竣工验收；⑧竣工资料的报送。

在选址意见书、建设用地规划许可证、建设工程规划许可证或者乡村建设规划许可证发放后，因依法修改城乡规划给被许可人合法权益造成损失的，应当依法给予补偿。经依法审定的修建性详细规划、建设工程设计方案的总平面图不得随意修改；确需修改的，城乡规划主管部门应当采取听证会等形式，听取利害关系人的意见；因修改给利害关系人合法权益造成损失的，应当依法给予补偿。

（6）临时性建设规划管理

在城市、镇规划区内进行临时建设的，应当经城市、县人民政府城乡规划主管部门批准。临时建设影响近期建设规划或者控制性详细规划的实施以及交通、市容、安全等的，不得批准。临时建设应当在批准的使用期限内自行拆除。临时建设和临时用地规划管理的具体办法，由省、自治区、直辖市人民政府制定。

（7）城市规划实施的监督检查

1) 监督检查

县级以上人民政府及其城乡规划主管部门应当加强对城乡规划编制、审批、实施、修改的监督检查。地方各级人民政府应当向本级人民代表大会常务委员会或者乡、镇人民代表大会报告城乡规划的实施情况，并接受监督。县级以上人民政府城乡规划主管部门对城乡规划的实施情况进行监督检查，有权采取以下措施：①要求有关单位和人员提供与监督事项有关的文件、资料，并进行复制；②要求有关单位和人员就监督事项涉及的问题作出解释和说明，并根据需要进入现场进行勘测；③责令有关单位和人员停止违反有关城乡规划的法律、法规的行为。

依照《城乡规划法》规定，应当给予行政处罚，而有关城乡规划主管部门不给予行政处罚的，上级人民政府城乡规划主管部门有权责令其作出行政处罚决定或者建议有关人民政府责令其给予行政处罚。城乡规划主管部门违反《城乡规划法》规定作出行政许可的，上级人民政府城乡规划主管部门有权责令其撤销或者直接撤销该行政许可。因撤销行政许可给当事人合法权益造成损失的，应当依法给予赔偿。

2）法律责任

建设单位或者个人有下列行为之一的，由所在地城市、县人民政府城乡规划主管部门责令限期拆除，可以并处临时建设工程造价一倍以下的罚款：①未经批准进行临时建设的；②未按照批准内容进行临时建设的；③临时建筑物、构筑物超过批准期限不拆除的。建设单位未在建设工程竣工验收后6个月内向城乡规划主管部门报送有关竣工验收资料的，由所在地城市、县人民政府城乡规划主管部门责令限期补报；逾期不补报的，处1万元以上5万元以下的罚款。城乡规划主管部门作出责令停止建设或者限期拆除的决定后，当事人不停止建设或者逾期不拆除的，建设工程所在地县级以上地方人民政府可以责成有关部门采取查封施工现场、强制拆除等措施。违反《城乡规划法》的规定，构成犯罪的，依法追究刑事责任。

2．城市紫线、绿线、蓝线和黄线管理

2002—2006年，建设部相继发布了《城市绿线管理办法》《城市紫线管理办法》《城市黄线管理办法》和《城市蓝线管理办法》，要求对城市绿地，城市历史文化街区、历史建筑的用地，城市基础设施用地，城市地表水体等用地，划定范围、确定界线，进行控制管理。按照以上四个管理办法，城市绿线、紫线、黄线和蓝线的划定贯穿于法定规划的各个阶段，包括总体规划阶段、控制性详细规划阶段和修建性详细规划阶段。

（1）城市绿线的划定、管理和监督

城市绿地系统规划是城市总体规划的组成部分，要按照规定标准确定绿化用地面积，分层次合理布局公共绿地，确定防护绿地、大型公共绿地等的绿线。城市绿线是指城市各类绿地范围的控制线。

《城市绿线管理办法》规定，绿线内的土地只准用于绿化建设，不得改为他用，因国家重点建设等特殊情况需要临时占用城市绿线内用地的，必须依法办理相关审批手续。

各类建设工程要与其配套的绿化工程同步设计、同步施工、同步验收，达不到规定标准的，不得投入使用。城市人民政府规划、园林绿化行政主管部门按照职责分工，对城市绿线的控制和实施情况进行检查，并向同级人民政府和上级行政主管部门报告。

(2) 城市紫线的划定、管理和监督

在编制城市规划时应当划定保护历史文化街区和历史建筑的紫线。城市紫线是指国家历史文化名城内的历史文化街区的保护范围界线，以及优秀历史建筑的保护范围界线。

在城市紫线范围内，禁止进行下列活动：①违反保护规划的大面积拆除、开发；②对历史文化街区传统格局和风貌构成影响的大面积改建；③损坏或者拆毁保护规划确定保护的建筑物、构筑物和其他设施；④修建破坏历史文化街区传统风貌的建筑物、构筑物和其他设施；⑤占用或者破坏保护规划确定保留的园林绿地、河湖水系、道路和古树名木等；⑥其他对历史文化街区和历史建筑的保护构成破坏性影响的活动。

对擅自调整和改变城市紫线，擅自调整和违反保护规划的行政行为，或者由于人为原因，导致历史文化街区和历史建筑遭受局部破坏的，省、自治区建设行政主管部门和直辖市城乡规划行政主管部门等监督机关可以提出纠正决定，督促执行。国务院建设行政主管部门，省、自治区人民政府建设行政主管部门和直辖市人民政府城乡规划行政主管部门根据需要可以向有关城市派出规划监督员，对城市紫线的执行情况进行监督。

(3) 城市黄线的划定、管理和监督

在制定城市总体规划和详细规划时应当划定城市黄线。城市黄线是指对城市发展全局有影响的、城市规划中确定的、必须控制的城市基础设施用地的控制界线。城市基础设施包括：城市公共交通设施、城市供水设施、城市环境卫生设施、城市供燃气设施、城市供热设施、城市消防设施、城市通信设施等。编制城市总体规划，应当根据规划内容和深度要求，合理布置城市基础设施，确定城市基础设施的用地位置和范围，划定其用地控制界线。编制控制性详细规划，应当依据城市总体规划，落实城市总体规划确定的城市基础设施的用地位置和面积，划定城市基础设施用地界线，规定城市黄线范围内的控制指标和要求，并明确城市黄线的地理坐标。修建性详细规划应当依据控制性详细规划，按不同项目具体落实城市基础设施用地界线，提出城市基础设施用地配置原则或者方案，并标明城市黄线的地理坐标和相应的界址地形图。

在城市黄线范围内，禁止进行下列活动：①违反城市规划要求，进行建筑物、构筑物及其他设施的建设；②违反国家有关技术标准和规范进行建设；③未经批准，改装、迁移或拆毁原有城市基础设施；④其他损坏城市基础设施或影响城市基础设施安全和正常运转的行为。

(4) 城市蓝线的划定、管理和监督

编制各类城市规划，应当划定城市蓝线。城市蓝线是指城市规划确定的江、河、湖、库、渠和湿地等城市地表水体保护和控制的地域界线。城市总体规划阶段，应当确定城市规划区范围内需要保护和控制的主要地表水体，划定城市蓝线，并明确城市蓝线保护和控制的要求。在控制性详细规划阶段，应当依据城市总体规划划定的城市蓝线，规定城市蓝线范围内的保护要求和控制指标，并附有明确的城市蓝线坐标和相应的界址地形图。城市蓝线应当与城市规划一并报批。在城市蓝线内进行各项建设，必须符合经批准的城市规划。在城市蓝线内新建、改建、扩建各类建筑物、构筑物、道路、管线和其他工程设施，应当依法向建设主管部门（城乡规划主管部门）申请办理城市规划许可，并依照有关法律、法规办理相关手续。

在城市蓝线范围内，禁止进行下列活动：①违反城市蓝线保护和控制要求的建设活动；②擅自填埋、占用城市蓝线内水域；③影响水系安全的爆破、采石、取土；④擅自建设各类排污设施；⑤其他对城市水系保护造成破坏的活动。

县级以上地方人民政府建设主管部门（城乡规划主管部门）应当定期对城市蓝线、黄线管理情况进行监督检查，对违反《城市蓝线管理办法》《城市黄线管理办法》，在城市蓝线、黄线范围内进行各类建设活动的，按照《城乡规划法》等有关法律、法规的规定进行处罚。

14.3.2 勘察设计管理制度与政策

建设工程勘察是指根据建设工程的要求，查明、分析、评价建设场地的地质地理特征和岩土工程条件，编制建设工程勘察文件的活动。建设工程设计是指根据建设工程的要求，对建设工程所需的技术、经济、资源、环境等条件进行综合分析、论证，编制建设工程设计文件的活动。为加强对勘察、设计活动的管理，保证建设工程勘察、设计质量，保护人民生命和财产安全，国务院于2000年9月颁布了《建设工程勘察设计管理条例》。2017年10月7日，修订的《建设工程勘察设计管理条例》（2017修正本）（以下简称《条例》）以国务院令第687号发布。《条例》第四十条规定，勘察、设计单位未依据项目批准文件，城乡规划及专业规划，国家规定的建设工程勘察、设计深度要求编制建设工程勘察、设计文件的，责令限期改正；逾期不改正的，处10万元以上30万元以下的罚款；造成工程质量事故或者环境污染和生态破坏的，责令停业整顿，降低资质等级；情节严重的，吊销资质证书；造成损失的，依法承担赔偿责任。从条款内容来看，这一条例重在加强问责监督，严禁工程转包。

1．勘察设计单位的资质管理

国家对从事建设工程勘察、设计活动的单位，实行资质管理制度。为加强工程勘察和工程设计单位的资质管理，保障国家财产和人身安全，促进技术进步，提高工程勘察设计水平，根据《建设工程勘察设计管理条例》，建设部发布了《建设工程勘察设计资质管理规定》。

工程勘察资质分为工程勘察综合资质、工程勘察专业资质和工程勘察劳务资质。工程设计资质分为工程设计综合资质、工程设计行业资质、工程设计专业资质和工程设计专项资质。

2．勘察设计的发包与承包

建设工程勘察设计应当按照《招标投标法》的规定，实行招标发包。建设工程勘察、设计方案评标，应当以投标人的业绩、信誉和勘察、设计人员的能力以及勘察、设计方案的优劣为依据，进行综合评定。建设工程勘察、设计的招标人应当在评标委员会推荐的候选方案中确定中标方案。但是，建设工程勘察、设计的招标人认为评标委员会推荐的候选方案不能最大限度满足招标文件规定的要求的，应当依法重新招标。

下列建设工程的勘察、设计，经有关主管部门批准，可以直接发包：①采用特定的专利或者专有技术的；②建筑艺术造型有特殊要求的；③国务院规定的其他建设工程的勘察、设计。

发包方可以将整个建设工程勘察、设计发包给一个勘察、设计单位；也可以将建设工程的勘察、设计分别发包给几个勘察、设计单位。但不得将建设工程勘察、设计业务发包给不具有相应勘察、设计资质等级的建设工程勘察、设计单位。

除建设工程主体部分的勘察、设计外，经发包方书面同意，承包方可以将建设工程其他部分的勘察、设计再分包给其他具有相应资质等级的建设工程勘察、设计单位。建设工程勘察、设计单位不得将所承揽的建设工程勘察、设计转包。承包方必须在建设工程勘察、设计资质证书规定的资质等级和业务范围内承揽建设工程的勘察、设计业务。

建设工程勘察、设计的发包方与承包方，应当执行国家规定的建设工程勘察、设计程序。双方应当签订建设工程勘察、设计合同，应当执行国家有关建设工程勘察费、设计费的管理规定。

3．勘察设计的监督管理

国务院建设行政主管部门对全国的建设工程勘察、设计活动实施统一监督管理。国务院铁路、交通、水利等有关部门按照国务院规定的职责分工，负责对全国的有关专业建设工程勘察、设计活动的监督管理。县级以上地方人民政府建设行政主管部门对本行政区域内的建设工程勘察、设计活动实施统一监督管理。铁路、交通、水利等有关部门按照各自的职责分工，负责对本行政区域内的有关专业建设工程勘察、设计活动的监督管理。建设工程勘察、设计单位在建设工程勘察、设计资质证书规定的业务范围内跨部门、跨地区承揽勘察、设计业务的，有关地方人民政府及其所属部门不得设置障碍，不得违反国家规定收取任何费用。

县级以上人民政府建设行政主管部门或者交通、水利等有关部门应当对施工图纸等设计文件中涉及公共利益、公共安全、工程建设强制性标准的内容进行核查。施工图等设计文件未经审查批准的，不得使用。

14.3.3 招标投标和建设监理制度与政策

1．工程建设的招标投标管理

为了规范招标投标活动，保护国家利益、社会公众利益和招标投标活动当事人的合法权益，提高经济效益，保证项目质量，全国人民代表大会常务委员会于 1999 年 8 月通过了《招标投标法》。

在中华人民共和国境内进行下列工程建设项目，包括项目的勘察、设计、施工、监理以及与工程建设有关的重要设备、材料等的采购，必须进行招标：①大型基础设施、公用事业等关系社会公共利益、公众安全的项目；②全部或者部分使用国有资金投资或者国家融资的项目；③使用国际组织或者外国政府贷款、援助资金的项目；④法律或国务院对必须进行招标的其他项目的范围有规定的。

建设工程招标分为公开招标和邀请招标两种，受招标人委托，工程招标代理机构可以从事土木工程、建筑工程、线路管道和设备安装工程及装饰装修工程项目的勘察、设计、施工、监理以及与工程建设有关的重要设备（进口机电设备除外）、材料采购招标的代理业务。

工程建设招标投标应当遵循以下原则：①招标投标活动应当遵循公开、公平、公正和诚实信用的原则；②任何单位和个人不得将依法必须进行招标的项目化整为零或者以其他任何方式规避招标；③依法必须进行招标的项目，其招标活动不受地区或者部门的限制。任何单位和个人不得违法限制或者排斥本地区、本系统以外的法人或者其他组织参加投标，不得以任何方式非法干涉招标投标活动。

2．建设监理制度

为确保工程建设质量和安全，提高工程建设水平，充分发挥投资效益，我国建设工程领域实施监理制度。建设工程项目监理简称建设监理，国外统称工程咨询，是建设工程项目实施过程中一种科学的管理方法。工程监理工作的依据是工程承包合同和监理合同。监理的职责就是在贯彻执行国家有关法律、法规的前提下，促使甲、乙双方签订的工程承包合同得到全面履行。

监理的基本方法就是控制，基本工作是"三控""三管""一协调"。"三控"是指监理工程师在工程建设全过程中的工程进度控制、工程质量控制和工程投资控制；"三管"是指监理活动中的合同管理、信息管理和职业健康安全与环境管理；"一协调"是指全面的组织协调。

14.3.4　建设工程施工与质量管理制度与政策

建设工程施工是一项复杂的生产活动，是房地产开发项目得以顺利实现的重要环节。从开发项目的报建、开工到竣工，涉及投资方，建设监理方，设计、施工单位，建材、设备的供应单位以及最终使用者，涉及安全生产、施工质量等重大问题。为规范工程建设实施阶段的管理，保障工程施工的顺利进行，维护各方的合法权益，国务院、住房和城乡建设部及有关部门先后颁布了一系列行政法规、部门规章和规范性文件，构成了我国现行的建设工程施工和施工质量管理制度。

1. 施工许可制度

住房和城乡建设部令第 18 号确定的《建筑工程施工许可管理办法》，自 2014 年 10 月 25 日起施行。该办法于 2018 年、2021 年分别进行了修改。

该办法第二条规定，在中华人民共和国境内从事各类房屋建筑及其附属设施的建造、装修装饰和与其配套的线路、管道、设备的安装，以及城镇市政基础设施工程的施工，建设单位在开工前应当依照本办法的规定，向工程所在地的县级以上地方人民政府住房和城乡建设主管部门（以下简称发证机关）申请领取施工许可证。

工程投资额在 30 万元以下或者建筑面积在 300m² 以下的建筑工程，可以不申请办理施工许可证。省、自治区、直辖市人民政府住房和城乡建设主管部门可以根据当地的实际情况，对限额进行调整，并报国务院住房和城乡建设主管部门备案。

按照国务院规定的权限和程序批准开工报告的建筑工程，不再领取施工许可证。

建设单位申请领取施工许可证，应当具备下列条件，并提交相应的证明文件：

(1) 依法应当办理用地批准手续的，已经办理该建筑工程用地批准手续。

(2) 在城市、镇规划区的建筑工程，已经取得建设工程规划许可证。

(3) 施工场地已经基本具备施工条件，需要征收房屋的，其进度符合施工要求。

(4) 已经确定施工企业。按照规定应当招标的工程没有招标，应当公开招标的工程没有公开招标，或者肢解发包工程，以及将工程发包给不具备相应资质条件的企业的，所确定的施工企业无效。

(5) 有满足施工需要的技术资料，施工图设计文件已按规定审查合格。

(6) 有保证工程质量和安全的具体措施。施工企业编制的施工组织设计中有根据建筑工程特点制定的相应质量、安全技术措施，建立工程质量安全责任制并落实到人。专业性较强的工程项目编制了专项质量、安全施工组织设计，并按照规定办理了工程质量、安全监督手续。

(7) 建设资金已经落实。建设单位应当提供建设资金已经落实承诺书。

(8) 法律、行政法规规定的其他条件。

县级以上地方人民政府住房和城乡建设主管部门不得违反法律法规规定，增设办理施工许可证的其他条件。

2. 建设工程质量管理

为了加强对建设工程质量的管理，保证建设工程质量，保护人民生命和财产安全，2000 年国务院颁布《建设工程质量管理条例》。该条例规定，建设工程质量管理应当遵循以下原则：①县级以上人民政府建设行政主管部门和其他有关部门应当加强对建设工程质量的监督管理；②从事建设工程活动，必须严格执行基本建设程序，坚持先勘察、后设计、再施工的原则；③县级以上人民政府及其有关部门不得超越权限审批建设项目或者擅自简化基本建设程序；④国家鼓励采用先进的科学技术和管理方法，提高建设工程质量。

（1）建设单位的质量责任和义务

建设单位应当将工程发包给具有相应资质等级的单位。建设单位不得将建设工程肢解发包。建设单位应当依法对工程建设项目的勘察、设计、施工、监理以及与工程建设有关的重要设备、材料等的采购进行招标。建设单位必须向有关的勘察、设计、施工、工程监理等单位提供与建设工程有关的原始资料。原始资料必须真实、准确、齐全。建设工程发包单位不得迫使承包方以低于成本的价格竞标，不得任意压缩合理工期。建设单位不得明示或者暗示设计单位或者施工单位违反工程建设强制性标准，降低建设工程质量。建设单位应当将施工图设计文件报县级以上人民政府建设行政主管部门或者其他有关部门审查。施工图设计文件审查的具体办法，由国务院建设行政主管部门会同国务院其他有关部门制定。施工图设计文件未经审查批准的，不得使用。

实行监理的建设工程，建设单位应当委托具有相应资质等级的工程监理单位进行监理，也可以委托具有工程监理相应资质等级并与被监理工程的施工承包单位没有隶属关系或者其他利害关系的该工程的设计单位进行监理。建设单位在领取施工许可证或者开工报告前，应当按照国家有关规定办理工程质量监督手续。按照合同约定，由建设单位采购建筑材料、建筑构配件和设备的，建设单位应当保证建筑材料、建筑构配件和设备符合设计文件和合同要求。建设单位不得明示或者暗示施工单位使用不合格的建筑材料、建筑构配件和设备。涉及建筑主体和承重结构变动的装修工程，建设单位应当在施工前委托原设计单位或者具有相应资质等级的设计单位提出设计方案；没有设计方案的，不得施工。房屋建筑使用者在装修过程中，不得擅自变动房屋建筑主体和承重结构。

（2）施工单位的质量责任和义务

施工单位应当依法取得相应等级的资质证书，并在其资质等级许可的范围内承揽工程。禁止施工单位超越本单位资质等级许可的业务范围或者以其他施工单位的名义承揽工程。禁止施工单位允许其他单位或者个人以本单位的名义承揽工程。施工单位不得转包或者违法分包工程。施工单位对建设工程的施工质量负责。施工单位应当建立质量责任制，确定工程项目的项目经理、技术负责人和施工管理负责人。建设工程实行总承包的，总承包单位应当对全部建设工程质量负责；建设工程勘察、设计、施工、设备采购的一项或者多项实行总承包的，总承包单位应当对其承包的建设工程或者采购的设备的质量负责。总承包单位依法将建设工程分包给其他单位的，分包单位应当按照分包合同的约定对其分包工程的质量向总承包单位负责，总承包单位与分包单位对分包工程的质量承担连带责任。

施工单位必须按照工程设计图纸和施工技术标准施工，不得擅自修改工程设计，不得偷工减料。施工单位在施工过程中发现设计文件和图纸有差错的，应当及时提出意见和建议。施工单位必须按照工程设计要求、施工技术标准和合同约定，对建筑材料、建筑构配件、设备和商品混凝土进行检验，检验应当有书面记录和专人签字；未经检验或者检验不合格的，不得使用。施工单位必须建立、健全施工质量检验制度，严格工序管理，作好隐蔽工程的质量检查和记录。隐蔽工程在隐蔽前，施工单位应当通知建设单位和建设工程质量监督机构。

施工人员对涉及结构安全的试块、试件以及有关材料，应当在建设单位或者工程监理单位监督下现场取样，并送具有相应资质等级的质量检测单位进行检测。施工单位对施工中出现质量问题的建设工程或者竣工验收不合格的建设工程，应当负责返修。施工单位应当建立、健全教育培训制度，加强对职工的教育培训；未经教育培训或者考核不合格的人员，不得上岗作业。

3．建设工程的竣工验收管理制度

竣工验收是建设工程施工和施工管理的最后环节，是把好工程质量的最后一关。为规范房屋建筑工程和市政基础设施工程的竣工验收，保证工程质量，根据《建筑法》和《建设工程质量管理条例》，2013年12月2日，住房和城乡建设部印发《房屋建筑和市政基础设施工程竣工验收规定》（建质〔2013〕171号）。该规定第十四条决定，废止《房屋建筑工程和市政基础设施工程竣工验收暂行规定》（建建〔2000〕142号）。

（1）建设工程竣工验收的监督管理机构

国务院建设行政主管部门负责全国工程竣工验收的监督管理工作。县级以上地方人民政府建设行政主管部门负责本行政区域内工程竣工验收的监督管理工作。工程竣工验收工作，由建设单位负责组织实施。县级以上地方人民政府建设行政主管部门应当委托所属的工程质量监督机构对工程竣工验收实施监督。

（2）建设工程竣工验收的条件

1）完成工程设计和合同约定的各项内容。

2）施工单位在工程完工后对工程质量进行了检查，确认工程质量符合有关法律、法规和工程建设强制性标准，符合设计文件及合同要求，并提出工程竣工报告。工程竣工报告应经项目经理和施工单位有关负责人审核签字。

3）对于委托监理的工程项目，监理单位对工程进行了质量评估，具有完整的监理资料，并提出工程质量评估报告。工程质量评估报告应经总监理工程师和监理单位有关负责人审核签字。

4）勘察、设计单位对勘察、设计文件及施工过程中由设计单位签署的设计变更通知书进行了检查，并提出质量检查报告。质量检查报告应经该项目勘察、设计负责人和勘察、设计单位有关负责人审核签字。

5）有完整的技术档案和施工管理资料。

6）有工程使用的主要建筑材料、建筑构配件和设备的进场试验报告，以及工程质量检测和功能性试验资料。

7）建设单位已按合同约定支付工程款。

8）有施工单位签署的工程质量保修书。

9）对于住宅工程，进行分户验收并验收合格，建设单位按户出具《住宅工程质量分户验收表》。

10）建设主管部门及工程质量监督机构责令整改的问题全部整改完毕。

11）法律、法规规定的其他条件。

4．建设工程质量保修办法

为保护建设单位、施工单位、房屋建筑所有人和使用人的合法权益，维护公共安全和公众利益，根据《建筑法》和《建设工程质量管理条例》，建设部于2000年6月发布了《房屋建筑工程质量保修办法》。

房屋建筑工程质量保修是指对房屋建筑工程竣工验收后在保修期限内出现的质量缺陷予以修复。质量缺陷是指房屋建筑工程的质量不符合工程建设强制性标准以及合同的约定。房屋建筑工程在保修范围和保修期限内出现质量缺陷，施工单位应当履行保修义务。

（1）房屋建筑工程质量保修期限

建设单位和施工单位应当在工程质量保修书中约定保修范围、保修期限和保修责任等，双方约定的保修范围、保修期限必须符合国家有关规定。

在正常使用条件下，房屋建筑工程的最低保修期限为：地基基础工程和主体结构工程，为设计文件规定的该工程的合理使用年限；屋面防水工程、有防水要求的卫生间、房间和外墙面的防渗漏，为5年；供热与供冷系统，为2个采暖期、供冷期；电气管线、给水排水管道、设备安装为2年；装修工程为2年。其他项目的保修期限由建设单位和施工单位约定。房屋建筑工程保修期从工程竣工验收合格之日起计算。

（2）房屋建筑工程质量保修责任

房屋建筑工程在保修期限内出现质量缺陷，建设单位或者房屋建筑所有人应当向施工单位发出保修通知。施工单位接到保修通知后，应当到现场核查情况，在保修书约定的时间内予以保修。发生涉及结构安全或者严重影响使用功能的紧急抢修事故，施工单位接到保修通知后，应当立即到达现场抢修。发生涉及结构安全的质量缺陷，建设单位或者房屋建筑所有人应当立即向当地建设行政主管部门报告，采取安全防范措施；由原设计单位或者具有相应资质等级的设计单位提出保修方案，施工单位实施保修，原工程质量监督机构负责监督。保修完成后，由建设单位或者房屋建筑所有人组织验收。涉及结构安全的，应当报当地建设行政主管部门备案。

施工单位不按工程质量保修书约定保修的,建设单位可以另行委托其他单位保修,由原施工单位承担相应责任。保修费用由质量缺陷的责任方承担。在保修期限内,因房屋建筑工程质量缺陷造成房屋所有人、使用人或者第三方人身、财产损害的,房屋所有人、使用人或者第三方可以向建设单位提出赔偿要求。建设单位向造成房屋建筑工程质量缺陷的责任方追偿。因保修不及时造成新的人身、财产损害,由造成拖延的责任方承担赔偿责任。房地产开发企业售出的商品房保修,还应当执行《城市房地产开发经营管理条例》和其他有关规定。

施工单位有下列行为之一的,由建设行政主管部门责令改正,并处1万元以上3万元以下的罚款:工程竣工验收后,不向建设单位出具质量保修书的;质量保修的内容、期限违反规定的。施工单位不履行保修义务或者拖延履行保修义务的,由建设行政主管部门责令改正,处10万元以上20万元以下的罚款。

【案例14-2】

A施工公司中标了某大型建设项目的桩基工程施工任务,但该公司拿到桩基工程后,由于施工力量不足,就将该工程全部转交给了具有桩基施工资质的B公司。双方还签订了《桩基工程施工合同》,就合同单价、暂定总价、工期、质量、付款方式、结算方式以及违约责任等进行了约定。在合同签订后,B公司组织实施并完成了该桩基工程施工任务。建设单位在组织竣工验收时,发现有部分桩基工程质量不符合规定的质量标准,便要求A公司负责返工、修理,并赔偿因此造成的损失。但A公司以该桩基工程已交由B公司施工为由,拒不承担任何的赔偿责任。

(1) A公司在该桩基工程的承包活动中有何违法行为?

(2) A公司是否应对该桩基工程的质量问题承担赔偿责任?

【解析】(1) 本案中A公司存在严重的违法转包行为。《建筑法》第二十八条规定:"禁止承包单位将其承包的全部建筑工程转包给他人,禁止承包单位将其承包的全部建筑工程肢解以后以分包的名义分别转包给他人。"《建设工程质量管理条例》第七十八条进一步明确规定:本条例所称转包,是指承包单位承包建设工程后,不履行合同约定的责任和义务,将其承包的全部建设工程转给他人或者将其承包的全部建设工程肢解以后以分包的名义分别转给其他单位承包的行为。

(2) A公司不仅应对该桩基工程的质量问题依法承担连带赔偿责任,还应当接受相应的行政处罚。《建筑法》第六十七条规定:承包单位将承包的工程转包的,……责令改正,没收违法所得,并处罚款,可以责令停业整顿,降低资质等级;情节严重的,吊销资质证书。承包单位有以上规定的违法行为的,对因转包工程或者违法分包的工程不符合规定的质量标准造成的损失,与接受转包或者分包的单位承担连带赔偿责任。《建设工程质量管理条例》第六十二条进一步规定：违反本条例规定，承包单位将承包的工程转包或者违法分包的，责令改正，没收违法所得，……对施工单位处工程合同价款0.5%以上1%以下的罚款；可以责令停业整顿，降低资质等级；情节严重的，吊销资质证书。

【案例14-3】

2020年4月10日，原告将自己的教学楼工程与被告签订了建设工程施工合同，由被告施工，合同价款采用固定总价700万元，待工程竣工验收合格后一次付清，约定屋面防水保修期为2年。2020年10月10日工程完工，原告（建设单位）组织四方（建设、施工、设计、监理）验收，工程质量评定合格，并支付了全部工程款。2022年11月起，原告发现屋面漏雨无法使用，遂要求被告承担工程质量的保修责任。被告以约定保修期为2年，保修期已经过期为由拒绝修理。因为分歧较大，原告诉至法院。

【解析】 法院审理认为：根据《建设工程质量管理条例》第四十条规定，屋面防水工程、有防水要求的卫生间、房间和外墙面工程的防渗漏，法定最低保修期为5年，自工程竣工之日起计算。本案合同约定保修期为2年，低于法定5年的强制性规定，该约定无效。判决被告在本判决生效之日起40天内负责将屋面漏雨质量问题处理好。

14.4 房地产开发企业的管理制度与政策

14.4.1 房地产开发企业的管理

房地产开发企业又称建设单位，是指依法设立、具有法人资格的、以营利为目的的、从事房地产开发和经营的企业。房地产开发企业的组织形式为有限责任公司或者股份有限公司。

设立房地产开发企业除应具备企业法人的一般条件外，还应符合《城市房地产开发经营管理条例》要求的以下条件：①有100万元以上的注册资本；②有4名以上持有资格证书的房地产专业、建筑工程专业的专职技术人员，2名以上持有资格证书的专职会计人员。

1. 房地产开发企业资质等级

为加强对房地产开发企业的管理，规范房地产开发企业行为，《房地产开发企业资质管理规定》（建设部令第77号发布，根据住房和城乡建设部令第24号、住房和城乡建设部令第45号、住房和城乡建设部令第54号修改）将房地产开发企业按照企业条件分为一、二两个资质等级。

(1) 一级资质应当具备的条件

1) 从事房地产开发经营5年以上。

2) 近3年房屋建筑面积累计竣工30万 m^2 以上，或者累计完成与此相当的房地产开发投资额。

3) 连续 5 年建筑工程质量合格率达 100%。

4) 上一年房屋建筑施工面积 15 万 m^2 以上，或者完成与此相当的房地产开发投资额。

5) 有职称的建筑、结构、财务、房地产及有关经济类的专业管理人员不少于 40 人，其中具有中级以上职称的管理人员不少于 20 人，专职会计人员不少于 4 人。

6) 工程技术、财务、统计等业务负责人具有相应专业中级以上职称。

7) 具有完善的质量保证体系，商品住宅销售中实行了《住宅质量保证书》和《住宅使用说明书》制度。

8) 未发生过重大工程质量事故。

(2) 二级资质应当具备的条件

1) 有职称的建筑、结构、财务、房地产及有关经济类的专业管理人员不少于 5 人，其中专职会计人员不少于 2 人。

2) 工程技术负责人具有相应专业中级以上职称，财务负责人具有相应专业初级以上职称，配有统计人员。

3) 具有完善的质量保证体系。

另外，申请核定资质等级的房地产开发企业，应当提交下列材料：

一级资质包括：①企业资质等级申报表；②专业管理、技术人员的职称证件；③已开发经营项目的有关材料；④《住宅质量保证书》《住宅使用说明书》执行情况报告，建立质量管理制度、具有质量管理部门及相应质量管理人员等质量保证体系情况说明。

二级资质包括：①企业资质等级申报表；②专业管理、技术人员的职称证件；③建立质量管理制度、具有质量管理部门及相应质量管理人员等质量保证体系情况说明。

2．房地产开发企业资质管理

为规范房地产开发企业的市场活动，维护市场的有序竞争，房地产开发企业必须按照核定的资质等级，承担相应的房地产开发项目。一级资质的房地产开发企业承担房地产项目的建设规模不受限制，可以在全国范围承揽房地产开发项目。二级资质的房地产开发企业可以承担建筑面积 25 万 m^2 以下的开发建设项目，承担业务的具体范围由省、自治区、直辖市人民政府住房和城乡建设主管部门确定。各资质等级企业应当在规定的业务范围内从事房地产开发经营业务，不得越级承担任务。《房地产开发企业资质管理规定》对企业未取得资质证书从事房地产开发经营的，企业超越资质等级从事房地产开发经营的，企业隐瞒真实情况、弄虚作假骗取资质证书的，以及有涂改、出租、出借、转让、出卖资质证书等行为的，均规定应当予以相应的行政处罚。

14.4.2 房地产开发的项目管理

1．确立房地产开发项目的原则

（1）确定房地产开发项目，应当符合土地利用总体规划、年度建设用地计划和城市规划、房地产开发年度计划的要求；按照国家有关规定需要经国家发展改革主管部门批准的，还应当报国家发展改革主管部门批准，并纳入年度固定资产投资计划。

（2）房地产开发项目，应当坚持旧区改建和新区建设相结合的原则，注重开发基础设施薄弱、交通拥挤、环境污染严重以及危旧房集中的区域，保护和改善城市生态环境，保护历史文化遗产。

2．房地产开发项目建设用地使用权的取得

（1）建设用地使用权的取得方式

《城市房地产开发经营管理条例》第十二条规定，房地产开发用地应当以出让方式取得，但是，法律和国务院规定可以采用划拨方式的除外。采用划拨方式取得建设用地使用权有以下两种情形：

1)《城市房地产管理法》规定，国家机关用地和军事用地，城市基础设施用地和公益事业用地，国家重点扶持的能源、交通、水利等项目用地，法律、行政法规规定的其他用地确属必需的，可以由县级以上人民政府依法批准划拨。

2) 1998 年 7 月 3 日，国务院发布的《国务院关于进一步深化城镇住房制度改革加快住房建设的通知》（国发〔1998〕23 号）规定："经济适用住房建设应符合土地利用总体规划和城市总体规划，坚持合理利用土地、节约用地的原则。经济适用住房建设用地应在建设用地年度计划中统筹安排，并采取行政划拨方式供应。"

（2）建设条件书面意见的内容

《城市房地产开发经营管理条例》规定，土地使用权出让或划拨前，县级以上地方人民政府城市规划行政主管部门和房地产开发主管部门应当对下列事项提出书面意见，作为土地使用权出让或者划拨的依据之一：

1) 房地产开发项目的性质、规模和开发期限，城市规划设计的条件。
2) 基础设施和公共设施的建设要求。
3) 基础设施建成后的产权界定。
4) 项目拆迁补偿、安置要求。

3．房地产开发项目实行资本金制度

1996 年 8 月 23 日，国务院发布了《关于固定资产投资项目试行资本金制度的通知》（国发〔1996〕35 号），规定从 1996 年开始，对各种经营性投资项目，包括国有单位的基本建设、技术改造、房地产开发项目和集体投资项目试行资本金制度，投资的项目必须首先落实资本金才能进行建设。

(1) 项目资本金的概念

投资项目资本金是指在投资项目总投资中，由投资者认购的出资额，对投资项目来说是非债务性资金，项目法人不承担这部分资金的任何利息和债务；投资者可按其出资的比例依法享有所有者权益，也可转让其出资，但不得以任何方式抽出。

(2) 项目资本金的出资方式

投资项目资本金可以用货币出资，也可以用实物、工业产权、非专利技术、土地使用权作价出资，但必须经过有资格的资产评估机构依照法律、法规评估其价值，且不得高估或低估。工业产权、非专利技术作价出资的比例不得超过投资项目资本金总额的 20%，国家对采用高新技术成果有特别规定的除外。

(3) 房地产开发项目资本金

《城市房地产开发经营管理条例》规定："房地产开发项目应当建立资本金制度，资本金占项目总投资的比例不得低于 20%。"2004 年 4 月，为加强宏观调控，调整和优化经济结构。国务院下发了《关于调整部分行业固定资产投资项目资本金比例的通知》，将房地产开发项目（不含经济适用住房项目）资本金最低比例由 20% 提高到 35%。2009 年 4 月，国务院常务会议决定降低现行固定资产投资项目资本金比例，调整后，保障性住房和普通商品住房项目的最低资本金比例为 20%，其他房地产项目的最低资本金比例为 30%。

4．对不按期限开发的房地产项目的处理原则

《城市房地产开发经营管理条例》规定，房地产开发企业应当按照土地使用权出让合同约定的土地用途、动工开发期限进行项目开发建设。出让合同约定的动工开发期限满 1 年未动工开发的，可以征收相当于土地使用权出让金 20% 以下的土地闲置费；满 2 年未动工开发的，可以无偿收回土地使用权。但是，因不可抗力、政府有关部门的行为或者开发前期工作出现不可预见的情况而造成迟延动工开发的除外。

5．房地产开发项目质量制度

(1) 房地产开发企业应对其开发的房地产项目承担质量责任

《城市房地产开发经营管理条例》规定，房地产开发企业开发建设的房地产开发项目，应当符合有关法律、法规的规定和建筑工程质量、安全标准，建筑工程勘察、设计、施工的技术规范以及合同的约定。房地产开发企业应当对其开发建设的房地产开发项目的质量承担责任。勘察、设计、施工、监理等单位应当依照有关法律、法规的规定或者合同的约定，承担相应的责任。房地产开发企业必须对其开发的房地产项目承担质量责任。房地产开发企业开发建设的房地产项目，必须要经过工程建设环节，必须符合《建筑法》及建筑方面的有关法律规定，符合工程勘察、设计、施工等方面的技术规范，符合工程质量、工程安全方面的有关规定和技术标准，这是对房地产开发项目在建设过程

中的基本要求，同时还要严格遵守合同的约定。

（2）对质量不合格的房地产项目的处理方式

商品房交付使用后，购买人认为主体结构质量不合格的，可以向工程质量监督单位申请重新核验。经核验，确属主体结构质量不合格的，购买人有权退房，给购买人造成损失的，房地产开发企业应当依法承担赔偿责任。处理质量不合格房地产项目，应当注意以下几个问题：一是购房人在商品房交付使用之后发现质量问题。这里的交付使用之后，是指办理了交付使用手续之后，可以是房屋所有权证办理之前，也可以是房屋所有权证办理完备之后。房屋主体结构不合格的，均可申请退房。二是确属主体结构质量不合格，而不是一般性的质量问题。房屋质量问题有很多种，一般性的质量问题主要通过质量保修解决，而不是退房。三是必须向工程质量监督部门申请重新核验，以质量监督部门核验的结论为依据。这里的质量监督部门是指专门进行质量验收的质量监督站，其他单位的核验结果不能作为退房的依据。四是对给购房人造成损失应当有合理的界定，应只包含直接损失，不应含精神损失等间接性损失。

对于经工程质量监督部门核验，确属房屋主体结构质量不合格的，消费者有权要求退房，终止房屋买卖合同，也有权采取其他办法，如双方协商换房等。选择退房还是换房，权力在消费者。

14.4.3 房地产开发项目转让

房地产转让的内容包括房屋转让和土地使用权转让，由于房屋与土地物质相连，经济属性也密切相关，因此房屋转让与土地使用权转让必须保持一致。同时，房地产使用的国有土地，包括出让土地使用权和划拨土地使用权两种情况。在出让土地使用权的房地产转让中，一方面会涉及土地使用权出让合同中约定权利义务的继承问题，另一方面要防止利用土地使用权转让进行炒卖土地的投机活动。在划拨土地使用权的房地产转让中，房地产转让价格包含土地转让价格，因此直接关联到国家的土地收益。为解决以上问题，《城市房地产管理法》和《城市房地产转让管理规定》结合现实城市房地产的土地情况和实施管理的可行性，对出让土地使用权的房地产转让原则和划拨土地使用权的房地产转让原则，分别作出规定。

1. 以出让方式取得土地使用权项目的转让

以出让方式取得土地使用权的，转让房地产时，应当符合下列条件：

（1）按照出让合同约定已经支付全部土地使用权出让金，并取得土地使用权证书。

（2）按照出让合同约定进行投资开发，属于房屋建设工程的，完成开发投资总额的25%以上，属于成片开发土地的，形成工业用地或者其他建设用地条件。

（3）转让房地产时房屋已经建成的，还应当持有房屋所有权证书。

对于以出让方式取得土地使用权的房地产转让，《城市房地产管理法》还规定："房地产转让时，土地使用权出让合同载明的权利、义务随之转移。"要求房地产转让后，"其土地使用权的使用年限为原土地使用权出让合同约定的使用年限减去原土地使用者已经使用年限后的剩余年限。"同时，对"受让人改变原土地使用权出让合同约定的土地用途的，必须取得原出让方和市、县人民政府城市规划行政主管部门的同意，签订土地使用权出让合同变更协议或者重新签订土地使用权出让合同，相应调整土地使用权出让金"。

2．以划拨方式取得土地使用权项目的转让

转让以划拨方式取得土地使用权的房地产，应当取得人民政府的批准，或符合人民政府规定可以转让房地产的制度和政策。其中，人民政府按照国务院规定，要求转让房地产时应当由受让方办理土地使用权出让手续的，受让方应当依照国家有关规定缴纳土地使用权出让金。人民政府按照国务院规定可以不办理土地使用权出让手续的，转让方应当按照国务院规定将转让房地产所获收益中的土地收益上缴国家或者作其他处理。

属于下列情形之一的，经人民政府批准可以不办理土地使用权出让手续，但应当将转让房地产所获收益中的土地收益上缴国家。土地收益的缴纳和处理的办法按照国务院规定办理：

（1）经城市规划行政主管部门批准，转让的土地用于《城市房地产管理法》规定可以使用划拨土地的项目。

（2）私有住宅转让后仍用于居住的。

（3）按照国务院住房制度改革有关规定出售公有住宅的。

（4）同一宗土地上部分房屋转让而土地使用权不可分割转让的。

（5）转让的房地产暂时难以确定土地使用权出让用途、年限和其他条件的。

（6）根据城市规划土地使用权不宜出让的。

（7）县级以上人民政府规定暂时无法或不需要采取土地使用权出让方式的其他情形。

按照以上规定转让的房地产，如果再转让并需办理出让手续、补交土地使用权出让金的，应当扣除已经缴纳的土地收益。

【案例 14-4】

基本案情：

（1）1996 年 7 月 8 日，A 农场与 B 公司签订《土地转让协议书》，约定：A 农场将其顶风岭一块荒地（当时，未办理土地使用权证）转让给 B 公司使用，土地使用面积为 350 亩，土地转让金为人民币 525000 元（每亩 1500 元），土地转让期限为 30 年（1996 年 7 月 8 日至 2026 年 7 月 8 日止）。

（2）1999 年 2 月 26 日，陵水黎族自治县人民政府（以下简称陵水县政府）向 B 公司颁发陵国用（岭门）字第 86××号国有土地使用权证（以下简称"第86××号国土证")。

(3) 2003年11月10日,陵水县政府给A农场颁发陵国用(岭门)第000××号国有土地使用权证(以下简称"第000××号国土证"),该证范围包含案涉土地。

(4) 2011年,根据海南省关于农垦体制改革的要求,经海南省农垦总局批准,A农场将约405亩国有划拨地(含案涉土地)划转给C投资公司。故此A农场与B公司发生纠纷。A农场向海南省第一中级人民法院起诉,请求确认《土地转让协议书》无效。

本案经过海南省第一中级人民法院一审认定协议无效;海南省高级人民法院二审以协议承包性质,认定协议有效;最高人民法院再审,认定协议为转让性质,协议有效。期间,各级人民法院在审判过程中,所适用的法律方面基本一致,但在具体如何理解、适用法律方面产生了极大的差异。

【解析】最高人民法院再审认定协议为转让性质,《土地转让协议书》有效。1990年国务院颁布施行的《中华人民共和国城镇国有土地使用权出让和转让暂行条例》(以下简称《国有土地出让转让暂行条例》)虽然在第四十四条规定:"划拨土地使用权,除本条例第四十五条规定的情况外,不得转让、出租、抵押"。但若符合该条例第四十五条的规定,仍可转让、出租、抵押。另一方面,该条例并未对未经市、县人民政府土地管理部门和房产管理部门批准而签订的相关合同的效力问题作出强制性规定。陵水县土地管理局于1999年2月26日向B公司颁发第86××号国土证。结合《国有土地出让转让暂行条例》第四十五条的规定及本案具体案情来看,陵水县土地管理局向B公司颁发国有土地使用权证的行为,即相当于"经市、县人民政府土地管理部门和房产管理部门批准",应视为政府土地管理部门对案涉土地转让行为的批准。另外,虽然A农场对案涉土地在1996年转让时尚未办理国有土地使用权证,但2003年11月10日已办理第000××号国土证,已经对《国有土地出让转让暂行条例》第四十五条规定的条件予以完善。

综上所述,案涉土地转让行为已经得到政府土地管理部门批准并已办理完毕转让登记手续,合同已经履行完毕,物权已经转移并重新登记生效,即不仅案涉合同已合法有效履行,而且土地转让行为亦已完成,不存在是否需经相关部门审批而影响到合同效力的问题。

本章小结

房地产作为物质实体,即指土地、建筑及建筑附属物,作为权益包括房地产的所有权、占有权、使用权、收益权和处分权,以及以上权益派生出来的承租权、抵押权、典权等。

房地产业是指从事房地产投资、开发、经营、服务和管理的行业,包括房地产开发经营、房地产中介服务、物业管理和其他房地产活动。房地产业属于第三产业，是为生产和生活服务的部门，是基础性产业，是国民经济支柱产业。

房地产管理制度的颁布有三个层次，分别是国家颁布的法规、国务院颁布的房地产行政法规、国务院建设行政主管部门和国务院相关部委颁布的部门规章。

房地产管理制度大体可以分为房地产开发经营、房地产管理、房地产维修养护三个方面。

复习思考题

1. 房地产和房地产业的概念是什么？
2. 现阶段，我国取得建设用地使用权的途径主要有哪些？
3. 建设用地使用权出让的方式有哪些？
4. 城市规划管理的基本内容有哪些？
5. 城市"紫线""绿线""蓝线"和"黄线"的含义是什么？
6. 勘察设计管理的制度和政策有哪些？
7. 工程建设招标投标的原则是什么？
8. 建设工程竣工验收的条件是什么？
9. 正常使用条件下，房屋建筑工程质量的最低保修期限相关规定是什么？
10. 房地产开发企业的资质管理相关规定有哪些内容？
11. 房地产开发项目资本金的相关规定是什么？
12. 以出让方式取得土地使用权的，转让房地产时，应当符合哪些条件？
13. 以划拨方式取得土地使用权项目的转让的相关规定有哪些？

15 房地产交易管理制度与政策

> **学习目标**
>
> 学习和掌握房地产交易相关制度，能依据房地产交易制度与政策开展相关业务，了解制度的意义和作用。

> **知识要点**
>
> 1. 房地产交易的基本制度，房地产转让管理，商品房销售管理，房屋租赁管理，房地产抵押管理。
> 2. 房地产登记制度，房地产权属登记。
> 3. 房地产中介服务的概念和特点，房地产中介服务人员资格管理，房地产中介服务机构管理，房地产中介服务业务管理。

15.1 房地产交易的基本制度与管理

15.1.1 房地产交易的基本制度

房地产交易行为是平等民事主体之间的民事行为，遵循自愿、公平、诚实信用等原则。房地产交易管理是指政府房地产管理部门及其他相关部门采取法律的、行政的、经济的手段对房地产交易活动进行指导和监督，是房地产市场管理的重要内容。《城市房地产管理法》规定，房地产交易包括房地产转让、房地产抵押、房屋租赁三种形式。《城市房地产管理法》还规定了三项房地产交易基本制度，即房地产价格申报制度、房地产价格评估制度、房地产价格评估人员资格认证制度。

1. 房地产价格申报制度

《城市房地产管理法》规定："国家实行房地产成交价格申报制度。房地产权利人转让房地产，应当向县级以上地方人民政府规定的部门如实申报成交价，不得瞒报或者作不实的申报。"2001年8月建设部发布的《城市房地产转让管理规定》中也规定："房地产转让当事人在房地产转让合同签订后90日内持房地产权属证书、当事人的合法证明、转让合同等有关文件向房地产所在地的房地产管理部门提出申请，并申报成交价格。""房地产转让应当以申报的成交价格作为缴纳税费的依据。成交价格明显低于正常市场价格的，以评估价格作为缴纳税费的依据。"

房地产权利人转让房地产、房地产抵押权人依法处分抵押房地产，应当向房屋所在地县级以上地方人民政府房地产管理部门如实申报成交价格,由国家对成交价格实施登记审验后,才予办理产权转移手续,取得确定的法律效力。房地产管理部门在接到价格申报后,如发现成交价格明显低于市场正常价格,应当及时通知交易双方,不要求交易双方当事人更改合同约定的成交价格,但交易双方应当按不低于房地产行政主管部门确认的评估价格缴纳了有关税费后,方为其办理房地产交易手续,核发权属证书。

如果交易双方对房地产管理部门确认的评估价格有异议,可以要求重新评估。重新评估一般应由交易双方和房地产管理部门共同认定的房地产评估机构执行。交易双方对重新评估的价格仍有异议,可以按照法律程序,向人民法院提起诉讼。

2. 房地产价格评估制度

《城市房地产管理法》规定:"国家实行房地产价格评估制度。房地产价格评估,应当遵循公正、公平、公开的原则,按照国家规定的技术标准和评估程序,以基准地价、标定地价和各类房屋的重置价格为基础,参照当地的市场价格进行评估。""基准地价、标定地价和各类房屋重置价格应当定期确定并公布。具体办法由国务院规定。"

3. 房地产价格评估人员资格认证制度

《城市房地产管理法》规定:国家实行房地产价格评估人员资格认证制度。房地产估价师必须是经国家统一考试、执业资格认证,取得《房地产估价师执业资格证书》,并经注册登记取得《房地产估价师注册证》的人员。未取得《房地产估价师注册证》的人员,不得以房地产估价师的名义从事房地产估价业务。

15.1.2 房地产转让管理

1. 房地产转让的概念

《城市房地产管理法》规定:"房地产转让,是指房地产权利人通过买卖、赠与或者其他合法方式将其房地产转移给他人的行为。""房地产转让、抵押时,房屋的所有权和该房屋占用范围内的土地使用权同时转让、抵押。"因此,房地产转让的实质是房地产权属发生转移,房地产转让时,房屋所有权与土地使用权一并转让,即通常所说的"房地不可分"。

房地产转让可以分为有偿转让与无偿转让两种。有偿转让主要是因买卖、交换以及其他合法方式发生的房地产转让。无偿转让主要是因继承行为或赠与行为发生的房地产转让。《城市房地产转让管理规定》对其他合法方式作了进一步细化,规定其他转让房地产的合法方式主要有:

(1)以房地产作价入股、与他人成立企业法人,房地产权属发生变更的。

(2)一方提供土地使用权,另一方或者多方提供资金,合资、合作开发经营房地产,而使房地产权属发生变更的。

(3) 因企业被收购、兼并或合并，房地产权属随之转移的。
(4) 以房地产抵债的。
(5) 法律、法规规定的其他情况。

2．房地产转让的条件

房地产转让最主要的特征是发生权属变化，即房屋所有权连同房屋所占用的土地使用权发生转移。《城市房地产管理法》及《城市房地产转让管理规定》都明确规定了房地产转让应当符合的条件，采取排除法规定了下列房地产不得转让：

(1) 达不到下列条件的房地产不得转让：

1) 以出让方式取得土地使用权用于投资开发的，按照土地使用权出让合同约定进行投资开发，属于房屋建设工程的，应完成开发投资总额的25%以上。

2) 属于成片开发的，形成工业用地或者其他建设用地条件。

3) 按照出让合同约定已经支付全部土地使用权出让金，并取得土地使用产权证书。

(2) 司法机关和行政机关依法裁定、决定查封或以其他形式限制房地产权利的。司法机关和行政机关可以根据合法请求人的申请或社会公共利益的需要，依法裁定、决定限制房地产权利，如查封、限制转移等。在权利受到限制期间，房地产权利人不得转让该项房地产。

(3) 依法收回土地使用权的。在国家依法作出收回土地使用权决定之后，原土地使用权人不得再行转让土地使用权。

(4) 共有房地产，未经其他共有人书面同意的。共有房地产，是指房屋的所有权、土地使用权为两个或两个以上权利人所共同拥有。共有房地产权利的行使需经全体共有人同意，不能因某一个或部分权利人的请求而转让。

(5) 权属有争议的。权属有争议的房地产，是指有关当事人对房屋所有权和土地使用权的归属发生争议，致使该项房地产权属难以确定。

(6) 未依法登记领取权属证书的。

(7) 法律和行政法规规定禁止转让的其他情况。

3．房地产转让的程序

《城市房地产转让管理规定》对房地产转让的程序作了如下规定：

(1) 房地产转让当事人签订书面转让合同。

(2) 房地产转让当事人在房地产转让合同签订后90日内持房地产权属证书、当事人的合法证明、转让合同等有关文件向房地产所在地的房地产管理部门提出申请，并申报成交价格。

(3) 房地产管理部门对提供的有关文件进行审查，并在7日内作出是否受理申请的书面答复，7日内未作书面答复的，视为同意受理。

(4) 房地产管理部门核实申报的成交价格，并根据需要对转让的房地产进行现场查勘和评估。

（5）房地产转让当事人按照规定缴纳有关税费。

（6）房地产管理部门办理房屋权属登记，核发房地产权属证书。

房地产转让或变更，必须按照规定的程序先到房地产管理部门办理交易手续和申请转移、变更登记，然后凭变更后的房屋所有产权书向同级人民政府土地管理部门申请土地使用权变更登记。按照《城市房地产管理法》关于"国家实行房地产成交价格申报制度"的规定，上述程序中，房地产管理部门应当核实申报的成交价格，并根据需要对转让的房地产进行现场查勘和评估。

4．房地产转让合同

房地产转让合同是明确房地产转让当事人之间权利和义务的主要契约性文件，关系双方当事人的重大权益，应当以书面形式订立，《城市房地产转让管理规定》明确了房地产转让合同应当载明的主要条款和内容：

（1）双方当事人的姓名或者名称、住所。

（2）房地产权属证书名称和编号。

（3）房地产坐落位置、面积、四至界限。

（4）土地宗地号、土地使用权取得的方式及年限。

（5）房地产的用途或使用性质。

（6）成交价格及支付方式。

（7）房地产交付使用的时间。

（8）违约责任。

（9）双方约定的其他事项。

5．禁止转让的规定

为维护房地产转让市场秩序，《城市房地产转让管理规定》明确了以下不得转让房地产的情形：

（1）达不到法定条件的房地产不得转让。

（2）司法机关和行政机关依法裁定、决定查封或者以其他形式限制房地产权利的，在权力受到限制期间，不得转让该项房地产。

（3）依法收回土地使用权的。

（4）共有房地产，未经其他共有人书面同意的。

（5）权属有争议的。

（6）未依法登记领取权属证书的。

（7）法律、行政法规规定禁止转让的其他情形。

15.1.3 商品房销售管理

商品房销售是指房地产开发企业将新建商品房向消费者售卖的活动，它区别于其他房屋所有人将自己的房屋出售给他人的行为。根据商品房销售方式的不同，商品房销售可以分为商品房预售和商品房现售。

1. 商品房预售管理

商品房预售是指房地产开发企业将尚在建设中的商品房预先出售给商品房预购人，由商品房预购人支付购房定金或购房价款的行为。由于从预售到竣工交付的时间一般较长，具有较大的风险性和投机性，涉及广大购房者的切身利益。为规范商品房市场，加强对商品房的预售管理，保障购房人的合法权益，《城市房地产管理法》规定商品房预售实行预售许可和商品房预售合同登记备案制度。《城市商品房预售管理办法》对商品房预售管理的有关问题作了进一步细化。

（1）商品房预售的条件

《城市房地产管理法》和《关于进一步加强房地产市场监管完善商品住房预售制度有关问题的通知》等规范性文件规定，商品房预售应当符合以下条件：

1）已交付全部土地使用权出让金，取得土地使用权证书。

2）持有建设工程规划许可证。

3）按提供预售的商品房计算，投入开发建设的资金达到工程建设总投资的25%以上，并已经确定施工进度和竣工交付日期。

4）开发企业向城市、县人民政府房产管理部门办理预售登记，取得《商品房预售许可证》。

商品房预售许可的最低规模不得小于栋，不得分层、分单元办理预售许可。

（2）商品房预售许可

目前我国实行商品房预售许可制度。房地产开发企业取得《商品房预售许可证》，方能预售商品房。房地产开发企业进行商品房预售，应当向承购人出示《商品房预售许可证》，售楼广告和说明书中应载明《商品房预售许可证》的批准文号。未取得《商品房预售许可证》的，不得进行商品房销售或者发布广告。未取得《商品房预售许可证》的项目，房地产开发企业不得以认购、预订、排号、发放VIP卡等方式向买受人收取或者变相收取定金、预付款等性质的费用，不得参加任何展销活动。

房地产开发企业申请预售许可，应当提交下列证件及资料：①商品房预售许可申请表；②开发企业的营业执照和资质证书；③土地使用权证、建设工程规划许可证、施工许可证；④投入开发建设的资金占工程建设总投资的比例符合规定条件的证明；⑤工程施工合同及关于施工进度的说明；⑥商品房预售方案。预售方案应当说明预售商品房的位置、面积、竣工交付日期等内容，并应当附预售商品房分层平面图。

房地产开发企业的申请符合法定条件的，房地产管理部门应当在受理之日起10日内，依法作出准予预售的行政许可书面决定，发送房地产开发企业，并自作出决定之日起 10 日内向房地产开发企业颁发、送达《商品房预售许可证》。

(3) 商品房预售合同登记备案

房地产开发企业预售商品房，应当与商品房预购人签订商品房预售合同。房地产开发企业应当自签约之日起 30 日内，向房地产管理部门和市、县人民政府土地管理部门办理商品房预售合同登记备案手续。房地产开发企业预售商品房所得款项，必须用于有关的工程建设。

(4) 预售商品房的权属登记

商品房预购人应当在预购商品房交付使用之日起 90 日内，依法到房地产管理部门和市、县人民政府土地管理部门办理权属登记手续。房地产开发企业应当予以协助，并提供必要的证明文件。由于房地产开发企业的原因，商品房预购人未能在房屋交付使用之日起 90 日内取得房屋权属证书的，除房地产开发企业和承购人有特殊约定外，房地产开发企业应当承担违约责任。

2. 商品房现售

为规范商品房销售，根据《城市房地产开发经营管理条例》规定，2001 年 4 月，建设部颁布了《商品房销售管理办法》。《商品房销售管理办法》规定："房地产开发企业应当在商品房现售前将房地产开发项目手册及符合商品房现售条件的有关证明文件报送房地产开发主管部门备案。"同时，要求商品房现售应当符合以下条件：

(1) 现售商品房的房地产开发企业应当具有企业法人营业执照和房地产开发企业资质证书。

(2) 取得土地使用权证书或者使用土地的批准文件。

(3) 持有建设工程规划许可证和施工许可证。

(4) 已通过竣工验收。

(5) 拆迁安置已经落实。

(6) 供水、供电、供热、燃气、通信等配套基础设施具备交付使用条件，其他配套基础设施和公共设施具备交付使用条件或者已确定施工进度和交付日期。

(7) 物业管理方案已经落实。

3. 商品房销售原则

无论商品房预售与现售，都必须遵守以下原则：

(1) 商品住宅按套销售，不得分割拆零销售。

(2) 商品房销售时，房地产开发企业选聘了物业服务企业的，买受人应当在订立商品房买卖合同时与房地产开发企业选聘的物业服务企业订立有关物业管理的协议。

(3) 房地产开发企业不得在未解除商品房买卖合同前，将作为合同标的物的商品房再行销售给他人。

（4）房地产开发企业不得采取返本销售或者变相返本销售的方式销售商品房；房地产开发企业不得采取售后包租或者变相售后包租的方式销售未竣工商品房。返本销售，是指房地产开发企业向购房人承诺，购房人使用房屋一定年限后，如果购房人要求收回投资，房地产开发企业向购房人以分期还款或一次性返还购房款方式回购房屋。售后包租，是指房地产开发企业向购房人承诺，购房人可以将所购商品房委托其出租经营，房地产开发企业承诺按时向购房人支付高额租金的商品房销售方式。

返本销售和售后包租，都是房地产开发企业为摆脱资金短缺困境，以不合常理的利益引诱投资人投资购房。由于房地产开发企业承诺的利益难以实现或根本无法实现，因此给购房人造成很大的投资风险，扰乱商品房市场秩序，是带有欺诈性质的商品房销售方式，因此必须禁止。

（5）房地产开发企业、房地产中介服务机构发布商品房销售宣传广告，应当执行《中华人民共和国广告法》《房地产广告发布暂行规定》等有关规定，广告内容必须真实、合法、科学、准确。同时，发布的商品房销售广告和宣传资料所明示的事项，当事人应当在商品房买卖合同中约定。

4．商品房买卖合同与销售管理

（1）商品房买卖合同

商品房销售时，房地产开发企业和买受人应当订立书面商品房买卖合同。商品房买卖合同应当明确以下主要内容：①当事人名称或者姓名和住所；②商品房基本状况；③商品房的销售方式；④商品房价款的确定方式及总价款、付款方式、付款时间；⑤交付使用条件及日期；⑥装饰、设备标准承诺；⑦供水、供电、供热、燃气、通信、道路、绿化等配套基础设施和公共设施的交付承诺和有关权益、责任；⑧公共配套建筑的产权归属；⑨面积差异的处理方式；⑩办理产权登记有关事宜；⑪解决争议的方法；⑫违约责任；⑬双方约定的其他事项。

（2）商品房销售管理

1）商品房销售应当明示的相关文件

房地产开发企业应当在订立商品房买卖合同之前向买受人明示《商品房销售管理办法》《商品房买卖合同示范文本》《临时管理规约》《前期物业服务合同》等；预售商品房的，还必须明示《城市商品房预售管理办法》。

2）商品房的认购、订购和预定

最高人民法院在《关于审理商品房买卖合同纠纷案件适用法律若干问题的解释》中，也作出如下规定："出卖人通过认购、订购、预订等方式向买受人收受定金作为订立商品房买卖合同担保的，如果因当事人一方原因未能订立商品房买卖合同，应当按照法律关于定金的规定处理；因不可归责于当事人双方的事由，导致商品房买卖合同未能订立的，出卖人应当将定金返还买受人。"

"商品房的认购、订购、预订等协议具备《商品房销售管理办法》第十六条规定的商品房买卖合同的主要内容,并且出卖人已经按照约定收受购房款的,该协议应当认定为商品房买卖合同。"

3) 商品房销售价格与计价方式

商品房销售价格由当事人协商议定,经济适用住房等国家实行指导价格的商品房,按照有关规定定价。商品房销售可以按套或单元计价,也可以按套内建筑面积或者建筑面积计价。为增加透明度,减少面积争议,许多城市目前要求预售商品房必须采用套内建筑面积计价方式。商品房建筑面积由套内建筑面积和分摊的共有建筑面积组成,套内建筑面积部分为独立产权,分摊的共有建筑面积部分为共有产权,买受人按照法律、法规的规定对其享有权利,承担责任。

4) 销售代理服务

房地产开发企业委托中介服务机构销售商品房的,受托机构应当是依法设立并取得工商营业执照的房地产中介服务机构。房地产开发企业应当与受托房地产中介服务机构订立书面委托合同,委托合同应当载明委托期限、委托权限以及委托人和被委托人的权利、义务。受托房地产中介服务机构销售商品房时,应当向买受人出示商品房的有关证明文件和商品房销售委托书,并如实向买受人介绍所代理销售商品房的有关情况。受托房地产中介服务机构不得代理销售不符合销售条件的商品房。受托房地产中介服务机构在代理销售商品房时不得收取佣金以外的其他费用。

5) 商品房交付

房地产开发企业应当按照合同约定,将符合交付使用条件的商品房按期交付给买受人。房地产开发企业在向用户交付销售的新建商品住宅时,应在住宅交付用户的同时提供给用户《住宅质量保证书》和《住宅使用说明书》。《住宅质量保证书》和《住宅使用说明书》以购买者购买的套(幢)发放,每套(幢)住宅均应附有各自的《住宅质量保证书》和《住宅使用说明书》。商品住宅售出后,委托物业管理公司等单位维修的,应在《住宅质量保证书》中明示所委托的单位。《住宅质量保证书》应当对住宅各部位、部件保修内容与保修期作出明示。住宅保修期从房地产开发企业将竣工验收的住宅交付用户使用之日起计算,房地产开发企业可以延长法律法规规定的保修期,但不得低于法律法规规定的保修期限。

《住宅使用说明书》应当对住宅的结构、性能和各部位(部件)的类型、性能、标准等作出说明,并列明使用注意事项,一般应当包含以下内容:①开发单位、设计单位、施工单位,委托监理的应注明监理单位;②结构类型;③装修、装饰注意事项;④上水、下水、电、燃气、热力、通信、消防等设施配置的说明;⑤有关设备、设施安装预留位置的说明和安装注意事项;⑥门、窗类型,使用注意事项;⑦配电负荷;⑧承重墙、保温墙、防水层、阳台等部位注意事项的说明；⑨其他需说明的问题。房地产开发企业在《住宅使用说明书》中对住户合理使用住宅应有提示。因用户使用不当或擅自改动结构、设备位置和不当装修等造成的质量问题，开发企业不承担保修责任；因住户使用不当或擅自改动结构，造成房屋质量受损或其他用户损失，由责任人承担相应责任。

6) 协助购房人办理产权证书的义务

房地产开发企业应当在商品房交付使用前按项目委托具有房产测绘资格的单位实施测绘，测绘成果报房地产行政主管部门审核后用于房屋权属登记。房地产开发企业应当在商品房交付使用之日起 60 日内，将需要由其提供的办理房屋权属登记的资料报送房屋所在地房地产行政主管部门。房地产开发企业应当协助商品房买受人办理土地使用权变更和房屋所有权登记手续。

5．商品房销售争议的解决

(1) 面积争议

按套或单元计价的现售房屋，当事人对现售房屋实地勘察后可以在合同中直接约定总价款。按套或单元计价的预售房屋，房地产开发企业应当在合同中附所售房屋的平面图。平面图应当标明详细尺寸，并约定误差范围。房屋交付时，套型与设计图纸一致，相关尺寸也在约定的误差范围内，维持总价款不变；套型与设计图纸不一致或者相关尺寸超出约定的误差范围，合同中未约定处理方式的，买受人可以退房或者与房地产开发企业重新约定总价款。买受人退房的，由房地产开发企业承担违约责任。

(2) 设计变更争议

《商品房销售管理办法》规定，经规划部门批准的规划变更、设计单位同意的设计变更导致商品房的结构形式、户型、空间尺寸、朝向变化，以及出现合同当事人约定的其他影响商品房质量或者使用功能情形的，房地产开发企业应当在变更确立之日起 10 日内，书面通知买受人。

买受人有权在通知到达之日起 15 日内作出是否退房的书面答复。买受人在通知到达之日起 15 日内未作书面答复的，视同接受规划、设计变更以及由此引起的房屋价款的变更。其中，规划设计变更造成面积差异和房屋价款的变更，当事人不解除合同的，双方应当签署补充协议。房地产开发企业未在规定时限内通知买受人的，买受人有权退房；买受人退房的，由房地产开发企业承担违约责任。

(3) 房屋交付时间与质量争议

1) 房屋交付时间

房地产开发企业应当按照合同约定，将符合交付使用条件的商品房按期交付给买受人。未能按期交付的，房地产开发企业应当承担违约责任。因不可抗力或者当事人在合同中约定的其他原因，需延期交付的，房地产开发企业应当及时告知买受人。

2）房屋交付质量与保修责任

销售商品住宅时，房地产开发企业应当根据《商品住宅实行质量保证书和住宅使用说明书制度的规定》，向买受人提供《住宅质量保证书》和《住宅使用说明书》。

房地产开发企业应当对所售商品房承担质量保修责任。当事人应当在合同中就保修范围、保修期限、保修责任等内容作出约定。保修期从交付之日起计算。商品住宅的保修期限不得低于建设工程承包单位向建设单位出具的质量保修书约定保修期的存续期。在保修期限内发生的属于保修范围的质量问题，房地产开发企业应当履行保修义务，并对造成的损失承担赔偿责任。因不可抗力或者使用不当造成的损坏，房地产开发企业不承担责任。用户验收后自行添置、改动的设施、设备，由用户自行承担维修责任。

15.1.4 房屋租赁管理

1．房屋租赁的概念

房屋租赁是房地产市场中一种重要的交易形式。《城市房地产管理法》规定："房屋租赁，是指房屋所有权人作为出租人将其房屋出租给承租人使用，由承租人向出租人支付租金的行为。"为加强城市房屋租赁管理，维护房地产市场秩序，保障房屋租赁当事人的合法权益，住房和城乡建设部根据《城市房地产管理法》等法律、法规规定，于2010年12月制定并颁布了《商品房屋租赁管理办法》。

2．商品房屋租赁的条件

公民、法人或其他组织对享有所有权的房屋和国家授权管理和经营的房屋可以依法出租。出租商品房的，应当以原设计的房间为最小出租单位，人均租住建筑面积不得低于当地人民政府规定的最低标准。厨房、卫生间、阳台和地下储藏室不得出租供人员居住。有下列情形之一的房屋不得出租：①属于违法建筑的；②不符合安全、防灾等工程建设强制性标准的；③违反规定改变房屋使用性质的；④法律、法规规定禁止出租的其他情形。

3．房屋租赁合同

（1）房屋租赁合同主要条款

房屋租赁当事人应当签订书面租赁合同，租赁合同应当具备以下条款：①当事人姓名或者名称及住所；②房屋的坐落、面积、结构、附属设施，家具和家电等室内设施状况；③租赁用途和房屋使用要求；④租赁期限；⑤租金和押金数额、交付方式；⑥房屋维修责任；⑦转租的约定；⑧变更和解除合同的条件；⑨争议解决办法和违约责任；⑩当事人约定的其他条款。

房屋租赁期限届满，租赁合同约止。承租人需要继续租用的，应当在租赁期限届满前3个月提出，并经出租人同意，重新签订租赁合同。

(2) 房屋租赁双方的权利义务

出租人应当依照租赁合同约定的期限将房屋交付承租人，不能按期交付的，应当支付违约金，给承租人造成损失的，应当承担赔偿责任。出租住宅用房的自然损坏或合同约定由出租人修缮的，由出租人负责修复。出租人不及时修复，致使房屋发生破坏性事故，造成承租人财产损失或者人身伤害的，应当承担赔偿责任。租用房屋从事生产、经营活动的，修缮责任由双方当事人在租赁合同中约定。出租人在租赁期限内，确需提前收回房屋时，应当事先商得承租人同意，给承租人造成损失的，应当予以赔偿。

承租人必须按期缴纳租金，违约的，应当支付违约金。承租人应当爱护并合理使用所承租的房屋及附属设施，不得擅自拆改、扩建或增添。确需变动的，必须征得出租人同意，并签订书面合同。因承租人过错造成房屋损坏的，由承租人负责修复或者赔偿。

(3) 关于房屋转租的规定

房屋转租是指房屋承租人将承租的房屋再出租的行为。承租人在租赁期限内，征得出租人同意，可以将承租房屋的部分或全部转租给他人。出租人可以根据转租合同约定，从转租中获得收益。

房屋转租应当订立转租合同。转租合同必须经原出租人书面同意，并按照规定办理转租房屋登记备案手续。由于转租合同依据房屋出租合同而存在，因此，转租合同的终止日期不得超过原租赁合同规定的终止日期。同时，在房屋转租期间，原租赁合同变更、解除或者终止的，转租合同也随之相应的变更、解除或者终止，但出租人与转租人双方另有约定的除外。

转租合同生效后，转租人享有并承担转租合同规定的出租人的权利和义务，并且应当履行原租赁合同规定的承租人的义务，但出租人与转租双方另有约定的除外。

4．商品房屋租赁登记备案

《城市房地产管理法》规定："房屋租赁，出租人和承租人应当签订书面租赁合同，约定租赁期限、租赁用途、租赁价格、修缮责任等条款，以及双方的权利和义务，并向房地产管理部门登记备案。"《商品房屋租赁管理办法》规定："房屋租赁合同订立后三十日内，房屋租赁当事人应当到租赁房屋所在地直辖市、市、县人民政府房地产主管部门办理房屋租赁登记备案。"我国对房屋租赁实行两项登记备案制度。实行房屋租赁合同登记备案既可以保护租赁双方的合法权益，又可以较好地防止非法出租房屋，减少纠纷，促进社会稳定。同时，通过商品房屋租赁备案制度，直辖市、市、县人民政府房地产主管部门可定期分区域公布不同类型房屋的市场租金水平等信息。

5．租赁禁止和房屋租赁合同的终止

(1) 租赁禁止

为了维护房屋租赁市场秩序，根据有关法律法规的规定，房屋存在以下情况的，禁止租赁：①未依法取得房屋所有权证的；②司法机关和行政机关依法裁定、决定查封或者以其他形式限制房地产权利的；③共有房屋未取得共有人同意的；④权属有争议的；⑤属于违法建筑的；⑥不符合安全标准的；⑦已抵押，未经抵押权人同意的；⑧不符合公安、环保、卫生等主管部门有关规定的；⑨有关法律、法规规定禁止出租的其他情形。

(2) 房屋租赁合同的终止

承租人有下列行为之一的，出租人有权终止合同，收回房屋，因此而造成损失的，由承租人赔偿：①将承租的房屋擅自转租的；②将承租的房屋擅自转让、转借他人或擅自调换使用的；③将承租的房屋擅自拆改结构或改变用途的；④拖欠租金累计6个月以上的；⑤公用住宅用房无正当理由闲置6个月以上的；⑥租用承租房屋进行违法活动的；⑦故意损坏承租房屋的；⑧法律、法规规定其他可以收回的。

15.1.5 房地产抵押管理

1．房地产抵押的概念

(1) 房地产抵押的一般情形

2001年，建设部发布的《城市房地产抵押管理办法》规定，房地产抵押是指抵押人以其合法的房地产以不转移占有的方式向抵押权人提供债务履行担保的行为。债务人不履行到期债务或者发生当事人约定的实现抵押权的情形时，抵押权人有权就抵押的房地产优先受偿。

一般情况下，"合法的房地产"是指已经取得房地产权属证书的房地产。抵押人是指将依法取得的房地产提供给抵押权人，作为本人或者第三人履行债务担保的公民、法人或者其他组织。抵押权人是指接受房地产抵押作为债务人履行债务担保的公民、法人或者其他组织。

(2) 房地产抵押的特定情形

房地产抵押存在两种特定的情形，一种是在建工程抵押，是指抵押人为取得在建工程继续建造资金的贷款，以其合法方式取得的土地使用权连同在建工程的投入资产，以不转移占有的方式抵押给贷款银行作为偿还贷款履行担保的行为；另一种是预购商品房贷款抵押，是指购房人在支付首期规定的房价款后，由贷款银行代其支付其余的购房款，将所购商品房抵押给贷款银行作为偿还贷款履行担保的行为。

2．房地产抵押的条件

房地产抵押的抵押物随土地使用权的取得方式不同，对抵押物要求也不同。根据《城市房地产管理法》第四十八条的规定，房地产抵押中可以作为抵押物的情形有两种：一是依法取得的房屋所有权连同该房屋占用范围内的土地使用权同时设定抵押权。对于这类抵押，无论土地使用权来源于出让还是划拨，只要房地产权属合法，即可将房地产作为统一的抵押物同时设定抵押权。二是以单纯的土地使用权抵押的，设定抵押的条件是：土地必须是以出让方式取得的。《民法典》物权编第三百九十五条规定，债务人或者第三人有权处分可以抵押的财产有：①建筑物和其他土地附着物；②建设用地使用权；③海域使用权；④生产设备、原材料、半成品、产品；⑤正在建造的建筑物、船舶、航空器；⑥交通运输工具；⑦法律、行政法规未禁止抵押的其他财产。抵押人可以将上述所列财产一并抵押。

《民法典》物权编第三百九十九条规定，下列财产不得抵押：①土地所有权；②宅基地、自留地、自留山等集体所有的土地使用权，但法律规定可以抵押的除外；③学校、幼儿园、医疗机构等为公益目的成立的非营利法人的教育设施、医疗卫生设施和其他社会公益设施；④所有权、使用权不明或者有争议的财产；⑤依法被查封、扣押、监管的财产；⑥法律、行政法规规定不得抵押的其他财产。

《城市房地产抵押管理办法》第八条规定，下列房地产不得设定抵押：①权属有争议的房地产；②用于教育、医疗、市政等公共福利事业的房地产；③列入文物保护的建筑物和有重要纪念意义的其他建筑物；④已依法公告列入拆迁范围的房地产；⑤被依法查封、扣押、监管或者以其他形式限制的房地产；⑥依法不得抵押的其他房地产。

3．房地产抵押的主要规则

（1）设定房地产抵押时，抵押房地产的价值可以由抵押当事人协商议定，双方当事人也可以协商由房地产价格评估机构评估确定。

（2）抵押权人为避免抵押房屋因遭受人为损坏或自然灾害而出现的风险，要求抵押人办理房产保险的，双方当事人应当协商议定。抵押当事人约定对抵押房地产保险的，由抵押人为抵押的房地产投保，保险费由抵押人负担。抵押房地产投保的，抵押人应当将保险单移送抵押权人保管。在抵押期间，抵押权人为保险赔偿的第一受益人。

（3）企业、事业单位法人分立或者合并后，原抵押合同继续有效，其权利和义务由变更后的法人享有和承担。

（4）抵押人死亡、依法被宣告死亡或者被宣告失踪时，其房地产合法继承人或者代管人应当继续履行原抵押合同。

（5）房地产抵押中的房产、地产抵押权设定应当一致。《城市房地产抵押管理办法》规定："以在建工程已完工部分抵押的，其土地使用权随之抵押""以依法取得的房屋所有权抵押的，该房屋占用范围内的土地使用权必须同时抵押"。

（6）抵押人所担保的债权不得超出其抵押物的价值。房地产抵押是为担保债权而建立的法律关系，因此抵押物的价值必须高于所担保的债权，否则就无法成就所担保的债权。根据这一原则，房地产抵押后，该抵押房地产的价值大于所担保债权的余额部分，可以再次抵押，但再次抵押所担保的债权不得超出余额部分。同一房地产设定两个以上抵押权的，抵押人应当将已经设定过的抵押情况告知抵押权人，以便抵押人测算担保价值。

4．房地产抵押权的设定

为了加强房地产抵押管理，维护房地产市场秩序，保障房地产抵押当事人的合法权益，根据有关法律规定，设定房地产抵押权必须符合以下规定：

（1）国有企业、事业单位法人以国家授予其经营管理的房地产抵押的，应当符合国有资产管理的有关规定。

（2）以集体所有制企业的房地产抵押的，必须经集体所有制企业职工（代表）大会通过，并报其上级主管机关备案。

（3）以中外合资企业、合作经营企业和外商独资企业的房地产抵押的，必须经董事会通过，但企业章程另有规定的除外。

（4）以有限责任公司、股份有限公司的房地产抵押的，必须经董事会或者股东大会通过，但企业章程另有规定的除外。

（5）有经营期限的企业以其所有的房地产设定抵押的，所担保债务的履行期限不应当超过该企业的经营期限。

（6）以具有土地使用年限的房地产设定抵押的，所担保债务的履行期限不得超过土地使用权出让合同规定的使用年限减去已经使用年限后的剩余年限。

（7）以共有的房地产抵押的，抵押人应当事先征得其他共有人的书面同意。

（8）预购商品房贷款抵押的，商品房开发项目必须符合房地产转让条件并取得商品房预售许可证。

（9）以已出租的房地产抵押的，抵押人应当将租赁情况告知抵押权人，并将抵押情况告知承租人。原租赁合同继续有效。

5．房地产抵押合同

（1）房地产抵押合同的主要内容

房地产抵押合同，是抵押人与抵押权人为了保证债权债务的履行，明确双方权利与义务的协议，是债权债务合同的从合同。债权债务的主合同无效，抵押这一从合同也就自然无效。房地产抵押是一种标的物价值很大的担保行为，法律规定房地产抵押人与抵押权人必须签订书面抵押合同。

房地产抵押合同一般应当载明下列内容：

1）抵押人、抵押权人的名称或者个人姓名、住所。

2）被担保债权种类、数额。

3）抵押房地产的处所、名称、状况、建筑面积、用地面积以及四至等。

4）抵押房地产的价值。

5）抵押房地产的占用管理人、占用管理方式、占用管理责任以及意外损毁、灭失的责任。

6）债务人履行债务的期限。

7）抵押权灭失的条件。

8）违约责任。

9）争议解决的方式。
10）抵押合同订立的时间与地点。
11）双方约定的其他事项。
（2）房地产抵押合同应注明的事项
1）以预购商品房贷款抵押的，须提交生效的预购房屋合同。
2）以在建工程抵押的，抵押合同还应当载明以下内容：①《国有土地使用权证》《建设用地规划许可证》和《建设工程规划许可证》编号；②已缴纳的土地使用权出让金或需缴纳的相当于土地使用权出让金的款额；③已投入在建工程的工程款；④施工进度及工程竣工日期；⑤已完成的工作量和工程量。
3）抵押权人要求抵押房地产保险的，以及要求在房地产抵押后限制抵押人出租、转让抵押房地产或者改变抵押房地产用途的，抵押当事人应当在抵押合同中载明。

6．房地产抵押登记

抵押当事人应当在房地产抵押合同自签订之日起30日内，到房地产所在地的房地产管理部门办理房地产抵押登记。房地产抵押合同自抵押登记之日起生效。

登记机关应当对申请人的申请进行审核。凡权属清楚、证明材料齐全的，应当在受理登记之日起7日内决定是否予以登记，对不予登记的，应当书面通知申请人。

7．抵押房地产的占用、管理与处分

（1）抵押人对抵押房地产享有法定与约定的权利

已作抵押的房地产，由抵押人占用与管理。经抵押权人同意，抵押人可以转让或者出租抵押的房地产。抵押房地产转让或者出租所得价款，应当向抵押权人提前清偿所担保的债权。超过债权数额的部分，归抵押人所有，不足部分由债务人清偿。

（2）抵押人负有维护抵押房地产的义务

抵押人在抵押房地产占用与管理期间应当维护抵押房地产的安全与完好。抵押权人有权按照抵押合同的规定监督、检查抵押房地产的管理情况。抵押人占用与管理的房地产发生损毁、灭失的，抵押人应当及时将情况告知抵押权人，并应当采取措施防止损失的扩大。抵押的房地产因抵押人的行为造成损失使抵押房地产价值不足以作为履行债务的担保时，抵押权人有权要求抵押人重新提供或者增加担保以弥补不足。抵押人对抵押房地产价值减少无过错的，抵押权人只能在抵押人因损害而得到的赔偿的范围内要求提供担保。抵押房地产价值未减少的部分，仍作为债务的担保。

（3）抵押人应当遵守房屋征收的法律规定

因国家建设需要，将已设定抵押权的房地产列入征收范围的，应当及时书面通知抵押权人。抵押双方可以重新设定抵押房地产，也可以依法清理债权债务，解除抵押合同。

（4）抵押权人有权要求处分抵押房地产的情况

1）债务履行期限届满，抵押权人未受清偿的，债务人又未能与抵押权人达成延期履行协议的。

2）抵押人死亡，或者被宣告死亡而无人代为履行到期债务的；或者抵押人的合法继承人、受遗赠人拒绝履行到期债务的。

3）抵押人被依法宣告解散或者破产的。

4）抵押人擅自处分抵押房地产的。

5）抵押合同约定的其他情况。

抵押权人处分抵押房地产时，应当事先书面通知抵押人；抵押房地产为共有或者出租的，还应当同时书面通知共有人或承租人；在同等条件下，共有人或承租人依法享有优先购买权。同时，抵押权人应当与抵押人协商处分抵押的房地产，可以拍卖抵押房地产并优先受偿，也可以通过其他合法方式实现债权。抵押双方当事人协商不成的，抵押权人可以向人民法院提起诉讼。

《民法典》物权编规定处分抵押物受偿顺序是：抵押物已登记的先于未登记的受偿；抵押合同已登记生效的，按照抵押物登记的先后顺序清偿；顺序相同的，按照债权比例清偿。因此，同一房地产设定两个以上抵押权时，以抵押登记的先后顺序受偿。

《城市房地产管理法》规定："房地产抵押合同签订后，土地上新增的房屋不属于抵押财产。需要拍卖该抵押的房地产时，可以依法将土地上新增的房屋与抵押财产一同拍卖，但对拍卖新增房屋所得，抵押权人无权优先受偿。"上述规定既适用于房地产抵押，也适用于在建工程抵押。

（5）抵押房地产处分的中止

下列情况下，可以终止处分抵押房地产的行为：

1）抵押权人请求中止的。

2）抵押人申请愿意并证明能够及时履行债务，并经抵押权人同意的。

3）发现被拍卖抵押物有权属争议的。

4）诉讼或仲裁中的抵押房地产。

5）其他应当中止的情况。

（6）抵押房地产处分所得价款的分配

处分抵押房地产，所得价款按下列顺序分配：

1）支付处分抵押房地产的费用。

2）扣除抵押房地产应缴纳的税款。

3）偿还抵押权人债权本息及支付违约金。

4）赔偿由债务人违反合同而对抵押权人造成的损害。

5）剩余金额交还抵押人。

处分抵押房地产所得金额不足以支付债务和违约金、赔偿金时，抵押权人有权向债务人追索不足部分。

【案例 15-1】

2020 年 8 月 20 日，甲与乙签订了一份房屋租赁合同。合同约定：甲将自有住房一套出租给乙居住，每月租金 2000 元，按月收租，租期两年。合同签订后，双方到房地产管理部门办理了登记手续。当日，乙交付了押金和租金后入住。此后，乙每月按期交租。2021 年 2 月，甲因欠丙 60 万元，便将该房屋抵押给丙，双方订立了抵押合同，但未办理抵押登记手续，合同约定：如甲不能在 2021 年 6 月底还债，该房屋归丙所有。后甲在 2021 年 6 月底未能还债，丙于是在 2021 年 7 月起开始主张实现其抵押权，要求乙向其缴纳租金，乙以自己与甲签订房屋租赁合同，丙无权收取租金为由拒绝。此后，即从 2021 年 7 月至 2022 年 5 月，无论甲、丙怎样催促，乙既拒绝向甲交租，也不向丙交租，遂甲决定终止租赁合同。根据以上内容请回答：

(1) 甲能否将已出租的房屋抵押给丙？为什么？
(2) 甲与丙签订抵押合同后，抵押权是否成立？为什么？
(3) 抵押合同的内容是否合法？为什么？
(4) 甲是否有权终止租赁合同，收回房屋？为什么？

【解析】(1) 可以。尽管甲已经将房屋出租，但他仍是房屋的产权所有人，根据我国房地产相关法律的规定，房屋所有人依法对自己的房屋享有占有、使用、收益和处分的权利，故不影响甲将已出租的房屋抵押给丙。

(2) 不成立。因为甲、丙的抵押合同虽然是双方共同意思表示的结果，但是根据我国法律规定，房地产抵押应当根据规定办理抵押登记，抵押权自登记时设立。甲、丙未办此手续，故抵押权不成立。

(3) 不合法。根据法律规定，抵押权人在债务履行期届满前，不得与抵押人约定债务人不履行到期债务时抵押财产归债权人所有。甲与丙的约定违法了这一规定。

(4) 甲有权提前终止租赁合同，收回房屋。根据法律规定，承租人拖欠租金累计 6 个月以上的，出租人有权收回房屋，终止合同，本案中乙无正当理由未缴纳租金 6 个月以上。

15.2 房地产权属登记制度与政策

15.2.1 房地产登记制度概述

1. 房地产登记的概念

房地产登记制度是现代物权法中的一项重要制度。《民法典》物权编规定："不动产物权的设立、变更、转让和消灭，经依法登记发生效力；未经登记，不发生效力，但法律另有规定的除外。"《城市房地产管理法》规定："国家实行土地使用权和房屋所有权登记发证制度。"

房地产登记是指房地产登记机构依法将房地产权利和其他应当记载的事项在房地产登记簿上予以记载的行为，是将房地产权利现状、权利变动情况以及其他相关事项记载在房地产登记簿上予以公示的行为，是一种不动产物权的公示方式。

2．房地产登记制度的类型

根据登记的内容和形式不同，各国房地产登记制度分为契据登记制和产权登记制两大类型。

（1）契据登记制

契据登记制的理论基础是对抗要件主义。契据登记制认为，当事人关于房地产权利在相关合同中的设定、变更和解除，凭据有关合同、票据和税据进行实证，行政登记没有证据效力。政府行政主管部门虽然要求房地产权利人进行权属登记，但注重要求权利人提供形式要件，对所提供形式要件的真实性、合法性不做实质性审查。政府行政主管部门对当事人主张的房地产权利，既不颁发权属证件，也不承担证明义务，房地产权属登记的目的仅仅是为了公示，公众可以借助政府登记的公簿，查阅房地产的权属情况和状态。契据登记制度所进行的房地产权属登记，只具有公示力，而无公信力。契据登记制度注重当事人订立的合约，房地产权属方面的合同一经生效，当事人之间的债权与物权即同时成立。在契约登记制下如果发生房地产权利争议，当事人完全凭据有关合同、票据与税据，通过诉讼主张权利。发生的房地产权利争议，最终取决于法院审理后的确认，不以政府登记的房地产权利为准，政府登记机关也不承担登记责任。

（2）产权登记制

产权登记制的理论基础是成立要件主义。在产权登记制下，政府登记机关既要求房地产权利人提供法定形式的登记要件，又要对所提供形式要件的真实性、合法性进行实质性审查。经行政审查无误的，给予房地产权利登记，并颁发有关权属证件。政府颁发的房地产权属证件不仅具有公信效力，而且政府登记机关对登记确认的房地产权属负有证明义务，房地产权利人可以依据政府颁发的权属证件，行使确认的权能。产权登记制认为，当事人关于房地产权利在相关合同中的设定、变更和解除，仅仅是债权的设定、变更和解除，只能得到法律关于债权的保护，而不能得到物权的保护。当事人关于房地产的债权文件，必须经政府行政主管部门审查、核准并颁发相关证件后，才产生物权效力。

产权登记制下，如果发生房地产行政确权争议，必须通过行政诉讼解决争议，政府行政机关同时承担登记责任。经行政诉讼，如果政府行政机关登记确权有误，司法部门也不代行行政权，而是判决行政登记机关撤销确权决定，由行政机关根据查明的事实作出新的房地产权属登记决定。

3．房地产权属登记的意义

（1）房地产权属登记是保护房地产权利人的需要

保护权利人的合法权益是房地产登记的根本目的和出发点。通过登记及时、准确地将权利状况记载在房地产登记簿上，发放房地产权属证书或证明，将物权的事实对外公开。凡经房地产登记机构登记，权利人在房地产方面的权利，如房屋所有权、土地使用权、房地产租赁和抵押权、地役权等，均受到国家法律的保护。任何组织或个人侵犯了房地产权利人的合法权益，都要承担法律责任。

（2）房地产权属登记是保证房地产交易安全的需要

房地产价值大、交易风险高。实行房地产权属登记管理制度可以有效避免交易风险，房地产交易管理部门只要查验当事人提供的权属证件，核对房地产权属档案记载，当事人即可快捷、方便地完成交易。

（3）房地产权属登记是房地产管理的基础工作

房地产活动环节很多，从取得建设用地到房屋拆迁再到开发建设、市场流通、物业管理，任何一个环节都离不开房地产权属档案资料及权属证件的查询和证实。房地产权属登记和档案管理是整个房地产管理的工作基础。

（4）房地产权属登记是城市规划、建设和管理的科学依据

要做好城市规划、建设和管理，首先要了解城市土地的自然状况，以及房屋的布局、结构、用途等基本情况。房地产登记能全面、完整、及时、准确地提供上述资料，从而使城市规划和建设更加科学。房地产登记档案所提供的各种信息对旧城改造、新区建设、市政工程、道路交通、环保、绿化等城市建设和管理来说都是不可缺少的科学依据。

15.2.2 我国的房地产权属登记制度

我国的房地产权属登记制度基本采用产权登记制度，主要表现在以下四个方面：

（1）法律要求房地产权利人必须按期进行房地产权属登记，对违反登记规定的给予行政处罚。

（2）对权利申请人提供的文件进行实质性的审查，只有房地产权属清楚、证据齐全的，才予登记核准，不符合要求的不予登记。

（3）实行房地产权属发证制度，颁发的权属证件受法律保护，具有公信力，是房地产权利人进行房地产活动的凭证。

（4）法律确认房地产权属证件效力，撤销权属证件需经法律程序。

1．房地产登记的原则

（1）权利主体一致的原则

房地产是一个不可分割的有机整体。《城市房地产管理法》规定："房地产转让、抵押时，房屋的所有权和该房屋占用范围内的土地使用权同时转让、抵

押。"《房屋登记办法》规定："办理房屋登记，应当遵循房屋所有权和房屋占用范围内的土地使用权权利主体一致的原则。"因此，房屋所有权人和该房屋占用的土地使用权人，必须同属一人（包括法人和自然人）。在办理产权登记时，如发现房屋所有权人与该房屋占用的土地使用权人不同属一人，应查明原因，查不清的，暂不予办理登记。

（2）属地管理原则

房地产是坐落在一定自然地域上的不可移动的资产。因此，房地产登记必须坚持属地管理原则，即只能由市（县）房地产管理部门负责所辖区范围内的房地产登记工作；权利申请人应到房地产所在地的市（县）房地产部门申请登记。

2．《民法典》物权编确定的不动产登记制度

《民法典》物权编对确认物权的规则作了规定，房地产等各类不动产物权的设立、变更、转让和消灭，经依法登记、发生效力；除依法属于国家所有的自然资源所有权、法律另有规定可以不登记的外，不动产物权未登记，不发生效力。

（1）不动产登记原则

国家对不动产实行统一登记制度。统一登记的范围、登记机构和登记办法，由法律、行政法规规定。不动产登记由不动产所在地的登记机构办理。当事人申请不动产登记，应当根据不同登记事项提供权属证明和不动产界址、面积等必要材料。当事人提供虚假材料申请登记，造成他人损害的，应当承担赔偿责任。不动产登记费按件收取，不得按照不动产的面积、体积或者价款的比例收取。具体收费标准由国务院有关部门会同价格主管部门规定。

（2）登记机构的职责

登记机构应当履行的职责包括：查验申请人提供的权属证明和其他必要材料；就有关登记事项询问申请人；如实、及时登记有关事项；法律、行政法规规定的其他职责。申请登记的不动产的有关情况需要进一步证明的，登记机构可以要求申请人补充材料，必要时可以实地查看。权利人、利害关系人可以申请查询、复制登记材料，登记机构应当提供。登记机构不得要求对不动产进行评估；不得以年检等名义进行重复登记；不得有超出登记职责范围的其他行为。登记机构因登记错误，给他人造成伤害的，应当承担赔偿责任。登记机构赔偿后，可以向造成登记错误的人追偿。

（3）不动产登记的载体

不动产登记簿是法律法规规定的不动产物权登记机构管理的不动产物权登记档案，是物权归属和内容的依据。不动产权属证书，即不动产的所有权证、使用权证等，是登记机构颁发给权利人作为其享有权利的证明，是不动产登记簿所记载内容的外在表现形式。不动产权属证书记载的事项，应当与不动产登记簿一致；如记载不一致的，除有证据证明不动产登记簿确有错误外，以不动产登记簿为准。

(4) 不动产登记的生效时间

不动产物权的设立、变更、转让和消灭,依照法律规定应当登记的,自记载于不动产登记簿时发生效力。因人民法院、仲裁机构的法律文书或者人民政府的征收决定等,导致物权设立、变更、转让或者消灭的,自法律文书或者人民政府的征收决定等生效时发生效力。因合法建造、拆除房屋等事实行为设立或者消灭物权的,自当事人行为成就时发生效力。当事人之间订立有关设立、变更、转让和消灭不动产物权的合同,除法律另有规定或者合同另有约定外,自合同成立时生效;未办理物权登记的,不影响合同效力。享有不动产物权的,处分该物权时,依照法律规定需要办理登记的,未经登记,不发生物权效力。

(5) 预告登记

预告登记是为了保全一项请求权而进行的不动产登记,该项请求权所要达到的目的是在将来发生不动产物权的变动。预告登记后,未经预告登记的权利人同意,处分该不动产的,不发生物权效力。《民法典》物权编规定,当事人签订买卖房屋或者其他不动产物权的协议,为保障将来实现物权,按照约定可以向登记机构申请预告登记。预告登记后,债权消灭或者自能够进行不动产登记之日起 90 日内未申请登记的,预告登记失效。

(6) 更正登记、异议登记

更正登记和异议登记是保护事实的权利人或者真正权利人以及真正权利状态的法律措施。更正登记是对原登记权利的消除,同时对真正权利进行登记。异议登记是将事实上的权利人以及利害关系人对不动产登记簿中记载的权利所提出的异议计入登记簿中,其法律效力是对登记簿所记载的错误事项,可以申请更正登记。不动产登记簿记载的权利人书面同意更正或者有证据证明登记确有错误的,登记机构应当予以更正。不动产登记簿记载的权利人不同意更正的,利害关系人可以申请异议登记。登记机构予以异议登记的,申请人在异议登记之日起 15 日内不起诉,异议登记失效。异议登记不当,造成权利人损害的,权利人可以向申请人请求损害赔偿。

【案例 15-2】

李某与邓某于 2022 年 6 月 18 日签订了一份房屋买卖合同,合同约定李某将其位于某市的一套房屋卖给邓某,房屋价款 50 万元,分两次付清,签订合同时先付 30 万元,剩余 20 万元在办理房屋产权过户手续时付清。双方约定于同年 8 月 10 日到房地产管理部门办理房屋产权过户登记手续。

邓某按约定交付了第一期房款,等着与李某去办理过户手续。同年 7 月 9 日,李某经人介绍与在该市做生意的钱某认识,钱某正欲在该市购买一套住房,得知李某有房屋出售的情况,愿意以 60 万元的价格购买该房屋,并在订立合同时一次付清全部房款。李某见有利可图,立即与钱某订立了一份房屋买卖合同，并于 7 月 18 日一起到房地产管理部门办理房屋产权转移登记。同年 8 月 10 日，邓某要求李某一起去办理房屋产权过户登记手续时，李某称自己已将该房屋卖给他人，要求解除与邓某签订的房屋买卖合同，愿退还邓某的 30 万元。邓某则认为，自己与李某签订合同在先，而且自己已按约定履行了合同，而李某与钱某签订的合同在后，按理属无效合同，故要求李某按约定履行合同。双方争执不下，邓某诉至人民法院，要求人民法院确认李某与钱某的房屋买卖合同无效，并判决李某履行与自己签订的合同。

问题：

(1) 李某与邓某签订的房屋买卖合同是否有效，为什么？

(2) 李某与钱某签订的房屋买卖合同是否有效，为什么？

(3) 邓某与钱某谁应取得该争议房屋的所有权，为什么？

(4) 本案应如何处理？请说明理由。

【解析】(1) 李某与邓某签订的房屋买卖合同有效。因为李某与邓某签订房屋买卖合同属于双方真实的意思表示，合同主体具有完全民事行为能力，合同不具有法律规定的无效合同的情形。虽然双方尚未办理房屋过户登记手续，但根据我国有关法律的规定，登记只是房屋所有权转移的必经程序和要件，而不是房屋买卖合同生效的要件，故并不影响房屋买卖合同的成立和生效。

(2) 李某与钱某签订的房屋买卖合同有效。因为李某与钱某签订房屋买卖合同属于双方真实的意思表示，合同主体具有完全民事行为能力，合同不具有法律规定的无效合同的情形。

(3) 钱某取得该争议房屋的所有权。因为钱某已与李某到房地产管理部门合法地办理了房屋过户登记手续，而邓某与李某尚未办理房屋过户登记手续。根据我国有关法律的规定，登记是房屋所有权转移的必经程序和要件，故钱某取得该房屋的所有权。

(4) 法院应判决房屋归钱某所有，李某对邓某已构成违约，应承担违约责任，故李某应退还邓某所付 30 万元房价款并支付同期银行利息，如果约定有违约金，则应向邓某支付违约金，给邓某造成其他损失的，应判决予以赔偿损失。

【案例 15-3】

2022 年，甲公司对某大厦进行登记，其提供的土地、建设文件的主体是乙公司。另外提交了甲公司和乙公司的联建协议和补充协议。补充协议明确该大厦产权归甲方，落款为丙公司（写法与乙公司类似的公司）。登记机关根据材料，给甲公司发了产权证。

乙公司知道情况，提交了联建协议和补充协议。认为甲公司提交的补充协议里的丙公司不是乙公司，且根据甲乙公司签订的补充协议，约定甲公司得 1~4 层，乙公司得第 5 层。乙公司申请异议登记期间，房屋登记机关为甲公司全部 5 层办理了抵押手续。问：能否办理更正登记？

【解析】初始登记时,应该注意如果建设用地使用权证明、建设工程符合规划的证明记载的主体只有联建的一方,则由文件记载的一方申请初始登记,以保证申请人和申请材料记载的主体一致。

初始登记后,各方可以凭联建协议办理转移登记。该登记应该由乙公司进行初始登记,初始登记到乙公司名下后,由甲公司和乙公司根据补充协议共同申请转移登记。需要注意的是,更正登记需要登记簿的权利人同意,才能进行(对权属提出新的要求,通常损害原权利人的利益)。

本案因为初始登记不当,登记簿出现错误,涉及权利归属,登记机构不能主动进行更正,只能够通知有关权利人在规定期限内办理更正登记。

本案中乙公司已经提出了异议登记,登记机构应该暂缓办理抵押登记。在异议期间办理抵押登记存在过错。

提示:
(1) 联建房屋办理初始登记应当注意权利主体(土地证、规划证)。
(2) 更正登记、异议登记都依申请而启动。
(3) 不涉及权利归属,登记机关可以依职权进行更正登记。
(4) 涉及权利归属,登记机关不能依职权进行更正登记。
(5) 异议期间不能办理房屋处分登记(转移、抵押)。

15.3 房地产中介服务

改革开放后,随着房地产市场的不断发展,我国房地产中介服务活动也取得重大进展,中介机构大量建立,在房地产流通领域发挥着重要作用。但是,一些房地产中介机构和人员利用中介服务损害消费者合法权益的情况也不断出现。为加强对房地产中介服务的管理,维护房地产市场秩序,保障房地产活动当事人的合法权益,建设部依据《城市房地产管理法》制定并颁布了《城市房地产中介服务管理规定》,针对中介服务人员资格、中介服务机构和中介服务业务,作出行业管理规定。

15.3.1 房地产中介服务的概念

房地产中介服务是指具有专业执业资格的人员,在房地产投资、开发、交易等各个环节,为当事人提供居间服务的活动。其中主要包括房地产咨询、房地产价格评估和房地产经纪活动。

房地产咨询是指为进行房地产活动的当事人提供法律、法规、政策、信息、技术等方面服务的经营活动。

房地产价格评估是指对房地产进行测算,评定其经济价值和市场价格的经营活动。

房地产经纪是指为委托人提供房地产信息和居间代理业务的经营活动。

15.3.2 房地产中介服务人员资格管理

1．房地产咨询业务人员

从事房地产咨询业务的人员，必须是具有房地产及相关专业中等以上学历，有与房地产咨询业务相关的初级以上专业技术职称并取得考试合格证书的专业技术人员。房地产咨询人员的考试办法，由省、自治区人民政府建设行政主管部门和直辖市房地产管理部门制定。

2．房地产价格评估人员

国家实行房地产价格评估人员资格认证制度。房地产价格评估人员分为房地产估价师和房地产估价员。

房地产估价师必须是经国家统一考试、执业资格认证，取得《房地产估价师执业资格证书》，并经注册登记取得《房地产估价师注册证》的人员。未取得《房地产估价师注册证》的人员，不得以房地产估价师的名义从事房地产估价业务。房地产估价师的考试办法，由国务院建设行政主管部门和人事主管部门共同制定。

房地产估价员必须是经过考试并取得《房地产估价员岗位合格证》的人员。未取得《房地产估价员岗位合格证》的人员，不得从事房地产估价业务。房地产估价员的考试办法，由省、自治区人民政府建设行政主管部门和直辖市房地产管理部门制定。

3．房地产经纪人

房地产经纪是指房地产经纪机构和房地产经纪人员为促成房地产交易，向委托人提供房地产居间、代理等服务并收取佣金的行为。从其他国家的情况看，从事房地产经纪活动的机构需要具备相应的资质或条件，从事房地产经纪活动的人员需要经过专业学习和训练并通过考试取得执业资格。在我国，根据《房地产经纪管理办法》等规定，房地产经纪活动的主体特指在市场监督部门注册并在建设（房地产）管理部门备案的房地产经纪机构和取得《房地产经纪专业人员执业资格证》并经登记的房地产经纪人员。未取得《房地产经纪专业人员执业资格证》的人员，不得从事房地产经纪业务。

15.3.3 房地产中介服务机构管理

1．从事房地产中介业务应当设立相应的房地产中介服务机构

房地产中介服务机构，应是具有独立法人资格的经济组织。设立房地产中介服务机构，应当向当地的工商行政管理部门申请设立登记。房地产中介服务机构在领取营业执照后的一个月内，应当到登记机关所在地的县级以上人民政府房地产主管部门备案。

2．设立房地产中介服务机构应具备的条件

（1）有自己的名称、组织机构。

（2）有固定的服务场所。

（3）有规定数量的财产和经费。

（4）从事房地产咨询业务的，具有房地产及相关专业中等以上学历、初级以上专业技术职称人员须占总人数的50%以上；从事房地产评估业务的，须有规定数量的房地产估价师；从事房地产经纪业务的，须有规定数量的房地产经纪人。

3．房地产中介服务机构要接受年检

房地产管理部门每年对房地产中介服务机构的专业人员的条件进行一次检查，并于每年年初公布检查合格的房地产中介服务机构名单。检查不合格的，不得从事房地产中介业务。

4．房地产中介服务机构必须履行下列义务

（1）遵守有关的法律、法规和政策。

（2）遵守自愿、公平、诚实信用的原则。

（3）按照核准的业务范围从事经营活动。

（4）按规定标准收取费用。

（5）依法缴纳税费。

（6）接受行业主管部门及其他有关部门的指导、监督和检查。

15.3.4 房地产中介服务业务管理

1．书面中介服务合同

房地产中介服务人员承办业务，应当由其所在中介机构统一受理并与委托人签订书面中介服务合同。房地产中介服务合同应当包括下列主要内容：

（1）当事人姓名或者名称、住所。

（2）中介服务项目的名称、内容、要求和标准。

（3）合同履行期限。

（4）收费金额和支付方式、时间。

（5）违约责任和纠纷解决方式。

（6）当事人约定的其他内容。

房地产中介服务人员执行业务时可以根据需要查阅委托人的有关资料和文件，查看现场，委托人应当协助。经委托人同意，房地产中介服务机构可以将委托的房地产中介业务转让委托给具有相应资格的中介服务机构代理，但不得增加佣金。

2．房地产中介服务人员在房地产中介活动中的禁止行为

（1）索取、收受委托合同以外的酬金或其他财物，或者利用工作之便，牟取其他不正当的利益。

（2）允许他人以自己的名义从事房地产中介业务。

（3）同时在两个或两个以上中介服务机构执行业务。

(4) 与一方当事人串通损害另一方当事人利益。

(5) 法律、法规禁止的其他行为。

房地产中介服务人员与委托人有利害关系的，应当回避。委托人有权要求其回避。因房地产中介服务人员过失，给当事人造成经济损失的，由所在中介服务机构承担赔偿责任。所在中介服务机构可以对有关人员追偿。

【案例15-4】

2019年1月17日，原告钮某与被告张某在被告中介公司的促成下签订《售房协议书》，约定钮某以138万余元向张某购买案涉房屋，并支付了15万元定金。到了约定通知交房的时候，钮某才发现，案涉房屋于2019年1月8日被案外人马某另案诉至法院，经法院判决与执行，已过户至马某名下。钮某经了解发现，原来张某在2016年8月就已经将案涉房屋以84万元价格出售给马某，后因房价上涨，张某又与中介公司签订委托协议，约定张某委托中介公司处理违约事宜并将房屋另行高价出售，出售价99万元以内的归张某，溢出部分归中介公司。因房屋已无法交付过户至钮某名下，钮某遂一纸诉状将张某和中介公司告上法庭，要求解除《售房协议书》，张某退还购房定金15万元，赔偿房屋差价损失，并要求中介公司承担连带责任。最终，一、二审法院均支持了钮某的诉讼请求。

【解析】(1) 房主违背诚信"一房二卖"，应承担违约责任。当事人应当遵循诚实信用原则，按照约定全面履行自己的义务；一方不履行合同义务或者履行合同义务不符合约定的，应当承担继续履行、采取补救措施或者赔偿损失等违约责任。本案中，案涉房屋所有权人及中介公司明知房屋已经出卖，在前手购房人起诉主张过户交付不到10天的时间内签订委托协议故意制造违约，"一房二卖"以获取更高利益，二者行为违反忠诚履约原则。因法院在前生效判决已经确定房屋归案外人马某，故钮某的购房协议事实上已无法履行，对钮某由此产生的损失，张某应承担赔偿责任。

(2) 中介公司串通当事人恶意违约，需承担连带赔偿责任。代理人知道或者应当知道代理事项违法仍然实行代理行为，或者被代理人知道或者应当知道代理人的代理行为违法未作反对表示的，被代理人和代理人应当承担连带责任。本案中，张某委托中介公司实际处理违约、另售事宜，中介公司在签订案涉《售房协议书》时亦派人到场，显然知情。作为代理人的中介公司明知居间服务的房屋已经出卖，仍与出卖方共谋故意制造违约以获取不当利益，不仅违背职业道德，更违反法律规定，应对钮某的损失承担连带赔偿责任。

本章小结

房地产交易管理是指政府房地产管理部门及其他相关部门采取法律的、行政的、经济的手段对房地产交易活动进行指导和监督，是房地产市场管理的重要内容。

《城市房地产管理法》规定了三项房地产交易基本制度，即房地产价格申报制度、房地产价格评估制度和房地产价格评估人员资格认证制度。

房地产中介服务是指具有专业执业资格的人员，在房地产投资、开发、交易等各个环节，为当事人提供居间服务的活动。其中主要包括房地产咨询、房地产价格评估和房地产经纪活动。我国《城市房地产中介服务管理规定》，针对中介服务人员资格、中介服务机构和中介服务业务作出了行业管理规定。

房地产相关制度与政策篇自测题

复习思考题

1. 如何理解房地产转让的概念和转让中土地使用权的处理原则？
2. 商品房预售的条件是什么？
3. 商品房现房销售的条件和销售原则有哪些内容？
4. 商品房销售争议的解决规则是什么？
5. 房地产抵押的概念是什么？房地产抵押的情形有哪些？
6. 房地产抵押的条件是什么？
7. 如何理解抵押房地产的处分规则？
8. 如何理解房地产权属登记的概念和意义？
9. 房地产登记的原则有哪些？
10. 房地产中介服务的概念是什么？房地产中介服务人员资格管理的内容有哪些？

参考文献

[1] 中国物业管理协会. 物业管理基本制度与政策 [M]. 北京：中国市场出版社，2014.
[2] 中国物业管理协会. 物业管理实务 [M]. 北京：中国市场出版社，2014.
[3] 张志红. 物业管理实务 [M]. 北京：清华大学出版社，2016.
[4] 季如进. 物业管理 [M]. 第2版. 北京：首都经济贸易大学出版社，2007.
[5] 王青兰，等. 物业管理理论与实务 [M]. 北京：高等教育出版社，2017.
[6] 张作祥，杜春辉. 物业管理实务 [M]. 北京：清华大学出版社，2011.
[7] 黄安心. 物业管理导论 [M]. 北京：中国人民大学出版社，2020.
[8] 杨立新. 最高人民法院审理物业服务纠纷案件司法解释理解与运用 [M]. 北京：法律出版社，2009.
[9] 黄安心. 物业管理原理 [M]. 重庆：重庆大学出版社，2009.
[10] 范君. 物业纠纷诉讼指引与实务解答 [M]. 北京：法律出版社，2014.
[11] 中华人民共和国常用司法解释全书编辑组. 中华人民共和国常用司法解释全书 [M]. 北京：中国民主法制出版社，2010.
[12] 柳易林，等. 物业管理法律 [M]. 北京：中国财富出版社，2015.
[13] 缪悦，等. 物业管理招标与投标 [M]. 北京：中国建筑工业出版社，2017.
[14] 中国物业管理协会. 物业管理指南——基础 [M]. 北京：中国计划出版社，2017.
[15] 教授加案例研究中心. 最高人民法院指导案例字典 [M]. 北京：中国民主法制出版社，2020.
[16] 人民法院出版社. 最高人民法院民事案件案由适用要点与请求权规范指引 [M]. 第2版. 北京：人民法院出版社，2020.
[17] 赵海成，等. 物业管理概论 [M]. 北京：北京理工大学出版社，2021.
[18] 王怡红. 物业管理法律法规 [M]. 第2版. 北京：清华大学出版社，2021.
[19] 全国人大常委会办公厅. 中华人民共和国民法典 [M]. 北京：中国民主法制出版社，2021.
[20] 周华斌. 物业纠纷沟通应对实务与法律依据（民法典版）[M]. 北京：中国铁道出版社，2021.
[21] 黄河. 房地产法 [M]. 第4版. 北京：中国政法大学出版社，2021.
[22] 中国物业管理协会. 住宅物业服务收费信息公示规范：T/CPMI 013—2022 [S]. 2022.
[23] 韩华，等. 物业管理法律实务精要 [M]. 北京：法律出版社，2022.
[24] 中华人民共和国住房和城乡建设部. 房地产业基本术语标准：JGJ/T 30—2015 [S]. 北京：中国建筑工业出版社，2015.